国家级职业教育规划教材
全国职业院校学前教育专业教材

0~6岁婴幼儿教育

杜克生　王立丽　主编

中国劳动社会保障出版社

简　介

本书紧扣职业教育的特点和要求，结合职业院校学前教育专业的教学实际进行编写，内容选取以“适度够用”为原则，由浅入深，通俗易懂，为学生自主学习提供了良好指引，为教师教学设计预留了合理空间。本书主要内容包括0~3岁婴幼儿教育概述，0~3岁各年龄段婴幼儿的教育，幼儿园全面发展教育，幼儿园教育的基本要素，幼儿园教学活动，幼儿园游戏活动，幼儿园其他活动，幼儿园与小学、家庭、社区的衔接与合作，幼儿园教育评价。本书配有电子课件，可通过技工教育网（http://jg.class.com.cn）下载。

本书由杜克生、王立丽任主编，王文娟、李尊娟任副主编，吴静、袁启玉、邵会、郭庆玲、苗婷婷、张静参加编写，孙文娟翻译了本书参考、引用的英文资料，李春淇为本书编写提供了大量的第一手材料。刘红、林清松任主审。

图书在版编目（CIP）数据

0 ~ 6岁婴幼儿教育 / 杜克生，王立丽主编. -- 北京：中国劳动社会保障出版社，2022
全国职业院校学前教育专业教材
ISBN 978-7-5167-5610-2

Ⅰ.①0… Ⅱ.①杜… ②王… Ⅲ.①幼儿教育学 - 高等职业教育 - 教材 Ⅳ.①G610

中国版本图书馆CIP数据核字（2022）第207362号

中国劳动社会保障出版社出版发行
（北京市惠新东街1号　邮政编码：100029）
*
北京市艺辉印刷有限公司印刷装订　新华书店经销
787毫米×1092毫米　16开本　16.75印张　283千字
2022年12月第1版　2022年12月第1次印刷
定价：39.00元

营销中心电话：400-606-6496
出版社网址：http://www.class.com.cn
http://jg.class.com.cn

前言

学前教育是终身学习的开端，是国民教育体系的重要组成部分，是重要的社会公益事业。学前教师教育担负着培养学前师资的重任，始终受到国家的高度重视，2018 年《中共中央　国务院关于学前教育深化改革规范发展的若干意见》明确提出要“办好学前教育”“大力加强幼儿园教师队伍建设”。为了适应学前教育发展的形势，满足学校培养学前师资的教学要求，2020 年，我们对全国职业院校学前教育专业教材进行了修订和补充，重点做了以下几方面的工作。

第一，完善了教材体系。根据目前职业院校学前教育专业的教学实际，增加了《幼儿行为观察与指导》《幼儿园游戏》等教材，将《舞蹈（第二版）》和《幼儿舞蹈创编与教法》整合为《幼儿教师舞蹈基础》，将《基本乐理与伴奏编配（第二版）》分为《基本乐理》和《简易钢琴伴奏构建法》。调整后，整套教材体系更加科学、完善，便于教学的开展。

第二，更新了教材内容。对上版教材中的部分内容进行了调整、补充和更新，使教材更加符合当前职业院校学前教育理念和实践方法。增加了实践性教学内容的比重，主要技能点均配以详细的操作指导，以引导学生运用所学知识分析和解决实际问题。

第三，提升了教材表现形式。通过设置知识卡、能力卡、情景再现、引导案例等栏目，增加教材的亲和力，激发学生的学习兴趣。同时，加强了图片、表格及色彩的运用，营造出更加直观的认知环境，提高了教材的趣味性和可读性。

第四，加强了教材立体化资源建设。在教材修订的同时，开发了与教材配套的习题册和电子课件。电子课件及习题答案可登录技工教育网（http://jg.class.com.cn），搜索相应的书目，在相关资源中下载。在部分教材中使用了二维码技术，针对教材中的教学重点和难点制作了演示视频、音频等多媒体素材，学生使用移动终端扫描二维码即可在线观看或收听相应内容。

本套教材的编写得到了有关学校的大力支持，教材编审人员做了大量的工作，在此我们表示衷心的感谢！同时，恳切希望广大读者对教材提出宝贵的意见和建议。

人力资源社会保障部教材办公室

目 录

绪　论

一、教育、学前教育的本质与分类

1. 教育的本质

一个人接受教育的途径是很广泛的，广义地讲，凡是能够增进人们的知识和技能、影响人们思想的活动，都是教育，包括家庭教育、学校教育、社会教育。家庭教育对人的发展起着基础性作用，学校是专门教育人的地方，社会教育（如社会文化教育机构开展的线上线下各类教育活动）会对人产生重要的影响。

与广义的教育相对的就是狭义的教育。狭义的教育是指在专门的教育机构中，教育者按照一定社会或阶级的要求，有目的、有计划、有组织地对受教育者的身心施加影响，促进受教育者向一定社会或阶级所要求的方向发展的实践活动。其中，专门的教育机构主要是指学校，因此，狭义的教育主要是指学校教育。

思考与讨论

有的家长在幼儿面前说脏话、吸烟、乱扔垃圾，时间久了，幼儿也这样做，这是不是教育的结果？

2. 目前我国学校教育的类别

目前，我国学校教育按照纵向的层次，分为学前教育、小学教育、初中教育、高中阶段教育、高等教育。其中，学前教育又分为 0~3 岁婴幼儿教育和 3~6 岁幼儿教育；高等教育又分为专科教育、本科教育、研究生教育，研究生教育还分硕士、博士两个层次的学位教育。

上述各层次教育中，高中阶段教育包括普通高中教育、职业高中教育、中等专业学校教育和中级技工教育；高等教育中的专科教育包括高等职业院校教育、高等专科学校教育（简称高职高专）和高级工教育；高等教育中的本科教育包括本科院校教育和预备技师教育。

需要说明的是，学前教育、小学教育、初中教育、普通高中教育属于基础教育；就全国范围看，目前小学教育、初中教育属于九年制义务教育。

除了上述各级各类教育，还需要说明的是特殊教育。例如，为培养残疾人举办的特教学校，为矫正问题少年举办的工读学校，都属于特殊教育学校。学校特殊教育的特殊性在于教育对象的特殊和教学内容、手段及方法的特殊。特殊教育既有学历教育也有非学历教育。

思考与讨论

你知道什么是义务教育吗？

内容拓展

全日制高等教育和非全日制高等教育

全日制高等教育是指具有高中阶段学历或同等学力的学生，通过国家统一组织的高等院校入学考试（即高考），通过省一级招生办公室录取，实际进入各高等院校就读，以在校学习为主而接受的高等教育。

非全日制高等教育是指具有高中阶段学历或同等学力的学生通过函授、自学考试和网络教育等多种形式接受的高等教育。函授即通过国家统一组织的高等院校入学考试（成人高考），通过省一级招生办公室录取，以校外自学为主、随机和定期的线上线下辅导为辅；自学考试即报名入学，平时自学，按照规定参加考试；网络教育即通过网络注册、学习、考试。

3. 学前教育的本质

从一个人接受教育的周期来看，学前教育是指对学龄前儿童进行的教育，主要包括0~3岁婴幼儿教育和3~6岁幼儿教育。

思考与讨论

你能说清楚上述0~3岁、3~6岁中的0岁、3岁、6岁的含义吗？

从一个人接受教育的形式来看，学前教育分为广义的学前教育和狭义的学前教育。广义的学前教育泛指一切影响学龄前儿童身体成长和认知、情感、个性特征等方面发展的教育活动，包括家庭教育、专门学前教育机构的教育、社会教育；狭义的学前教育是指专门学前教育机构所开展的学前教育。专门学前教育机构包括婴儿照护服务机构和幼儿教育机构。具体讲来，婴儿照护服务机构包括托儿所、早教中心等托育机构和亲子园、亲子早教中心等亲子教育机构，幼儿教育机构主要指幼儿园。托育机构和幼儿教育机构统称为托幼机构。

有一种观点认为，学前教育还包括孕儿教育，即对出生前的孕儿所实施的教育。考虑到孕儿教育的特殊性，一般不将其列入学前教育的范畴。

思考与讨论

你能说说“托育”的含义吗？

二、学前教育形式的产生与发展

1. 学前教育形式的产生

人类自诞生起，为了生存和延续，就需要对后代进行教育，因此，教育是随着人类的诞生而产生的。

原始社会生产力非常低下，人类的教育以生存教育为主要目的。原始社会初期，教育由整个氏族共同完成；原始社会末期，家庭的形成产生了家庭教育。

奴隶社会虽然开始有了学校教育，但是只为少数奴隶主贵族服务，奴隶阶级的子女仍然只能接受以生存为目的的家庭教育。

到了封建社会，随着生产力的发展，出现了招收平民子女，培养读写算等能力的学校，学校教育和一般意义上的家庭教育出现了分离，但是，婴幼儿教育仍然在家庭中进行。需要说明的是，在我国，由家庭或家族举办的封建社会的私塾中，入学年龄杂乱不一，有的五六岁的幼儿也进入私塾学习。

18 世纪中叶，英国爆发了工业革命，资本主义制度在欧洲建立。工业化生产需要大批工人，妇女也被招用到工厂做工，孩子无人照看，这一现象成了社会化问题。为了解决这一问题，产生了集中照看、教育婴幼儿的机构，从此，人类开始了婴幼儿教育的社会化。这一时期已经有了现代意义上的小学教育，所以，婴幼儿教育也成为现代意义上的学前教育。可见，现代意义上的学前教育产生于资本主义社会。

值得特别一提的是世界上第一所幼儿园的诞生。1837 年前后，德国幼儿教育家福禄贝尔创办了世界上第一所具有幼儿师范性质的“保姆养成所”。为了解决保姆的实习问题，福禄贝尔创立了世界上第一所具有幼儿园性质的“游戏与作业教育所”，后改名“幼儿园”，世界上第一所幼儿园就这样诞生了。1840 年，幼儿园的名字正式公布于世，福禄贝尔也被公认为“世界幼儿园之父”。

2. 我国学前教育的产生与发展

1840 年鸦片战争后，由于西方资本主义列强的入侵，我国传统的封建教育开始逐步向半殖民地半封建教育转化。在这一转化过程中，近代洋务运动和维新运动从不同方面对近代教育的产生和发展形成了深刻的影响，但直到 20 世纪初，清政府才不得不宣布实行“新教育”，建立了近代学校教育制度，其中也包括学前教育制度。

我国第一所婴儿保教机构是晚清至民国时期的名人熊希龄 1929 年 11 月在北京创办的对 1~4 岁婴幼儿进行养育的“婴儿教保院”，第一所幼儿园是 1903 年清政府湖北巡抚端方在湖北武昌创办的“湖北幼稚园”。1923 年，陈鹤琴在南京创办了我国最早的幼儿教育实验中心“鼓楼幼稚园”。1927 年，陶行知在南京创办了我国第一所乡村幼儿园“燕子矶幼稚园”。

旧中国的学前教育事业十分薄弱，发展非常缓慢。1947 年全国只有幼儿园 1 301 所，婴儿保教机构更是少得可怜。

新中国成立后，我国的学前教育获得了长足的发展。以幼儿教育为例，到 1965 年，幼儿园数量就已经是 1950 年的 10 倍。1978 年改革开放以后，我国的学前教育得到进一步发展，尤其是中国特色社会主义进入新时代以来，我国学前教育的发展更是日新月异。仍以幼儿教育为例，截至 2020 年年底，全国幼儿园数量达 29.17 万所，在园幼儿 4 818.26 万人，其中，享受普惠性教育的幼儿达 4 082.83 万人，占在园幼儿总数的

84.74%。可以说，我国基本普及了幼儿教育并基本实施了普惠性幼儿教育。

有关我国婴儿教育的情况参见本书第一章第四节。

在教师指导下，查找资料并讨论“普惠制幼儿园”的性质。

三、学前教育思想理论的产生与发展

1. 我国学前教育思想理论的产生与发展

（1）我国古代婴幼儿教育代表性思想简介

目前我国最早有专门文字记载的关于婴幼儿教育的内容，可见于公元前50年左右西汉时期戴德、戴圣汇总整理的《礼记》中的《内则》，其中的“育儿”部分记载了关于婴幼儿生活习惯与礼仪教育的内容，如“子能食食，教以右手；能言，男唯女俞”。

南北朝时期的文学家、教育家颜之推在其所著我国第一部系统性家训著作《颜氏家训》中指出：婴稚识人颜色，知人喜怒，便加教诲，使为则为，使止则止。

宋朝朱熹认为“乳母之教，所系尤切”，乳母应当“宽容、慈、慧、温、良、恭、敬”，对幼儿应“教之以事”。

成书于南宋时期的《三字经》提出了“人之初，性本善，性相近，习相远”的教育观点。

以上足以说明，我国自古以来就十分重视婴幼儿的教育。

《礼记》是“四书五经”之一，你能说出“四书五经”包括哪些经典著作吗？

（2）我国近现代学前教育代表性思想理论简介

1）康有为（1858—1927）。康有为是中国晚清时期重要的政治家、思想家、教育家。他不仅十分重视婴幼儿教育，而且十分重视胎教，认为“生人之本，皆在胚胎，人道之始，万化之原也”，必须“教之于未成形质之前”，才能“正生人之本，厚人道之原”，从而使人能成为“至善”之人。为了实施胎教，他专为孕妇设计了“人本院”。关于婴幼儿教育，他指出：“自始生而镕铸冶斵，长后而镕铸冶斵则难”。婴儿出生满6个月即断奶，产母离开人本院，婴儿则被送到育婴院养育。满 3 岁后，移入慈幼院或怀幼院教养，如不设慈幼院，则仍在育婴院受教育，直到 6 岁入学为止。任务是“养儿体，乐儿魂，开儿知识”。为了做好婴幼儿阶段的教育，他提出了 17 条措施，对工作人员的任用和院址选定、院舍布置、教育目标、教育内容等都提出了明确标准。

康有为在我国学前教育史上首次提出了一整套儿童公育思想，设想了从胎教到婴幼儿教育的完整的学前公育教育体系。他关于学校教育制度的设想反映在他 1884 年写成的《大同书》中。

2）陶行知（1891—1946）。陶行知是我国伟大的教育家。他非常重视幼儿教育，认为“幼儿教育实为人生之基础”，“根本之根本”。他不仅在幼儿教育实践方面成就卓著，在幼儿教育理论方面也贡献颇多。例如，他创立了生活教育理论，认为生活是教育的中心，生活即教育，游戏即工作；他创立了教、学、做合一的教育方法，认为“教学做是一件事，不是三件事，我们要在做上教，在做上学”，“做是学的中心，也是教的中心”。他提倡要启发、解放儿童的创造力，为他们提供手脑并用的条件和机会。

陶行知有关幼儿教育的代表性著作包括《创设乡村幼稚园宣言书》和《幼稚园之新大陆》等。

3）陈鹤琴（1892—1982）。陈鹤琴是我国著名儿童教育家，一生致力于探索中国化、平民化、科学化的幼儿教育，在幼儿教育实践方面成就卓著，在幼儿教育理论方面颇多建树。他围绕教育观（教育应当是儿童自动的学习）、教育目标（做人、做中国人、做现代中国人）、教育方法（做中教、做中学）、教育内容（大自然、大社会是我们的活教材）、教育原则（活教育十七条原则）等，创立了幼儿教育的“活教育”理论；围绕课程中心（儿童的环境即自然和社会的环境是幼稚园课程系统的中心）、课程结构（应当把幼稚园的课程打成一片，成为有系统的组织）、课程实施（幼儿经验、身心发展特点、社会发展需要是选择教材的标准，以社会、自然为中心进行综合（不是分科）的单元教学、游戏式教学等），建立了幼儿园课程理论。他非常重视幼儿园和幼儿家庭的合作，认为只有幼儿园和幼儿家庭配合起来，才会有更好的效果。

陈鹤琴有关幼儿教育的代表性著作包括《儿童心理之研究》和《家庭教育》，以及 1927 年创办的《幼稚教育》杂志等。

陶行知和陈鹤琴的幼儿教育思想是否有相似的地方？

4）张雪门（1891—1973）。张雪门是我国著名的幼儿教育专家，在20世纪30年代，与陈鹤琴并称“南陈北张”。

张雪门提出改造民族幼稚教育的四项具体目标：一是铲除我民族的劣根性，二是唤起我民族的自信心，三是养成劳动与客观的习惯态度，四是锻炼我民族为争中华之自由平等而向帝国主义做奋斗之决心与实力。他主张幼稚教育必须遵循三条原则：一是中国的传统文化，二是国家民族的需要，三是儿童的心理发展。其代表性学前教育理论是幼稚园课程理论，他认为生活就是教育，五六岁的孩子们在幼稚园生活的实践就是课程——行为即课程。他强调通过儿童的实际行为，使儿童获得直接经验。同时，他要求根据儿童的能力、兴趣和需要组织教学，主张采取单元设计的方法，打破各种学科的界限。

张雪门有关幼儿教育的代表性著作包括《幼稚园教育概论》和《新幼稚教育》等。

2. 国外代表性学前教育思想理论简介

（1）欧洲代表性学前教育思想

1）夸美纽斯（1592—1670）。夸美纽斯是捷克伟大的民主主义教育家，西方近代教育理论的奠基者，他的学前教育思想主要体现在其关于6岁以下婴幼儿家庭教育的专著《母育学校》中。关于学前教育的重要性，他认为“一切都有赖于开端”，“整个国家的基础在于童年的正确教育”；关于家庭教育的重要性，他认为家庭是儿童的第一所学校，家庭教育是学校教育的初步阶段，父母是儿童的第一任老师，特别是母亲对孩子的教育负有特殊的责任和义务；关于儿童家庭教育的原则、内容、方法，他认为教育应遵循儿童的自然性原则，内容应由简到繁、形成梯度、循序渐进，教育方法应简单灵活、易于操作，还制定了儿童体育、儿童智育、儿童道德“百科全书”式的启蒙教育方法。他还在该书最后专门探讨了有关幼儿入学及做好入学前准备工作的问题，并提出了许多有益的建议。

《母育学校》于1632年出版，在人类史上首次制定了6岁以下儿童详细教育大纲，被认为是世界上第一部学前家庭教育专著。

2）福禄贝尔（1782—1852）。福禄贝尔不仅创办了世界上第一所幼儿园，而且创立了一整套幼儿教育理论和教育方法及教材、玩具等。其教育思想主要包括：幼儿自我发展原理，即幼儿的行为是其内在生命形式的表现，是由内在的动机支配的；游戏理论，即游戏是始于快乐而终于智慧的学习；协调发展，即人是环境中的人，人的发展应当与社会和自然环境协调一致；亲子教育，即要让孩子在爱中成长，父母应多给孩子爱的教育。

福禄贝尔教育理论中带有浓厚的宗教色彩、唯心主义观点，但他在实践上和理论上推动了各国幼儿园的建立和幼儿教育理论的研究，使幼儿教育成为教育体系中一个独立的领域，从普通教育中分化出来，开始形成一门独立的学科并初步发展起来。

福禄贝尔主要教育类著作有《人的教育》和《幼儿园教育学》等。

3）蒙台梭利（1870—1952）。蒙台梭利是意大利儿童教育家，创建了后来以她的名字命名的幼儿教育方法——蒙台梭利教育法，被誉为20世纪初幼儿园改革家。

蒙台梭利通过自己对婴幼儿的观察和研究，认为“人类在三岁前吸收获取的知识和能力，相当于成人花六十年获得的知识”，这引起她对婴幼儿教育的极大重视。她的学前教育思想主要包括以下内容：培养和保护儿童自身的学习积极性；教育就是给儿童创造一个好的学习环境；儿童自由学习的质量是由教师的质量决定的，正是教师才使儿童的自由得以实现；给予儿童自由和教师对于作业的组织是一个统一体的两个侧面；必须对儿童进行系统的和多方面的感官训练，使他们通过与外部世界的直接接触发展敏锐的感觉和观察力，为高级的智力活动和思维发展奠定基础。

蒙台梭利的著作收录在《蒙台梭利文集》中。

（2）美国代表性学前教育思想

近代以来，在欧洲学前教育思想影响下，美国探索出了具有自身特色的学前教育思想理论体系，这一思想理论体系最著名的代表人物是杜威。

杜威（1859—1952）是美国哲学家、教育家，在学前教育实践方面做出了非常大的贡献，在儿童观、教育价值观、课程及教学方法论等方面所提出的新观念、新思想对传统学前教育的改革起到了巨大的推动作用，被誉为20世纪影响最大的教育家。“教育即生活、教育即生长、教育即经验的不断改造”是杜威关于教育本质的观点。他提出的“做中学”“儿童中心主义”思想更是现代学前教育的指导思想之一。

我国著名教育家陶行知、陈鹤琴都曾经在哥伦比亚大学师从于杜威，此外，五四运动时期，杜威在中国待了一年之久，曾在北京、南京、杭州等地讲学，所以，杜威的教育主张传播到了我国，影响了我国学前教育的发展。

杜威有关教育的著作包括《我的教育信条》《教育哲学》《明日之学校》《儿童与教材》《学校与社会》和《经验和教育》等。

（3）苏联代表性学前教育思想

解放初期，我国在很大程度上借鉴了苏联的学前教育指导思想。苏霍姆林斯基、马卡连柯、凯洛夫是对我国教育影响最大的几位教育家。

苏霍姆林斯基（1918—1970）是著名教育实践家和教育理论家，他从多角度论述了教育的目的，提出了“培养全面和谐发展的人”“聪明的人”“幸福的人”“合格的公民”等，其中最集中也最深刻的一个观点是要把青少年培养成为“全面和谐发展的人，社会进步的积极参与者”，而培养这种人需要实现全面发展的教育任务，即应使“智育、体育、德育、劳动教育和审美教育深入地相互渗透和相互交织在一起，使这几个方面的教育呈现一个统一的完整的过程”。

作为一位从教育实践一线成长起来的教育家，苏霍姆林斯基对教学和学校管理也有系统、独到的建树。

苏霍姆林斯基有关教育的著作包括《教育的艺术》《给教师的一百条建议》《把整个心灵献给孩子》和《怎样培养真正的人》等。

思考与讨论

查找资料，说出马卡连柯和凯洛夫对我国学前教育影响较大的代表性著作，并简述其主要内容。

四、本课程的性质及研究内容

本课程是教育学的一个分支，通过研究托幼机构以及家庭教育、社会教育中的学前教育，总结学前教育经验，揭示学前教育在基本原则、基本内容、基本途径和基本方法等方面的基本规律，探索学前教育的发展趋势，为学前教育实践提供科学指导，为学前教育政策法规的制定和改革发展提供依据，促进学前教育理论与实践的发展。

本课程所指的学前教育包括0~3岁婴幼儿教育和3~6岁幼儿教育两部分。0~3岁婴幼儿教育部分，鉴于教育学突出教育的学科特点、我国目前及今后一个时期“家庭为主，托育补充”的教育形式、婴幼儿生长发育极其迅速导致各年龄段婴幼儿生理及心理特征明显不同等原因，学习内容包括0~3岁婴幼儿教育的基本内容、基本原则、基本方法、主要形式，以及新生儿与1岁婴儿和2~3岁幼儿教育的有关内容。3~6岁幼儿教育部分，鉴于教育学突出教育的学科特点、我国目前及今后一个时期以幼儿园教育为主的幼儿教育模式、幼儿生长发育特点等原因，学习内容包括幼儿园全面发展教育、幼儿园教育的基本要素、幼儿园教学活动、幼儿园游戏活动、幼儿园日常生活活动和节日活动及娱乐活动、幼儿园与家庭和社区的合作以及与小学的衔接、幼儿园教育评价等。

五、学习本课程的意义及方法

1. 学习本课程的意义

（1）增强对学前教育事业的责任感

通过学习本课程，深刻认识学前教育的本质、意义，深入了解学前教育产生和发展的历史，明确自己作为一名学前教育工作者的责任，从而增强自己对学前教育事业的责任感，鞭策自己在校努力学习，参加工作后努力进取，为学前教育事业做出应有的贡献。

（2）促进本专业整体学习质量的提高

本课程是学前教育专业一门重要的必开课程，不仅与心理学、教学法等课程关系密切，而且为学习本专业其他专业课程奠定基础。此外，学习本课程还能用学到的相关内容指导自己的教育实习活动，从而促进本专业整体学习质量的提高。

（3）为今后从事学前教育奠定基础

学习本课程，可以系统掌握学前教育基础知识和基本理论，为参加工作后科学施教奠定坚实基础，帮助自己少走弯路，多出成绩。此外，科学系统的理论能够科学地指导自己进行教学研究，促进自己取得新的教研成果。

2. 学习本课程的方法

（1）明确学科体系

要学习一门课程，在明确这门课程性质的基础上，必须明确该课程的体系，只有这样，才能对这门课程有整体性的把握，使学习条理化，所谓纲举目张。

本课程“绪论”之下共分九章，即0~3岁婴幼儿教育概述，0~3岁各年龄段婴幼儿的教育，幼儿园全面发展教育，幼儿园教育的基本要素，幼儿园教学活动，幼儿园游戏活动，幼儿园其他活动，幼儿园与小学、家庭、社区的衔接与合作，幼儿园教育评价。课程整体体系完善，各章之间逻辑关系紧密，有利于把握该学科整体体系。

（2）加强学科基本概念、基本理论、基本方法的学习

学科基本概念、基本理论、基本方法是指导今后学前教育工作的重要基础。此外，师范类专业学生要考取相关职业资格证书，教育学是必考科目，基本概念、基本理论、基本方法是重点内容。

本课程认真贯彻新时代党的教育方针的新要求、习近平新时代中国特色社会主义教

育思想的内涵，围绕有关学前教育的政策文件与法律法规，结合新时代我国学前教育实际，揭示基本概念，阐述基本理论，探索基本方法，尤其是注意了理论和实践的结合，用实践验证理论，用理论指导实践。根据职业教育的应用型特点，对于纯粹理论性内容，一般是给出结论以后，不再涉及深入的论证、广泛的延伸，而是侧重于理论应用部分的学习。这样不仅可以为学习者本人参加工作后提供可操作性的指导，还便于为婴幼儿家庭提供科学育儿指导。

（3）处理好各门课程的相互关系

心理学、卫生学等课程为本课程的研究提供了科学依据，要学好本课程，必须学习上述课程。

本课程对于学前教育专业课程尤其是各专业课程教学法的学习具有基础性作用，反过来，深入学习各门专业课程，可以加深对本课程有关内容的理解，甚至可以检验本课程的内容。

鉴于本课程涉及领域广泛，学习有关社会科学（如哲学、社会学、语言学、美学等）和自然科学（如生物学、数学、物理学等）对于学好本课程具有非常积极的促进作用。

（4）注重理论联系实际

理论联系实际是学习任何一门学科都必须遵循的原则和方法。

在学习本课程的过程中，要有目的、有计划，积极、主动、深入地开展教育实习活动。在教育实习活动中，要注意通过观察、学习、实践、总结，加深对本课程有关内容的理解，自觉运用本课程的有关理论和方法指导自己的教育实习活动；要关心有关社会现象，关注有关社会信息，尝试用本课程所学知识对社会上出现的有关学前教育的现象、问题、思潮、观点进行分析、思考、辨别、判断，促进学科学习效果，增强分析和解决问题的能力，助推自己尽快成长为一名具备综合素质的学前教育工作者。

（5）认真学习有关学前教育的政策文件与法律法规

党和国家颁布的有关学前教育的政策文件与法律法规是学前教育纲领性和指导性文件，本课程许多内容都是遵循这些政策文件与法律法规及其精神展开学习讨论的。认真学习这些政策文件与法律法规及其精神，不仅能够指导学生学习本课程，而且能够指导学生更好地开展教育实习以及毕业后的学前教育工作。

作　业

一、问答题

1. 简述教育的本质。

2. 学校教育的本质是什么?

二、实践题

邀请已经参加工作的优秀毕业生来校为大家做学习本课程专题经验总结报告。报告主要内容为本课程与学前教育专业的关系、本课程与学前教育工作的关系、如何学习本课程。

报告会结束以后，请写出个人对本课程的认识以及以打算如何学习本课程为主要内容的学习体会。

第一章
0~3 岁婴幼儿教育概述

本章首先介绍 0~3 岁婴幼儿教育的重要意义，在此基础上，探讨 0~3 岁婴幼儿教育的基本任务和基本原则，介绍几种 0~3 岁婴幼儿教育的基本方法，最后，对我国目前 0~3 岁婴幼儿教育的主要形式进行介绍。

第一节 0~3 岁婴幼儿教育的重要意义与基本任务

人们常说，不能让孩子输在起跑线上，但是很多人认为，孩子的起跑线就是从接受学校教育开始。这说明他们对婴幼儿教育重要性的认识还不够，因此，首先需要认识婴幼儿教育的意义。

一、0~3 岁婴幼儿教育的重要意义

1. 奠定人生成长与发展的基础

0~3 岁的婴幼儿处于“人之初”阶段，身体、智力、情感和社会性各方面的发展都处于萌芽状态（或称为相对空白期），而且这些方面的发展比以后各阶段更为密切地互相交错在一起。日常进食、饮水、盥洗、衣着等生活活动，不仅保障婴幼儿营

养，保持婴幼儿清洁卫生，促进其身体健康发育，而且通过家长及照护者对婴幼儿照护活动过程中与婴幼儿的互动，可以促进婴幼儿情感与社会性的发展。此外，家长及照护者提供各种适宜的物品支持和鼓励婴幼儿去感知和探索，不仅能促进婴幼儿身体或动作发展，也是在帮助婴幼儿扩大认识范围，发展起初步的智能，同时培养自信心及成功感。可以说，家长及照护者的精心付出会打开婴幼儿身心发展的良好开端。

实践证明，如果0~3岁的婴幼儿受到良好教育，以后的幼儿园教育、学校教育和社会教育就能比较顺利地进行。反之，那些没有接受良好教育的婴幼儿，接受以后相关阶段的教育时往往会产生困难，这时就需要用很大的力气矫正他们的问题甚至错误，有时还事倍功半。这是因为，“人之初”的相对空白期所接受的教育会给婴幼儿留下深深的烙印，导致矫正的再教育比“人之初”的相对空白期教育要困难得多。因此，这一阶段婴幼儿的教育不仅是幼儿园教育、学校教育和社会教育的基础，而且是人一生的奠基性教育，甚至决定人一生的发展方向。

思考与讨论

就我国目前婴幼儿教育的形式来看，绝大多数婴幼儿从出生到3岁左右主要生活在家庭中。请结合实际谈谈你对“家庭是人生的第一所学校，父母是人生的第一任老师”的理解和认识。

2. 在人生各个时期教育中的作用最为显著

0~3岁的婴幼儿阶段是人生生长变化最快的时期。就身高和体重的变化看，以初生时身长约50 cm、体重约3 kg为例，统计规律显示，第一年身长增加25 cm、体重增加6 kg；第二年比第一年身长约增加10 cm、体重约增加2.5~3.5 kg。就大脑的生长发育看，1岁半以前是大脑快速生长和发展时期。出生时婴儿脑重约为成人的25%，6个月时为30%，1岁时为60%，30个月时为75%。随着身心快速发育，他们以人们无法想象的速度和能力，将所有能看到、听到、接触到的信息不加辨别地照单全收，深刻地留存在大脑中。所以，在3岁以前，抓住婴幼儿生长和变化最快的机遇期，进行适宜的教育，对婴幼儿身心各个方面顺利发育、成长，具有其他年龄段不可比拟的显著作用。

思考与讨论

人们常说“绝不能让孩子输在人生的起跑线上”，你认为人生的起跑线在哪个年龄段？

3. 对人生多方面的发展起到关键性作用

0~3 岁的婴幼儿阶段是人一生中许多方面发展的最佳时期，也即关键期。

婴幼儿时期是人的大脑发育的关键期。这一关键期除了表现为大脑的发育速度迅速和接受信息能力强大以外，还表现为大脑在这一时期的发育具有很强的可塑性。这种可塑性表现在大脑的结构和功能不仅具有很强的适应能力，而且还具有重组能力。这种重组能力主要表现为大脑结构与功能的可变更性和代偿性。

婴幼儿时期是人的语言发展的关键期，尤其在 2 岁左右，婴儿学说话的积极性最高，心理学家常称之为“叽叽咕咕、滔滔不绝”的时期。

大量科学研究证明，除了大脑的发育和语言的发展，婴幼儿时期还是人身心许多方面发展的关键期。例如，儿童感官与动作发展的关键期分别都是 0~6 岁，尤其是大肌肉动作和精细动作发展的关键期主要在 0~3 岁，适应秩序和社会规范的关键期分别为 2~4 岁、2.5~6 岁。

面对婴幼儿发展的多种关键期，有针对性的教育可对婴幼儿相关方面的发展起到关键性作用，取得事半功倍的效果。错过关键期，则可能花更多的气力也难以取得同样的效果。

思考与讨论

同样的器官功能受损，婴幼儿往往比成年人恢复得快，你能说说其中的原因吗？

二、0~3 岁婴幼儿教育的基本任务与内容

0~3 岁婴幼儿教育的基本任务是，在确保婴幼儿安全和健康的前提下，遵循婴幼儿成长特点和规律，促进婴幼儿在身体发育、动作、语言、认知、情感与社会性等方面的全面发展。具体包括以下内容：

1. 促进婴幼儿身体发育

促进婴幼儿身体健康发育，是家长及照护者最基本的任务。

（1）科学喂养婴幼儿

4个月以内的婴儿，提倡完全由母乳喂养。4个月以后，在母乳喂养的基础上，根据其生理需求及时添加辅食，并根据年龄增长，合理安排其饮食，由一种到多种，由纯流质、半流质到固体食物，由少到多，逐渐添加辅食，渐渐断奶，辅食最后变为主食。

在喂养婴幼儿过程中，注意培养婴幼儿饮食定时定量，不厌食、不挑食、不暴饮暴食的良好饮食习惯。

（2）正确护理婴幼儿

1）为婴幼儿提供良好的生活环境。保证婴幼儿居住的环境光线充足、空气流通、温度适宜；给婴幼儿提供安全、环保、卫生的活动场地和用具，如可供婴幼儿自由学习爬行和行走的场地，安全、环保、舒适的婴儿床、婴儿椅及各种玩具等；保证婴幼儿衣着干净、整洁、舒适，如婴幼儿的衣服应当洁净、柔软，穿脱及更换尿布或尿不湿等要方便。

2）培养婴幼儿良好的睡眠习惯。根据婴幼儿发育状况，适当安排婴幼儿一昼夜的睡眠，在保证其睡眠时间的前提下，引导婴幼儿形成有规律的睡眠习惯，尤其注意早睡早起。在婴幼儿睡眠过程中，要注意适时变换其姿势，引导婴幼儿形成正确的睡姿。此外，从小培养婴幼儿独睡的习惯，可帮助婴幼儿发展独立性。

3）培养婴幼儿良好的卫生习惯。从出生开始，尽量每天给婴幼儿洗澡，保持婴幼儿皮肤清洁；三四个月后可以开始培养婴幼儿勤洗脸、洗手的习惯；注意保持婴幼儿口腔清洁；随着年龄增长，逐步有意识地培养婴幼儿定时大小便的习惯。

4）做好疾病预防与治疗。按计划及时为婴幼儿进行预防接种，积极预防控制传染病，降低常见病发病率，及早发现婴幼儿各种异常并进行及时治疗、科学治疗。

5）防止意外伤害事故发生。注意排除容易伤害婴幼儿身体的主客观方面的隐患，同时不断提升婴幼儿的自我保护能力，防止婴幼儿意外伤害事故发生。

（3）积极锻炼婴幼儿运动能力

锻炼婴幼儿运动能力，要从发展婴幼儿基本动作开始，从抬头、翻身、坐爬、站立到行走、跑跳、攀登、跨越、投掷等，培养身体各部分的敏感性、灵活性、主动性以及动作的协调性。

锻炼婴幼儿运动能力，要做到时间合理、形式多样、循序渐进、持之以恒、因人而异、量力而行。

需要说明的是，在促进婴幼儿身体发育过程中，现在仍然有人只重视加强婴幼儿物质营养和为了安全而“过度保护”，不注意培养婴幼儿良好的生活习惯，忽视婴幼儿的体育锻炼，这种育儿理念和方式是不科学的，应加以纠正。

婴幼儿衣服和尿布以浅色或素色天然纤维制品最佳，为什么？

2. 促进婴幼儿语言和认知能力发展

（1）促进婴幼儿语言发展

从新生儿开始，就要对婴幼儿进行语言能力培养。同时，要根据婴幼儿不同成长期的特点，通过适当途径，采用适宜方法，引导婴幼儿初步学会发音、词汇、语句。此外，要注意发展婴幼儿模仿、理解和运用语言的能力，并培养婴幼儿良好的倾听、表达习惯。

（2）促进婴幼儿认知发展

婴幼儿的思维是和感觉与动作联系在一起的，要注意通过活动促进婴幼儿视觉、听觉、嗅觉、味觉、触觉等感知觉的发展，并在此基础上，逐步培养婴幼儿的注意力、观察力、记忆力以及初步的思维能力。

需要说明的是，第一，培养婴幼儿认知发展的内容非常广泛，既包括传授知识，发展智力，还包括非智力因素等的培养。例如，培养婴幼儿积极探究周围环境的兴趣，进而培养婴幼儿的学习兴趣和对学习生活的向往，尤其是在接近进入幼儿园的年龄段，要引导婴幼儿做好入园前的思想、行为习惯等各种准备。第二，培养婴幼儿的认知发展贯穿于婴幼儿生活的方方面面。例如，除了在婴幼儿生活自理能力培养过程中培养婴幼儿认知发展外，多创造机会陪婴幼儿开展有益的小游戏，带婴幼儿进行户外活动，接触社会和大自然等，都能够促进婴幼儿的认知发展。

3. 促进婴幼儿情绪情感和社会性发展

促进婴幼儿情绪情感和社会性发展的任务，是对婴幼儿进行情绪情感和行为习惯的初步培养以及道德启蒙，其内容大体包括积极塑造婴幼儿活泼开朗的良好性格，努力培养婴幼儿自立、自强、诚实、勇敢、礼貌、团结、友爱等良好品德，增强婴幼儿适应社会环境的能力。

为了促进婴幼儿情绪情感和社会性发展，在婴幼儿成长过程中，要让其获得更多的愉快情绪体验，使其对家长及照护者、对周围环境形成信赖，从而形成安全感和积极的情绪情感；要鼓励婴幼儿与同伴及周围的成人积极友好交往，学习建立友好的人际关系。

促进婴幼儿情绪情感和社会性发展，贯穿于婴幼儿生活的全过程，其中，除了家长及照护者利用照护婴幼儿生活的机会直接对婴幼儿进行情绪、交往等方面的培养，家长及照护者自身从态度、言行的方方面面自觉为婴幼儿树立道德品行的榜样同样重要。婴幼儿周围人的情绪情感、言谈举止时时刻刻都在潜移默化地影响着婴幼儿，对其品德的养成具有十分重要的作用。

4. 促进婴幼儿对美的感受与兴趣的发展

促进婴幼儿对美的感受与兴趣的发展，一是要引导婴幼儿树立正确的审美观，二是要培养婴幼儿感受美、表达美、创造美、享受美的能力，三是要培养婴幼儿高尚的情操。

为了促进婴幼儿对美的感受与兴趣的发展：第一，要主动布置适合于婴幼儿的美的生活环境，给婴幼儿以美的熏陶。第二，平时要给婴幼儿选择整洁、大方、美观的衣物，不让婴幼儿留怪发型、穿奇装异服等。第三，要积极引导婴幼儿欣赏音乐、美术、舞蹈、文学等儿童文艺作品的美。第四，要引导婴幼儿积极参加音乐、美术、舞蹈等实践活动。在引导婴幼儿实施这些活动的过程中，要立足婴幼儿的角度引导婴幼儿创造美。例如，婴幼儿用稚嫩的童声表演儿歌，用稚嫩的小手创作小贴画，用稚嫩的动作伴随音乐起舞，都能培养婴幼儿初步的审美情趣和表现能力。第五，多带婴幼儿参加户外活动，接触大自然，欣赏自然美，使婴幼儿获得初步的审美感受，陶冶婴幼儿的性情，萌发婴幼儿初步的审美情趣。

5. 促进婴幼儿劳动兴趣和劳动能力发展

促进婴幼儿劳动兴趣和劳动能力发展，最重要的是培养婴幼儿的生活情趣和自理能力。尤其是通过生活自理能力锻炼，培养婴幼儿的获得感、成就感，激发他们积极学习自己的事情自己做。此外，随着婴幼儿不断成长，要引导他们参加一些力所能及的家务劳动，也可以带领婴幼儿参加一些力所能及的公益劳动。

对婴幼儿进行劳动兴趣教育和劳动能力发展训练，要注意以下几点。第一，要根据婴幼儿的身心特点，选择适当的劳动方式和劳动量。可以利用婴幼儿喜欢游戏的特点，通过引导婴幼儿“玩”劳动性游戏，培养婴幼儿劳动兴趣。在这一过程中应加强劳动保护，保障婴幼儿安全。第二，要注意培养婴幼儿热爱劳动、吃苦耐劳、乐于奉献的优良品质。例如，要让婴幼儿明白，家务劳动是家庭成员应尽的家庭义务，公益劳动是为社会做贡献，这些劳动都不是出卖劳动力，不能收获劳动报酬。第三，要引导婴幼儿树立劳动光荣的思想，而不能将劳动作为对婴幼儿进行惩罚的手段。

家长及照护者如果能够创造适宜的条件，促使以上婴幼儿教育的各个方面相互融合、相互促进，会对婴幼儿的全面和谐发展产生积极的意义。

0~3 岁婴幼儿发育变化情况见表 1-1。

表 1-1 0~3 岁婴幼儿发育变化参考表

年龄	发育主要标志
1 个月	出现微笑
2 个月	会发“咿呀”的喉音，眼球能随物转动，头能转向有声音的方向，手能拿住抓到手里的东西
3 个月	逗引时能发出笑声，会试着用手抓东西，俯卧或垂直时能抬头片刻
4 个月	牙牙学语，俯卧时能用肘支持着抬起前胸，可由仰卧转向侧卧位，哺喂时双手能扶住奶瓶，较久地玩弄挂在胸前的玩具
5 个月	长时间拉长声发喉音，认识亲近的人，能拿着东西往嘴里放，从仰卧位翻向俯卧位
6 个月	对不同的声音表示不同的反应，能抓握悬挂的玩具，会翻身，从俯卧位翻向仰卧位
7 个月	开始发出“爸、妈”等音节，能自己吃饼干，会摇发响玩具，会爬
8 个月	能用眼睛“找”成人所问的物品，模仿成人发音，长时间玩弄玩具，观赏和用玩具互相敲击
9 个月	能对简单语言做回答性动作，如说“再见”会招手，说“谢谢”会点头，能抓住栏杆站起来，能挑选自己喜欢的玩具
10 个月	会模仿叫“爸爸、妈妈”，认识常见的人和物，能独站片刻，牵手能走几步，能从成人拿着的碗里喝水
11 个月	能理解简单的词意如“灯”“吃饭”，能指出身体的某些部位
12 个月	能执行简单的任务，会独走数步，会用碗喝水
1 岁 ~1 岁 3 个月	会主动叫“爸爸”“妈妈”，会独立行走，能蹲下，会搭起数块积木
1 岁 3 个月 ~1 岁半	认识简单图片，会说简单的词如“再见”“给我”“不要”等，会扶着栏杆上下小滑梯
1 岁半 ~2 岁	会说出 3~4 个字构成的句子，见不同的人会打招呼，知道某些常见物品的用途，会自己擦鼻涕，逐渐会用勺吃饭，在成人启发下会用积木搭成简单的形状，能上下台阶，认识红色，能握笔随意画
2 岁 ~2 岁半	能说明一件简单的事情，会说简单儿歌，能唱短歌，会模仿成人简单的动作，会跑，会双脚离地跳，会拣豆豆，会自己洗手、脸，认识自己的水杯、毛巾的标记，有时会自动要求坐盆，能认识红、绿颜色
2 岁半 ~3 岁	能用语言表达自己的要求，会讲简单的故事情节，能手口一致对物数 1~5，认识方形、圆形、三角形，会走平衡木，会双脚向前跳，会握笔画横竖线，能区别红、黄、蓝、绿等常见的颜色，会解及扣衣服的纽扣，脱袜子、裤子，懂得饭前洗手，会自己坐盆

第二节 0~3 岁婴幼儿教育的基本原则

0~3 岁婴幼儿教育的基本原则是指在实施这一阶段婴幼儿教育过程中必须遵循的基本要求，具体包括以下几个方面。

一、创设良好环境的原则

如本章第一节讲的那样：一方面，婴幼儿自己的生存能力非常低下，尤其缺乏对风险和危险的认识，更谈不上防御。另一方面，婴幼儿身心发育速度特别快，加上他们的大脑处于“相对空白期”，所以，他们迅速且不加辨别地接收大量周围环境中的信息，并深刻地留存在大脑中。这些信息往往成为其思考、言行方式的模板，甚至成为其思维方式、个性特征形成的基础。可见，要想使婴幼儿健康成长发育，为其创建良好环境是一项基础性工作。

贯彻这一原则应当注意：第一，良好环境首先必须是安全的环境。家长及照护者要树立安全第一的理念，要掌握基本但比较系统的安全知识和技能，要对婴幼儿进行适当的安全训练和教育；婴幼儿照护机构要建立安全规章制度并确保实施。第二，就客观环境的创建来讲，除了给婴幼儿准备符合其身心发展需要及安全要求，又具有真实感、自然感的丰富的玩具，家长及照护者还要注意为婴幼儿布置美观、和谐、适合婴幼儿发展需要和安全要求的具体生活环境。婴幼儿照护机构的环境要做到“三化”，即儿化、美化、绿化。第三，就主观环境的创建来讲，除了教育内容、手段、方法要适合婴幼儿的身心特点及安全要求，关键是家长及照护者要树立榜样，以身作则，要求婴幼儿不做的，自己首先不做，要求婴幼儿做到的，自己首先做好。第四，在主客观环境创建过程中，家长及照护者要注重小事、细节对婴幼儿成长的影响，既要在婴幼儿具体生活如饮食、运动、作息、卫生保健等方面注意处理好小事、小节，也要在家长及照护者以身作则方面注意处理好小事、小节。

为什么在主客观环境创建过程中要注重细节、小事对婴幼儿的影响？

二、保育为主、保教结合的原则

对于婴幼儿来说，保障其生存及身体健康发育成长的保育活动是第一位的，所以，婴幼儿教育要以保育为主，在做好保育工作的基础上，结合保育活动对婴幼儿进行适当的教育，即保育为主、保教结合，这是选择婴幼儿教育方式方法应当遵循的首要原则。

贯彻这一原则应当注意：第一，要真诚关爱婴幼儿，细心观察婴幼儿，及时满足婴幼儿的正常生理需求，使婴幼儿在家长及照护者全面呵护下健康发育成长。第二，要认识到“生活即教育”，尤其是婴幼儿保育过程中出现的物品（如工具、食物、衣物）和动作（如喂奶、穿衣等），不仅能够满足婴幼儿的生理需求，而且是婴幼儿学习的最佳媒介。家长及照护者要把对婴幼儿的教育贯穿于对婴幼儿日常生活的保育过程中，在维护婴幼儿生存及身体健康发育成长的基础上，促进婴幼儿语言、认知、情感、社会性和自理能力的不断发展，从而保证婴幼儿身心全面和谐发展。

三、自然性原则

无论是家庭教育还是学校教育，家长、教师都很容易把自己的观点、期望强加在子女、学生身上。事实上，教育应当尊重被教育者身心特点及其发展规律，即教育的自然性原则，婴幼儿教育也不例外。

贯彻这一原则应当注意：第一，要深入了解婴幼儿的身心特点，深刻认识婴幼儿生长发育的客观规律，有针对性地开展保教活动。婴幼儿个体不同、生长期不同，生理发育和心理发育的特点都不相同。只有针对婴幼儿身心特点，遵循婴幼儿身心发育规律对婴幼儿实施保教，才能促进婴幼儿沿着积极的方向健康发展。第二，应当循序渐进地制定婴幼儿通过努力能够达到的教育目标，引导婴幼儿努力实现这些目标，满足婴幼儿的成就感，激发其探索的兴趣、进取心，促进婴幼儿不断成长。

四、关键期原则

所谓婴幼儿教育的关键期原则，就是指教育要抓住人在婴幼儿时期某些成长要素的关键期，对婴幼儿有针对性地实施培养，使婴幼儿在这些方面的发展取得事半功倍的效果。

贯彻这一原则应当注意：第一，要明确婴幼儿时期是人的哪些成长要素的关键期。上面婴幼儿教育的意义部分已经列举了婴幼儿时期是有关人的肢体、大脑、语言、感官以及秩序和社会规范等成长要素发展的关键期，相关内容在今后有关章节中还会相应介绍。第二，要明确同一种成长要素在婴幼儿时期不同阶段的发育往往有所不同，有的区别甚至很大。一般地，0~3 岁婴幼儿时期分为三个阶段，即 0~1 岁、1~2 岁、2~3 岁，各个阶段的教育都要针对该阶段婴幼儿身心特点相应地开展，既不可延误时机、错失良机，也不可操之过急、揠苗助长。第三，要掌握各种能力培养的方法和手段，在各种成长要素的培养过程中，科学实施保教活动。第四，要正确认识关键期教育。关键期教育不是每个阶段只针对关键的成长要素进行教育，而是在全面发展的基础上突出关键成长要素的教育。第五，善于发现婴幼儿特殊才能，充分利用特殊才能发展的关键期，使婴幼儿在全面发展的基础上奠定个性化发展的基础。

内容拓展

蒙台梭利教学法的诞生

婴幼儿的发展从感知和动作开始，其发展方式是有规律的。蒙台梭利早期作为医生，在医院里发现一些幼童因为无玩具可以把玩，用面包来替代的现象，从中受到启发，开发设计出一系列有关幼童感觉和动作的教具，让孩子们进行操作练习，结果极大地改善了这些孩子的发展状况。受此启发，她把这些教具用于处境不利的贫民区的正常孩子的教育，也取得了非常明显的效果，由此诞生了流传至今的蒙台梭利教学法。

五、趣味性原则

婴幼儿对周围的一切都很感兴趣，都想去探索。婴幼儿探索周围世界的浓厚兴趣给婴幼儿教育提供了绝佳的机会。趣味性原则就是指利用婴幼儿对周围环境中的事物表现出浓厚兴趣的突出特点，有目的、有计划地吸引婴幼儿的注意力，提高婴幼儿保教活动的效果。

贯彻这一原则应当注意：第一，教育内容要有趣味性，即选择婴幼儿感兴趣的事物。第二，教育手段、教育方法要有趣味性。有时家长及照护者希望婴幼儿认识、接受、学习的事物，婴幼儿不一定感兴趣，这时可以根据婴幼儿的年龄特征和发展规律开展相应的游戏活动，从而增强保教活动的趣味性，调动婴幼儿学习生活、探索未知的兴趣。

六、无压力原则

婴幼儿对周围世界的探索往往是浅显的，有时还会出现一些“过错”，家长及照护者对婴幼儿探索周围世界的行为要多给予正向激励，增强婴幼儿自信心，激发婴幼儿探索、发现的勇气，促进婴幼儿积极成长，这就是婴幼儿教育应当遵守的无压力原则。有人也把无压力原则称为无过错原则或赏识性原则。

贯彻这一原则应当注意：第一，要充分认识婴幼儿身心发展的客观实际。婴幼儿对周围世界的看法往往幼稚、单纯，对周围世界的探索往往以自我为中心，意识中往往不能出现明确的是非标准，出现“过错”并不为奇。第二，要及时发现婴幼儿的成绩、进步，尤其是优秀心理品质方面的表现，并及时予以肯定、赞扬等。第三，要尽力创造条件让婴幼儿主动探索周围世界，积极鼓励、科学引导婴幼儿勇于战胜困难。第四，对有些婴幼儿出现的不良倾向，不能无原则地迁就，要教给婴幼儿正确的方式方法，要善于和婴幼儿交流，采取婴幼儿能够理解的方式讲清楚不良倾向的危害。以上可归纳为充分的信任、理智的赏识、积极的鼓励、明智的宽容四个方面。

思考与讨论

人们常说“人应该有压力才会奋进”，其中的“压力”和“无压力原则”中的“压力”含义是否相同？

内容拓展

爱迪生的小学经历

爱迪生的整个小学教育是在母亲身边完成的，因为在学校里教师完全是僵化的，教师不允许他提所谓“愚蠢”的问题。相反，爱迪生的母亲对他很有耐心，十分亲切，乐于回答他各种各样的问题，积极鼓励爱迪生大胆探索，这为爱迪生成长为一个伟大的发明家奠定了知识、技术等各个方面坚实的基础。

七、榜样性原则

婴幼儿正处于“有样学样”的年龄阶段，模仿的兴趣极强，模仿的能力也不可低估，对他们来说，榜样的力量更是无穷。在对婴幼儿进行教育的过程中，要从婴幼儿发展的各个方面为其树立积极向上的榜样，让其身心持续吸收正能量，促进婴幼儿沿着健康的方向不断成长，这就是婴幼儿教育的榜样性原则。

贯彻这一原则应当注意：第一，教育者要不断提升自身素质，为婴幼儿提供最鲜活的榜样。第二，精心选取婴幼儿能够接受的现实生活及艺术作品中的榜样素材教育婴幼儿。第三，及时发现婴幼儿自身的优秀表现，并及时表扬，使婴幼儿成为自己的榜样，长此以往，优秀表现得以强化，形成良好习惯。

八、一致性原则

我国目前0~3岁婴幼儿教育的形式是“家庭为主，托育补充”，就实际情况来看，家庭中不同成员之间因为婴幼儿教育发生争执的现象时有发生，究其原因，往往是由于对婴幼儿教育目的、内容和方法等方面的分歧。在进行婴幼儿教育时必须注意，婴幼儿教育的各方面因素要保持相互统一，对婴幼儿的教育过程要保持连贯，这就是婴幼儿教育的一致性原则。

贯彻这一原则应当注意：第一，无论是家庭中的婴幼儿教育，还是婴幼儿照护机构中的婴幼儿教育，都要与党和国家对人的培养要求相一致。第二，家庭成员之间、照护人员之间、家庭成员和照护人员之间有不同的观点可以相互探讨，但是最终落实到婴幼儿教育中的目的、内容、做法等教育要素要保持一致。第三，对婴幼儿的教育应当有计划。当然，计划可以有针对性地补充修订，但是整个教育过程应当系统地进行，不能随心所欲、盲目跟风，也不能朝令夕改、前后矛盾。

第三节　0~3 岁婴幼儿教育的基本方法

0~3岁婴幼儿教育的方法是指家长及照护者在这一年龄段婴幼儿教育的基本原则指导下，实施婴幼儿教育所采取的方法。0~3岁婴幼儿教育的方法很多，本节主要介绍根据实施教育方法的手段不同而分类的几类基本方法。

一、语言指导法

1. 讲述法

讲述法的含义不难理解，但是，将讲述法用于婴幼儿教育实践，需要注意以下几个方面的问题。

（1）科学认识婴幼儿的语言接受能力

目前，仍有少数人认为过早和婴幼儿对话，过早对婴幼儿进行诸如认知、语言等方面教育是徒劳的，这是不科学的认知。事实上，一个月大的婴儿就会微笑，两个月大的婴儿就知道把头转向有声音的方向，并能发出咿呀的喉音，这些现象充分证明婴幼儿发育的迅速。当家长及照护者和不会用语言表达的婴儿说话时，婴幼儿看起来是在自言自语、自说自话，实际是在和他们进行交流。这种交流有利于促进婴幼儿语言甚至认知等方面的发育。

（2）注意讲述时机、内容和方式的选择

根据婴幼儿实际选取适宜的讲述时机。例如，婴幼儿入睡以前、高兴时、哭闹时，都可能是讲述的时机。

根据婴幼儿实际选取适当的讲述内容。例如，婴幼儿入睡以前可以为婴幼儿哼唱催眠曲，婴幼儿哭闹时除了安抚婴幼儿，还可以结合摆弄玩具为婴幼儿讲述小故事，婴幼儿高兴时可以让婴幼儿猜猜简单的谜语。

根据婴幼儿实际选取恰当的讲述方式。例如，以儿歌为媒介和婴幼儿交流不仅内容浅显易懂，而且节奏鲜明、富于变化、朗朗上口，所以往往采用歌唱的方式。再如，为了讲述生动、形象、逼真，可以借用图画、头饰、手偶、指偶等，边表演、边讲述，还可以通过收（录）音机、电视机、计算机等媒介为婴幼儿讲述，但是要注意音频设备的音量大小要适度，视频设备的明暗程度要适宜，婴幼儿距离音视频设备的距离要适中。即使做到以上各个方面，婴幼儿观看视频材料也要结合年龄段有明确的时间限制，而且要在观看结束后引导婴幼儿有意识地向远处看一会，调节眼部肌肉的紧张程度。另外，不建议婴幼儿去电影院观看电影，因为电影院黑暗的环境极易使婴幼儿眼部疲劳，甚至造成伤害。

不论什么时间讲述、讲述什么内容、采取哪种讲述方式，都要注意使讲述富于感染力，吸引婴幼儿的注意力，激发婴幼儿的兴趣。

（3）关注婴幼儿倾听表现及效果

婴幼儿的注意力时间短暂，而且极易被周围的事物所吸引，一旦发现婴幼儿注意力不集中，要注意是否应当停止讲述或者变换讲述方式。

不要强制婴幼儿采用某种姿势倾听讲述，但是当婴幼儿能够坐立时，要注意对婴幼儿听的姿势的引导，这样有利于婴幼儿形成良好的行为习惯。

婴幼儿常常百听不厌的内容可经常讲，当感觉婴幼儿“听得差不多了”，可以鼓励婴幼儿把听到的东西讲出来，哪怕讲一个大概，也是跨越式的进步，而且“讲一个大概”往往是婴幼儿具有创造性的表现。

2. 问答法

问答法是指家长及照护者通过向婴幼儿提出问题，或者回答婴幼儿提出的问题，或者指导婴幼儿解决自身提出的问题，从而完成教育任务的方法。

采用问答法应当注意以下几个方面的问题。

（1）科学理解婴幼儿的语言

婴幼儿对周围的一切都非常感兴趣，即使不会说话的婴幼儿，也会用他们那一双无比好奇的眼睛、两只比比画画的小手，甚至充满求知欲的表情，向人们提出各种各样的问题，当然也能回答别人的问题。等他们一旦发出咿咿呀呀的声音，更是一天说个不停，问题层出不穷。家长及照护者一定要细心观察婴幼儿的眼睛、动作、表情，认真辨识婴幼儿发出的音符，从而科学理解婴幼儿的语言，正确判定婴幼儿的问题或答案。

（2）正确对待问题或答案

由于好奇心所致，婴幼儿往往会没完没了地提问，这时有人往往失去耐心，甚至采取简单粗暴的方式对待婴幼儿，这样的做法时错误的。正确的做法是，家长及照护者要鼓励婴幼儿积极发现问题、大胆提出问题，并以婴幼儿能够接受的方式科学回答婴幼儿所提出的问题。有时婴幼儿找到自己所提问题的答案，这时一定要站在婴幼儿的角度表示理解、赞扬。如果发现婴幼儿自我探索出现困难，同样要在鼓励其勇于探索的基础上，科学引导婴幼儿寻找问题的答案。

当家长及照护者向婴幼儿提出问题时，有时婴幼儿无所适从，这时有人会埋怨婴幼儿不能回答甚至觉得婴幼儿愚钝；有时婴幼儿的回答在成年人看来往往不着边际，往往直接纠正，甚至提出批评。这些做法都是错误的。正确的做法是，家长及照护者要站在婴幼儿的角度，提问那些婴幼儿感兴趣并经过探索能发现答案的问题。如果发现婴幼儿寻找答案、回答问题有困难，要在鼓励其勇于探索的基础上，引导婴幼儿寻找答案并回答问题。由于婴幼儿的想象力天真烂漫，对问题的思考云里雾里、天马行空，答案五花八门、稀奇古怪，当然在情理之中。

你能举出婴幼儿稀奇古怪地提出问题和回答问题的例子吗？

二、游戏法

游戏是婴幼儿重要的学习方式。关于幼儿游戏，本教材在幼儿教育部分列专章介绍，这里简单介绍通过婴幼儿游戏进行婴幼儿教育的有关基本内容。

游戏法是指通过引导婴儿开展游戏（即玩耍）完成教育任务、实现教育目的教育方法。

1. 婴幼儿游戏的主要类型

（1）亲子游戏

亲子游戏是家庭成员间以亲子感情为基础而进行的一种游戏活动。对于婴幼儿来说，从其会用微笑来回应成人时，最早的亲子游戏就开始了，而且在整个婴幼儿阶段，亲子游戏既是婴幼儿游戏的主要形式，也是亲子间交往的重要形式。婴幼儿在与家庭成员通过开展游戏进行互动的过程中，体验了初步的交往关系，密切了与家庭成员的亲情，推进了认知能力和个性的完善与发展。

（2）动作游戏

动作游戏是指婴幼儿以大肌肉动作为主的身体运动游戏。动作游戏可分为三个阶段。第一阶段是从新生儿开始的动作重复游戏，如踢腿、摇动身体等；第二阶段为出生后第二年开始的练习性游戏；第三阶段为婴幼儿能够站立走动后开始的追逐打闹游戏。

（3）操作游戏

操作游戏主要指以小肌肉动作的发展和手眼协调能力为主的婴幼儿游戏。例如，婴儿会玩弄自己的手，进而玩弄抓到手里的东西，这就是婴儿典型的操作游戏。

（4）象征性游戏

当思维达到一定程度，婴幼儿可以把眼前现成的物体当成自己所想象的物体玩耍，这类婴幼儿游戏称为象征性游戏。

2. 开展婴幼儿游戏应注意的问题

（1）婴幼儿有选择游戏的权利

现实中，会出现婴幼儿正在自得其乐地自我游戏，却被家长及照护者叫停甚至更换游戏的现象，这其实是不科学的。应当注意，第一，婴幼儿有自主选择游戏的权利；第二，家长及照护者要在深入观察婴幼儿对游戏（类型及其玩法）兴趣的基础上，为婴幼儿选择游戏。当然，所选择游戏的难度还要与婴幼儿的实际水平相适应，否则会让婴幼儿失去兴趣和耐心。

（2）家长及照护者是游戏的参与者、引导者

家长及照护者首先要以平等即婴幼儿玩伴的身份参与到游戏中，其次要考虑到婴幼儿独立性差的身心特点，注意做好婴幼儿游戏的辅助工作，细心观察婴幼儿游戏的过程，引导婴幼儿顺利完成游戏。当然，这种引导应当尊重婴幼儿的兴趣和主动性，不能让婴幼儿由主动变为被动，更不能强制婴幼儿遵从他人的意志。

三、操作练习法

1. 操作练习法的性质

操作练习法是指家长及照护者引导婴幼儿按照一定的规范和要领，通过反复练习，完成一定的动作和活动，以形成某种心智技能、动作技能、行为方式的教育方法。其中，0~3 岁婴幼儿期的心智技能主要包括听、说能力，动作技能主要包括坐、爬、走、跑、跳等能力，行为方式主要包括大小便、卫生习惯、礼貌习惯等。

2. 采用操作练习法应当注意的问题

（1）练习过程要安全

安全性原则是婴幼儿教育的第一原则。采用操作练习法对婴幼儿进行教育，首先要注意婴幼儿的安全。除了场地安全、材料安全，还要提供保护性措施，保证婴幼儿操作练习过程的安全。

（2）练习方法要科学

各种操作练习都有一定的规范和要领，家长及照护者在引导婴幼儿练习过程中，首先自己要遵守这些规范和要领，才能指导婴幼儿遵守这些规范和要领。

（3）练习强度要适中

婴幼儿的身心比较脆弱，所以练习强度一定要保持在婴幼儿身心承受能力的限度以内，否则会对婴幼儿身体造成损害，也会对其情绪造成影响。

（4）练习效果要巩固

积极的效果、良好的习惯不是一蹴而就的，家长及照护者要注意采取积极的措施进行强化练习，从而使练习效果得以巩固，使积极的行为方式成为良好的习惯。强化练习不是一次性超负荷练习，是指针对某一种操作定期反复练习。

要想处理好以上几个方面的问题，必须深刻了解婴幼儿的身心特点，掌握科学的操作练习要领，还要在引导、辅助婴幼儿练习的过程中细心、耐心，靠细心保证婴幼儿的安全，用耐心保持婴幼儿练习的积极性，巩固练习效果，形成良好习惯。

最后，需要说明以下几点。第一，除了上面介绍的根据实施教育方法的手段不同而分类的婴幼儿教育的几类基本方法，还可根据婴幼儿教育实施的环境不同，将婴幼儿教育的基本方法分为室内活动法和户外活动法。如上面介绍的各类方法，既可以在室内实施，也可以在条件允许的前提下在户外进行。当然，采用户外活动法应注意，掌握户外活动常识，选择适宜的户外活动场地，做好户外活动准备尤其是婴幼儿安全防护准备，控制好户外活动的次数和每次户外活动的时间。第二，要根据婴幼儿发育的年龄段、婴幼儿自身特点、婴幼儿生长发育的客观环境条件等因素选择适合的方法；要根据婴幼儿教育的客观需要，将各种方法结合起来应用，力争取得最佳教育效果；要随着社会的不断发展进步，积极探索适应婴幼儿教育新要求的新方法，推动婴幼儿教育不断发展；要不断总结婴幼儿教育实践，提高应用各类婴幼儿教育方法的能力。

建立婴幼儿教育档案

建立婴幼儿教育档案就是记录婴幼儿成长过程，整理婴幼儿教育材料。根据涉及的题材不同，婴幼儿教育档案分为单一主题婴幼儿教育档案和综合性婴幼儿教育档案；根据档案涉及的时间周期不同，婴幼儿教育档案分为阶段性婴幼儿教育档案和全周期婴幼儿教育档案。

建立婴幼儿教育档案有多种方法。例如，记观察日记，即在自然条件下，家长及照护者通过自己感官或录音录像等手段，有目的、有计划地观察婴幼儿表情、动作、行为等变化，并以日记的方式加以记录；写教育心得，即对教育内容、方法效果等进行反思并写出心得体会；整理婴幼儿涂鸦日记，即将婴幼儿的“作品”进行编码，标明时间，将自己和婴幼儿关于“作品”的对话进行记录，并及时整理收集；刻录音像，即通过录音、照相、录像等定期采集婴幼儿的成长信息，标明时间并保存。

建立婴幼儿教育档案要注意定期整理，如果从全方位建立婴幼儿教育档案，还要注意对材料进行分类归纳。有条件的话，可以将婴幼儿教育档案制作成电子档案、网络资料，便于保存和交流。

建立婴幼儿教育档案要注意持之以恒，最起码要完成事先设定的婴幼儿成长的一个阶段，或者完成要研究的某一个专门课题。

第四节 目前我国 0~3 岁婴幼儿教育的主要形式

目前我国 0~3 岁婴幼儿教育采取“家庭为主，托育补充”的形式。家庭婴幼儿教育是婴幼儿教育的基本形式，国家和社会力量举办的婴幼儿教育主要有托育机构中的婴幼儿教育和亲子婴幼儿教育。

一、家庭婴幼儿教育

1. 家庭婴幼儿教育的本质

广义的家庭婴幼儿教育是指婴幼儿所接受的来自家庭各种教育因素的教育。这种教育要么是各种教育因素的综合，如同一名婴幼儿同时接受来自爸爸、妈妈、爷爷、奶奶、哥哥、姐姐，甚至还有聘请的育婴师或保姆的教育；要么是各类型教育因素的教育，如一般家庭是父母对婴幼儿实施教育，有的家庭是靠祖辈（祖父母、外祖父母）甚至年长子女照护婴幼儿，还有的家庭以聘请的育婴师或保姆为主对婴幼儿进行教育。

狭义的家庭婴幼儿教育是指主要由家长（其中首先是父母）对婴幼儿实施的家庭教育。

思考与讨论

在教师指导下，讨论家庭教育与学校教育、社会教育的区别。

2. 家庭婴幼儿教育的目的

教育具有目的性，家庭教育也不例外，家庭婴幼儿教育者应当认识到这一点，并在实施家庭婴幼儿教育之前，明确家庭婴幼儿教育的目的，这样才能使家庭婴幼儿教育朝着确定的方向、目标努力，从而达到预期的效果。反之，家庭婴幼儿教育活动就会有极大的盲目性、随意性，也难以收到积极的教育效果。

总的看，每个家庭都希望教育自己的子女成人、成才，但是，在现实生活中，对不同的家庭而言，教育的具体目的如成人、成才的类型和层次往往是不同的。这是因为，家庭教育目的受多种因素的制约。首先，任何一个家庭的教育目的都是和社会生活相联系的，都从不同的角度、自觉不自觉地反映了社会生活的要求。因此，家庭教育目的的确定都受社会生活的制约。有的家庭的教育目的正确而全面地反映了社会的要求，有的却片面甚至错误地反映了社会的要求。正确、全面反映社会要求的家庭教育目的是希望受教育者长大后能立足于社会，在为社会做贡献的基础上收获自我，而片面甚至错误地反映社会要求的家庭教育目的往往导致受教育者长大后难以立足于社会，甚至会被社会淘汰。其次，每个家庭教育目的的确定，还会受到家庭教育者思想和文化素质、职业、经历等多种因素的制约。家庭婴幼儿教育者在确定家庭婴幼儿教育的目的时，要充分考虑每一个因素尤其是社会生活制约因素，提出适合婴幼儿的家庭教育目的。

二、托育机构中的婴幼儿教育

这里主要介绍托儿所和早教中心等托育机构所实施的婴幼儿教育，幼儿园托班的婴幼儿教育可以参照其中有关内容实施。

1. 托育机构的性质

托育机构是 3 岁以前婴幼儿的专门照护服务机构，负责照护所在地（社区）确有需要的 3 岁以前的婴幼儿，并为所在地（社区）婴幼儿家庭提供科学育儿指导。

2. 托育机构有关工作及其方法

（1）为婴幼儿营造家庭式环境

为婴幼儿营造安全、温馨的家庭式环境，具体工作及其方法包括以下几个方面：第一，创建满足婴幼儿活动需要（如能自如爬行，能独自活动、平行活动、小群体活动）、安全卫生、舒适温馨的活动空间。第二，为婴幼儿提供符合卫生安全要求、取用和使用方便的物品和设施，尤其是满足各种保教活动需要的材料和玩具。第三，主动与婴幼儿交流，并采取以蹲、跪、坐为主的平视方式，与婴幼儿一对一、面对面地进行个别交流，语句简短，语速平缓，语气亲切，充满感情色彩。第四，观察了解不同月龄婴幼儿的需要，把握婴幼儿易于变化的情绪，尊重和满足婴幼儿爱抚、亲近、搂抱等情感需求，给婴幼儿母亲般的关爱。

（2）安排好婴幼儿一日生活，培养婴儿良好的生活习惯

托育机构婴幼儿一日生活活动具体包括入（离）所（中心）、饮食、喂奶、饮水、睡眠、盥洗、如厕、游戏活动、自由活动等环节。托育机构要严格执行一日生活作息制度，科学安排婴幼儿生活，做好婴幼儿生活服务的同时，培养婴幼儿良好的生活习惯。

1）入、离所（中心）。婴幼儿入所（中心）时，工作人员应热情接待婴幼儿及其家长，与家长进行简单交流，了解婴幼儿在家各方面情况，稳定婴幼儿情绪，尤其是要

坚持晨检，发现婴幼儿身体、精神、行为异常时，应当及时通知婴幼儿家长。离所（中心）时，工作人员应热情接待家长并简短告知婴幼儿在所（中心）情况，与婴幼儿及家长道别。

2）饮食。托育机构应科学制定食谱，保证婴幼儿膳食平衡。有的婴幼儿有特殊喂养需求，托育机构应根据家庭要求及婴幼儿需求等提供服务。

托育机构应为婴幼儿提供整洁卫生、光线柔和、宽松和谐、秩序良好的进餐环境，照顾婴幼儿按时吃饭，适当掌握婴幼儿进食数量，保证婴幼儿吃饱吃好。托育机构应注意培养婴幼儿良好的饮食习惯和生活自理能力。例如，除了本章第一节讲过的定时定量，不厌食、不挑食、不暴饮暴食，还要注意饭前洗手、饭后洗脸，保持正确的形体姿势，专心进食；婴幼儿 6~7 个月大时可练习自己拿点心吃，10 个月大时可练习用杯子喝水，1 岁半以后可自己吃饭，2 岁会自己双手捧碗喝水，2 岁半以后能吃得干净、利索，并保持桌面干净，不剩饭菜。

3）睡眠。托育机构应为婴幼儿创设良好的睡眠环境。使用的被褥要适合季节，室内安静、光线柔和，开窗睡眠时要避免对流风。安排婴幼儿入睡时动作要轻柔，态度要和蔼，可轻声播放催眠乐曲帮助婴幼儿入睡。根据婴幼儿年龄和体质，合理安排睡眠次数，确定睡眠和起床顺序，年龄小、体质弱的婴幼儿先睡后起。注意培养婴幼儿按时入睡，引导婴幼儿上床后闭上眼睛，不说话，逐步养成正确睡姿，按时起床，学习做穿脱鞋袜和衣裤等力所能及的事情。

坚持睡前睡后午检，发现婴幼儿身体、精神、行为异常时，应当及时通知其监护人。

4）盥洗。托育机构应每天给婴幼儿洗脚、洗屁股，根据不同年龄和季节经常给婴幼儿洗头、洗澡，保证婴幼儿仪表整洁，穿着适宜；培养婴幼儿爱清洁、讲卫生的良好习惯，引导婴幼儿积极参加盥洗，愉快配合盥洗。

为婴幼儿盥洗时注意水温适宜，最好用流动水，勿让水进入婴幼儿的眼睛、耳朵。盥洗过程中要注意用语言启发和帮助婴幼儿逐步发展自我服务的能力，如穿脱衣服时能伸手伸脚，学会自己解扣子和鞋带等。注意婴幼儿的盥洗用具要分开，毛巾专人专用，每天要消毒。

5）如厕。托育机构应根据婴幼儿年龄特点、个体差异以及气候、饮食和环境变化，掌握婴幼儿大小便规律。婴幼儿大小便时注意多用语言进行指导，让婴幼儿对大小便时的习惯语言以及姿势形成条件反射。工作人员可引导 8 个月大的婴儿开始练习坐盆，1 岁半以前提醒婴幼儿按固定时间坐盆，1 岁半以后培养幼儿自动坐盆。2 岁半以后，幼儿应学会自动坐盆。婴幼儿坐盆时要有专人照顾，每天坐盆次数不宜过多，每次坐盆时间不宜超过 5 分钟。要注意培养婴幼儿在固定的地方大小便，坐盆时不能吃食物或玩耍。

（3）选择适宜教育方式开展相关教育活动

1）根据婴幼儿年龄特征选择教育方式。托育机构应根据婴幼儿年龄特征不同，采取以个别教育为主、集体教育和个别教育相结合的方式对婴幼儿进行教育。具体包括：第一，1 岁以内的婴儿适宜采用个别教育方式。第二，1~2 岁的幼儿应以个别教育方式为主，可以适当组织较短时间的小组活动尤其是小组游戏活动。第三，2~3 岁的幼儿在个别教育、小组活动外，可以适当组织集体活动，如玩游戏、唱儿歌、观察、散步等，让幼儿在发展动作、认知、语言的同时，体验集体活动的氛围，享受群体生活的愉悦，培养其良好的情绪情感和社会交往能力。如果条件允许，可把活动安排在适宜的户外环境中进行，但每次活动时间以不超过 15 分钟为宜，每日户外活动总时间应不少于 2 小时。

2）游戏活动的组织。以游戏为主要活动形式时，托育机构每天都要合理搭配不同游戏类型，有计划地组织两到三次游戏活动。每次活动一般可以重复三到四次，但不要让婴幼儿玩得太累，特别是进餐前后半小时内不要做活动性游戏。

婴幼儿游戏活动常见类型包括以下几种。一是活动性游戏。其中，练习走的游戏有拣花片、插红旗、捉蝴蝶等；练习跑的游戏有开飞机、看谁能追上我等；练习跳的游戏有小青蛙、小白兔等；练习投掷的游戏有丢沙包、抛球等；练习平衡的游戏有过小河、走独木桥等。二是音乐游戏。如欣赏发声玩具、听各种轻快柔和的乐曲、跟着音乐做各种手舞足蹈的动作、伴着音乐玩捉迷藏、学唱简单的歌曲等。三是桌面游戏。如摆积木、拼图、穿花片、穿珠、捏橡皮泥等。四是娱乐游戏。如玩各种发声发光的玩具、吹泡泡、抓气球、踩影子、堆雪人、玩沙、玩水等。五是智力游戏。如听声音辨声源、看看小动物们都喜欢吃什么、哪个多哪个少、比一比哪里不一样等。

以上各类游戏对不同婴幼儿的要求要有所区别。如果婴幼儿喜欢运动，要引导他们多做些安静型的游戏；如果婴幼儿不喜欢运动，则要逗引他们多做些运动型的游戏。不同类型的游戏也要根据环境加以选用，如活动性游戏应根据季节和天气的变化合理安排。冬天天冷，可以做些活动量大的游戏；夏天天热，可以选择一些活动量小的游戏。

在具体组织游戏活动时，要告诉婴幼儿简单的游戏规则和要求并进行示范，注意使婴幼儿轻松愉快地完成游戏活动。

3）集体教学活动的组织。集体教学活动包括以下几种。一是语言活动，如日常语言交流、讲故事、念儿歌和语言游戏等。二是动作发展活动，如体操、球类运动，室内外运动器械攀、爬、钻等运动，体育游戏，捏、揉、搓以及穿插小物品等精细运动。三是数学活动，如点数、认识图形、配对、比较大小、认识时间段等。四是音乐活动，如唱歌、跳舞、演奏等。五是美工活动，如绘画、粘贴、剪纸、折纸、泥工等。六是社会活动，如与人见面打招呼，认识自己和朋友的衣物，帮助、安慰他人，分享玩具和食物等。

在组织集体教学活动时，要尽量多让婴幼儿放松、随意地“席地而坐”，让婴幼儿的身体和感官充分作用于客观材料，支持婴幼儿主动探索、操作、表达、交流；要与婴幼儿保持亲近的距离，进行积极的情感交流，以满腔热情接纳、鼓励、赞赏、帮助每一个婴幼儿的正面行为；要了解婴幼儿的已有经验，启发、引导婴幼儿获得新的经验，让二者互相渗透、融合；要尊重婴幼儿的个别差异，满足不同能力婴幼儿的需要，让不同发展水平的婴幼儿都有表现的机会；要将集体教学活动与日常活动、游戏活动相结合。

（4）建立婴幼儿发展档案

坚持全方位观察、全过程观察每个婴幼儿的活动过程，及时捕捉和记录每个婴幼儿情绪、言行等表现的瞬间，建立婴幼儿个性化发展档案，并结合分析档案材料，制定个性化教育方案，促进婴幼儿个性化成长。

（5）搞好和婴幼儿家庭及所在社区的配合

建立与家长联系制度、家长开放日制度，成立家长委员会、家长学校或家长课堂。通过线下线上各种形式，定期与婴幼儿家庭沟通婴幼儿发展情况，向婴幼儿家庭宣传科学育儿知识，为婴幼儿家庭提供婴幼儿早期发展指导服务。事关婴幼儿教育的重要事项，应当听取家长委员会的意见和建议。

加强与社区的联系与合作，面向社区宣传科学育儿知识，开展多种形式的服务活动，促进婴幼儿早期发展。

建立信息公示制度，定期公示收费项目和标准、保育照护、膳食营养、卫生保健、安全保卫等情况，自觉接受家长和社区监督。

在开展上述配合过程中，发现婴幼儿遭受或疑似遭受家庭暴力等，应当依法及时向公安机关报案。

三、亲子婴幼儿教育

亲子教育中的婴幼儿教育称为亲子婴幼儿教育，通常直接称为亲子教育。

1. 亲子教育的性质及其意义

亲子教育是指在专门的亲子教育机构中，依据婴幼儿科学教育理论制定的教育方案，在专门的教师指导下，通过家长（亲）、婴幼儿（子）的双边互动活动过程，完成婴幼儿教育任务的婴幼儿教育方式。目前我国实施亲子教育的专门机构主要有亲子园、亲子早教中心等。另外，托儿所、幼儿园中也有开办亲子园或亲子班的情况。

亲子教育与一般意义上的家庭婴幼儿教育有很大不同。它由传统家庭婴幼儿教育中家长直接对婴幼儿实施教育，转变为家长在接受专门教师培训指导的同时，通过与婴幼儿的双边互动活动，促进婴幼儿的发展。这种婴幼儿教育方式，通过专门教师的培训指导，以及家长之间在活动进行过程中的相互交流、相互借鉴，促进了家长婴幼儿教育水平的显著提升；通过家长和婴幼儿之间的双边活动，家长和婴幼儿之间的亲子关系质量相比单纯的家庭教育得以明显提高；通过集体活动氛围，发展了婴幼儿的社会适应能力，克服了一般家庭婴幼儿教育中婴幼儿很少有机会参加集体活动、进入幼儿园后短期内不能适应集体生活的弊端，为婴幼儿尽快适应幼儿园集体生活奠定了良好基础。

亲子教育与一般意义上的婴幼儿教育有明显不同。它由一般婴幼儿教育中单纯由照护人员对婴幼儿实施教育，转变为由专业教师有目的、有计划、有组织地指导家长，并引导家长和婴幼儿开展双边互动活动。全面地讲，亲子教育的过程其实是教师、家长、婴幼儿三方互动的过程，这就避免了一般托幼婴幼儿教育中单纯由照护人员对婴幼儿实施教育，由于家长的缺位导致婴幼儿亲情教育的缺失。

综上所述，与一般家庭婴幼儿教育和托幼婴幼儿教育比较，亲子教育更有助于促进家长科学育儿，有助于增进亲子关系，有助于发展婴幼儿社会适应能力。

2. 亲子园课程的特点和类型

（1）亲子园课程的特点

亲子园课程是根据亲子教育要求、0~3 岁婴幼儿身心发展特点，在专业人员指导下，由婴幼儿家长（父母或家庭成员）与婴幼儿共同参与的互动性活动，一般按婴幼儿年龄分为不同级别的班级实施授课，包括 0~1 岁班、1~1.8 岁班、1.8~2 岁半班和 2 岁半 ~3 岁班。

与一般家庭婴幼儿教育和托育婴幼儿教育相比，亲子园课程更加注重指导家长训练婴幼儿养成良好生活习惯；更加注重抓住婴幼儿的学习关键期与机遇期，在多边活动中对婴幼儿实施潜能开发教育；更加注重指导家长帮助婴幼儿学习与周围环境建立融洽关系，完成从家庭向幼儿园的过渡，为以后入园做好准备。此外，亲子园课程的时间安排比较灵活，家长可以自选。

（2）亲子园课程的类型

1）亲子精细动作训练。亲子园课程吸收、借鉴了蒙台梭利给儿童充分自由的教育理念、丰富直观的特色教具，通过教师、家长、婴幼儿的三方活动，训练婴幼儿手的控制力和手眼协作的准确性，使婴幼儿的无意识动作发展为有意识的动作，加强了婴幼儿顺序性培养，让婴幼儿在潜移默化中养成做事有始有终的好习惯。同时，亲子园课程培养了婴幼儿的好奇心和探索意识，以及独立性、专注力、耐性等良好品质。

内容拓展

婴幼儿手指精细动作亲子训练

婴幼儿手部精细动作的发展遵循了从无意识到有意识、从混浊到分化的发展规律。6 个月以前，婴儿多数是本能或者通过简单动作抓握物体。6 个月以后，婴儿手的动作明显灵巧了，家长可以开始引导、陪伴婴儿练习捏一些小的物品（如小糖豆、爆米花等），也可以选用瓶口直径为 2.5 cm 左右的小瓶，指导婴儿练习一粒粒地把糖丸放入瓶内，然后倒出来，再一粒粒地放进去。亲子教育机构教师可以先为婴儿做示范，等婴儿通过练习，动作基本熟悉以后，可以组织家长和婴儿开展用瓶子装糖豆比赛。

在婴幼儿能够准确抓握的基础上，家长可以训练其难度更大的手指精细动作。例如，可给婴幼儿一些积木、套碗、套塔等，先陪伴他们训练两只手分别都能抓住一个，或者一只手能抓住两个，再学习一只手抓取到玩具后送到另一只手上，空出的手再抓取第二个玩具。当他们两手都抓有玩具时，家长可以为其示范用两手对击玩具，并引导婴幼儿模仿、练习，还可以训练婴幼儿将玩具反复拿起、放下，或者将玩具拿起后放到指定位置，或将玩具拿起后送给周围的人如家长、教师等。以上练习，每次成功后家长、教师都要及时给婴幼儿以鼓励，激发他们的兴趣和信心。

以上整个练习过程，家长和教师都要注意婴幼儿的安全。活动结束，教师还要注意指导家长陪伴婴幼儿把玩具整理好、收起来。

2）亲子语言、认知活动。在教师、家长带领婴幼儿共同学习过程中，可以为婴幼儿提供适当的语言刺激，如听、讲故事，听、唱儿歌，发展婴幼儿的听觉和语言能力的同时，发展婴幼儿的认知能力。

3）亲子音乐活动。在教师指导下，家长和婴幼儿一起听、唱儿歌，往往还伴随音乐的节奏做一些节拍性动作，不仅能够发展婴幼儿听觉，培养婴幼儿音乐兴趣、节奏感及音乐感受力，而且可以利用音乐的不同波段和节拍影响婴幼儿的大脑，让婴幼儿的思绪、情绪伴随着音符波动而波动，从而使右脑控制情商的部分得到激活和调动，使婴幼儿的情商得以开发、提升。

4）亲子感觉统合训练。在亲子课中，训练婴幼儿大小肌肉运动、手眼协调和全身运动协调等感觉统合训练内容，旨在开发婴幼儿的早期感知能力和独立性，这是亲子教育的重要内容。例如，在教师指导下，通过家长与婴幼儿的双边活动，训练婴幼儿蹲、跳、跑、爬、钻、晃（如荡秋千、摇马）、弯腰、投掷等动作，头、眼、身体双侧灵活协调的活动（如滑梯、滑板），以及辨别身体空间位置等，可以发展婴幼儿协调、平衡等能力以及前庭觉等感觉。

5）亲子美工活动。在亲子美工活动中，教师、家长启发、引导婴幼儿接触色彩，尝试各种涂鸦，从而培养婴幼儿对色、线、形、绘画及参与手工活动的兴趣，形成初步的感受力、想象力、表现力、创造力。

上述各种类型亲子课程大多都通过亲子互动游戏的方式实施。

作业

一、简答题

1. 什么是婴幼儿发展的空白期、机遇期、关键期？
2. 贯彻婴幼儿教育的无压力原则，应当注意哪些问题？
3. 简述婴幼儿教育的操作练习法的含义。
4. 简述贯彻婴幼儿教育的关键期原则应当注意的问题。
5. 婴幼儿集体教学活动有哪些类型？
6. 什么是亲子教育？亲子课程包括哪些类型？

二、实践题

在教师指导下，将全班划分为四个小组，深入婴幼儿家庭、托育机构、幼儿园托班、亲子教育机构开展一次婴幼儿教育效果调查。调查内容主要包括婴幼儿综合表现（饮食、睡眠、穿着、玩耍、学习等）、各种实施婴幼儿教育的方式方法。调查结束后各组写出调查报告，组织一次班级调查报告会，报告会结束以后以“不同教育形式对婴幼儿成长的影响比较”为题，写一篇调查总结，出一期专栏，供大家相互学习、借鉴。

第二章 0~3 岁各年龄段婴幼儿的教育

婴幼儿教育的基本任务是在确保婴幼儿安全和健康的前提下，遵循婴幼儿成长特点和规律，促进婴幼儿在身体发育、动作、语言、认知、情感与社会性等方面的全面发展。本章介绍对新生儿及 1~3 岁婴幼儿实施以上几个方面教育的有关内容，以期为各年龄段婴幼儿的教育提供具体指导。

需要注意的是，根据婴幼儿教育的有关基本原则，婴幼儿的年龄段不同，教育的方式方法和侧重点都有所不同。

第一节 新生儿的教育

新生儿是指从出生到一个月之内的婴儿。根据新生儿生理与心理特征以及生长发育需求，本节介绍新生儿认知、动作、语言、情绪与社交能力发展训练有关内容。

一、认知能力发展训练

发展新生儿认知能力，主要包括对其前庭觉、视觉、听觉、味觉、嗅觉、触觉等多种感知觉的训练。

1. 前庭觉发展训练

（1）前庭觉及其对婴幼儿发展的意义

前庭器官是人的内耳的一部分，接收主要来自人脸部前方部位（前庭）的视觉、嗅觉、听觉等信息，这些信息的处理中心位于脑干（大脑中枢神经）前方部位的神经核（前庭神经核），由前庭器官传达的信息经前庭神经核处理后对人引起的运动觉、位置觉，以及躯体的内脏功能的反射性改变，称为前庭觉。它与人们在日常生活和体育锻炼中保持正常姿势有非常密切的关系，所以也称为平衡觉、静觉。

前庭觉发展不良，会导致视觉空间感应失常，如方向感不分、容易碰撞桌椅；眼球追视能力弱，如导致专注力差，不喜欢阅读写字，数学与理科学习出现困难。前庭觉发展不良，还会导致本体运动觉不佳，如身体双侧协调困难、动作计划不当，甚至脑神经抑制功能失常、引发情绪障碍等。此外，前庭系统与新生儿的语言发展也有很密切的关系。因为语言的发展牵涉到视、听、触觉以及嘴、舌、喉部、声带、腹部等的肌肉动作，都与前庭的平衡反射关联在一起，所以当前庭系统发展不良时，新生儿的语言发展会受到影响，产生迟缓或障碍。

（2）新生儿前庭觉的训练方法

孕儿期，随着孕妇的活动，孕儿在羊水里时常受到摇晃的刺激。十月怀胎，孕儿对羊水的环境已经熟悉。新生儿出生后，家长及照护者可以抱着新生儿轻轻摇晃，让其重温羊水世界的熟悉感觉，还可以将新生儿放在摇篮里轻摇，摇晃的次数和时间以每日 3 次、每次 5~10 分钟为宜。轻轻摇晃可以增加新生儿的安全感，可以启蒙新生儿的前庭觉、促进平衡感，可以强化神经抑制功能、安稳情绪。

训练新生儿前庭觉时要注意：由于新生儿脑部发育尚未成熟，不可大幅度摇晃，并应避免因空间不足碰撞到物品，导致新生儿脑部受伤；新生儿精神状况不佳、临睡前、饭后 1 小时都不适宜进行训练。

2. 视觉训练

新生儿的视物距离是 15~20 cm，他们能够分辨的颜色也主要是黑白色。对新生儿进行视觉训练，除了家长及照护者可以有意识地将自己移动的脸作为新生儿追视的对象，也可以在距离新生儿眼睛 20 cm 远的地方，让他们看一些简单的对比鲜明、线条清晰的图片或物品，如黑白对比的有轮廓的图案。此外，还可以为新生儿做一些追视训练，如在他们眼前用一个红色的小球来回移动，让他们的视线跟着小球来回移动。

应当说明的是，虽然新生儿已具备了视觉能力，但其视觉器官还比较脆弱，发展其能力时必须注意保护，否则容易对视觉造成伤害。例如，有人喜欢给新生儿床前挂上几个色彩艳丽的气球，由于新生儿对艳丽色彩尤其是红颜色的物体感受力很强，如果气球固定不动，他会一直盯着看，长此下去就会造成“内斜视”即常说的“对眼儿”。为了避免这种现象的发生，除了气球的色彩不要过于艳丽，还要注意在新生儿的视线范围内将气球之间的距离增大（气球不宜太多，以 3 个为宜），也可以定时取掉气球，让新生儿的视觉注意点消失。

3. 听觉训练

新生儿听觉系统已经很发达，虽然听不懂周围人在说什么，但是，反复地聆听周围人的说话，会使其听觉不断受到刺激，有利于大脑发育，促进其发声并学会说话。

为了训练新生儿听觉，家长及照护者可以有意和新生儿说话，引导新生儿顺着声音的方向寻找；可以用发声玩具发出声音引导新生儿寻找；可以播放优美、舒缓的乐曲（如儿歌）等，每次 10 分钟左右，同一首乐曲可重复播放几次。此外，新生儿睡觉时，不需要绝对的安静，音量和速度在一定限度内的声音信号如谈笑声、乐曲声等，会给新生儿大脑带来良性的刺激。

需要强调的是，如同新生儿视觉训练一样，新生儿听觉训练也必须以安全、科学为前提。例如，最好不要让新生儿长时间听音响或电视机中传出的较大的声音，也不要让新生儿进入嘈杂的大商场或施工场地，否则声音的强刺激会影响新生儿的听觉正常发育，时间长了对新生儿的情绪也会有不良影响。

4. 味觉训练

味觉是新生儿出生时最发达的感知觉，他们对味道的灵敏度甚至高于成人。在母乳喂养的基础上，一旦能够添加辅食，训练新生儿味觉最好的方法，就是尽量避免食物的单一化。这样做不仅可以训练新生儿的味觉，还可以保障新生儿营养多样化、全面化，避免出现偏食甚至挑食的不良现象。如有可能，隔一段时间适当更换奶粉对训练新生儿味觉也有积极的作用。

5. 嗅觉训练

对新生儿嗅觉能力进行刺激和强化，不仅可以帮助新生儿分辨和寻觅长期闻到的味道，建立起食物性条件反射，而且可以尽早建立嗅觉空间定位能力。

新生儿闻的最多的就是来自母亲身上的气味，而且对此气味特别敏感。母亲身上的气味会给他们带来一种安全感，从而安定情绪，同时也可以增进新生儿对母亲的感情。

出生 5~6 天的新生儿就已经表现出对清香的喜爱和关注，如果悄悄地把芬芳的鲜花放在新生儿一侧，他很快就会转过头去找气味的来源。经常用不同的气味这样做，不但可以训练新生儿的嗅觉，而且也帮助锻炼了新生儿颈部肌肉。

6. 触觉训练

新生儿的触觉比较健全，同时也比较灵敏，尤其在口腔、眼、前额、手掌和脚底部位更是如此。例如，他们非常喜欢母亲的抚摸。家长及照护者应尽量多和新生儿进行适当的身体接触，这样不仅能够提升新生儿对环境的反应能力，也是一种良好的感情交流方式，还能让新生儿更有安全感。另外，让新生儿尝试着去触摸、感知不同的物体，如玩耍不同材质、不同形状的小玩具等，能够很好地训练新生儿的触觉。

二、动作发展训练

新生儿的动作发展训练主要包括抬头训练、双手训练、四肢训练。

1. 抬头训练

新生儿出生后几天就可以锻炼俯卧，但因其颈部力量小，1 个月内的新生儿俯卧时还不能自己主动抬起头，只能本能地挣扎，使面部转向一侧，这限制了他们的活动及其范围。抬头练习不仅锻炼其颈部、背部的肌肉力量，增加肺活量，而且能使其尽早正视自己所处的环境，接受较多的外部刺激。家长及照护者可以竖抱新生儿，让其头部自然直立片刻，或让新生儿俯卧在自己的肚子上，引逗新生儿抬头。让新生儿趴在床上。用玩具逗其抬头并左右转动等方法，也能对其进行抬头训练。

2. 双手训练

对新生儿进行双手训练的方法很多。例如，家长及照护者可以将手指放在新生儿手中让其抓握；可以用长柄的玩具碰新生儿掌心逗引其抓握；可以让新生儿尝试抓握不同质地和形状的物体；可以在新生儿头上方适当位置悬挂一些小玩具，使其够得着、抓得住；甚至可以训练新生儿双手去抓悬挂的球，两手共同完成一个动作，训练两只手的协调能力。

3. 四肢训练

为了对新生儿进行四肢训练，可以为其做一些简单的按摩动作，如轻柔地用手从肩到手、从腋下到脚每天至少按摩 4~8 次。这样的按摩可以使新生儿产生舒适愉快的情绪，锻炼其大肌肉活动。或者让新生儿仰面躺着，用手移动其四肢，为其做被动操，还可以边唱歌边做，让其四肢随节奏运动。此外，训练新生儿游泳，能够使其在宫内蜷曲已久的肌肉、关节、韧带都得到锻炼，促进其生长发育。

思考与讨论

本节为什么首先介绍新生儿认知发展训练，而不是动作发展训练的内容？

三、语言发展训练

新生儿的语言能力是需要积累的，家长及照护者要有意在不同场合、不同时间对新生儿进行语言发展训练。

在新生儿睡醒、吃奶、玩耍、做游戏时要注意和新生儿说话，如“我们开始吃奶了”“我们开始做游戏了”“我们现在听的是摇篮曲”等，新生儿虽然还听不懂，但他们能感受到温柔的声音，而且这种听觉刺激会加强成人与新生儿之间的感情。

除了和新生儿说话，还要引逗其发音，新生儿在 2~3 周时即会发出“哦哦”的声音来应答。在新生儿发出细小喉音的时候，家长及照护者最好模仿新生儿的声音，引导新生儿学习。还可以有意识地给新生儿讲故事、唱儿歌，让新生儿听音乐等，训练新生儿听觉功能，发展其语言能力。

四、情绪与适应能力教育

为了使新生儿形成良好的性格和社会适应能力，家长及照护者从新生儿出生开始就要注意积极创造愉快的氛围，尽可能让新生儿在愉快的氛围中成长。例如，在和新生儿“打交道”过程中，要微笑着对新生儿点头、说话，要想法逗新生儿开心，要经常抚触、拥抱、亲吻新生儿。其中，抚触对训练新生儿情绪和适应能力效果显著。

抚触是指通过操作者的手对新生儿的皮肤进行有次序、有技巧的抚摩与接触。新生儿于出生后第二天即可开始进行抚触。抚触宜在新生儿沐浴后、睡觉前、两次喂奶之间，新生儿不饥饿、不疲倦、不烦躁且清醒时进行。抚触以每日 1~2 次、每次 15 分钟为宜。抚触前，要做好准备工作。例如，房间内要安静，温度控制在 28~30 ℃；准备好适量的润肤油、润肤露、爽身粉；抚触者不能有长指甲，不能戴手表、戒指等饰物，要用热水洗手。抚触可以按照前额、下颌、头部、胸部、腹部、上肢、下肢、背部、臀部的顺序进行，每个部位重复 4~8 次。抚触过程中，抚触者要心情放松，轻轻地与新生儿交谈，将自己的爱意传达给新生儿，还可以播放一些柔和的音乐，在轻松舒适的环境中为新生儿完成抚触。

新生儿抚触的积极作用

科学研究证明，抚触可以刺激新生儿淋巴系统，增强抵抗能力；改善消化系统，增进新生儿食欲；促进新生儿正常睡眠节律的建立，减少不良睡眠习惯的形成；平复新生儿情绪，减少哭闹；促进亲子情感交流，提高新生儿情商。

第二节　1岁婴儿的教育

1岁是婴儿出生后生理、心理、社会意识等方面的觉醒期，对这一阶段婴儿进行教育时，除了动作、认知、语言、情绪及社会交往、美感等方面的训练，还要注意生活能力的培养。

一、动作发展训练

1. 动作发展的类型

1岁婴儿身体动作的发展顺序主要是抬头、俯撑、翻身、坐、爬、站、走这几个环节，包括大动作技能和精细动作技能两个方面。

大动作技能发展遵循从整体动作到分化动作的规律，即最初的大动作技能常常是全身的、笼统的、弥漫性的，然后才逐渐形成局部的、准确的、专门化的动作。大动作技能训练能够促进身体、智力发展和大脑成熟，增强婴儿体质，有利于培养婴儿的个性，有利于发展婴儿的人际交往能力。

婴儿精细动作的发展主要体现在手指、手掌、手腕等部位的活动能力，从用满手抓握到用拇指与其他四指对握，再到用食指与拇指对握，代表着婴儿大脑神经、骨骼肌肉、感觉统合的成熟程度。精细动作的训练应该依据发展顺序，逐步进行。选择和设计婴儿精细动作训练的基本规律是屈伸规律、左右规律、旋转规律、对称规律、五指共用规律、速度规律。

2. 2~12个月婴儿训练体操

2~6个月婴儿动作发展训练可以练习婴儿被动操，7~12个月婴儿动作发展训练可以练习婴儿主被动操。

利用婴儿被动操和主被动操对婴儿进行动作发展训练时，需要注意：应当选择两餐之间，婴儿醒来后或喂奶半小时后且情绪较好的时间段实施训练；室内先通风，室温保持在 22 ℃左右；家长及照护者要摘掉手上的戒指、手表等饰物，并用温水洗手；播放适合的音乐，轻轻脱去婴儿多余的衣服，并与其亲昵拥抱交谈，做好做操前的预热；动作要轻柔，可配上音乐伴奏；如果婴儿有不适现象应停止训练；每天可做 1~2 次，2~4 个月婴儿只做婴儿被动操前 1~4 节，4~6 个月婴儿可做 1~8 节；环境适宜时，也可在室外进行训练；训练过程要注重坚持。

3. 婴儿爬行训练

爬行不仅是婴儿很多动作发展的基础，还可以锻炼婴儿手腕的力量，锻炼婴儿膝、臂动作的协调与四肢关节的灵活度，训练婴儿眼睛、手部和脑部的协调发展。

一般地，婴儿爬行能力的发展要经过三个阶段，即抵足爬行、手膝爬行和手足爬行。4~5 个月的婴儿能用手抵住自己的两只脚，使腿成蛙形，以腹部为支点向前爬行，即抵足爬行；8~12 个月的婴儿能用双手和膝盖支撑身体向前爬行，即手膝爬行；1 岁左右的婴儿能用两手和两脚支撑身体向前爬行，即手足爬行。可见，当婴儿 4~5 个月时，就要开始爬行训练。具体训练过程中，可用婴儿喜欢的玩具在前面引逗婴儿，激发婴儿向前爬行的愿望。刚开始训练时，如果婴儿有困难，也可以用手轻推婴儿的脚，帮助其爬行。

二、认知能力发展训练

婴儿最初的认知活动主要体现在感知觉和动作发展上，因此，要为婴儿提供丰富多彩的适宜刺激，如色彩协调的玩具，动听悦耳的音乐等，借此训练婴儿的感知觉。6 个月以前注意开始训练婴儿识别熟悉的面孔、认识身体重要部位；6~12 个月开始教婴儿学习认形状、认红色、分大小、认简单图形，注意训练婴儿的记忆力，让其了解因果相关性。此外，还要为婴儿提供足够的活动空间，让他们“摸爬滚打”，在发展自己动作的过程中促进自身认知发展。

1 岁婴儿对外界的认识除了来源于视觉与听觉，还有触觉，而这一年龄段婴儿的触觉主要来自口腔，这也正是 1 岁婴儿常会把拿到手里的任何物品都放入口中的主要原因。对此，家长及照护者千万不能“因噎废食”，而应该在注意卫生的基础上帮助婴儿用嘴去“认识”世界。

三、语言表达能力发展训练

1岁婴儿的语言表达能力发展训练主要从丰富婴儿的语言环境、引导和鼓励婴儿说话的角度着手。

丰富婴儿的语言环境有多种方式。例如，虽然婴儿还不会说话，但是家长及照护者把养育婴儿的过程面对面地向婴儿表达出来，就是一种简单易行而又效果显著的积极做法。此外，与婴儿一起听、说简短故事，识、读简单图片，听、唱小儿歌；睡前为婴儿播放摇篮曲；陪婴儿玩听音和发音的游戏，都能够丰富婴儿语言环境。

为了引导、鼓励婴儿说话，当婴儿用手势表达要求时，要启发婴儿把要求用语言表达出来，一旦婴儿开口说话，哪怕是吐字不清晰、用词不准确、表达不完整，对他们都具有重要的意义。

在训练婴儿表达能力的过程中，要注意吐字清晰、用词准确、表达规范，态度和蔼亲切。

四、良好情绪及交往能力培养

要培养婴儿良好的情绪和积极的社交能力，家长及照护者首先要加强自身修养，保持安定祥和的情绪，以积极的态度与婴儿相处。这是因为，1岁的婴儿虽小，但是其情绪、情感已经具有社会性，家长及照护者的情绪尤其是对婴儿的态度不仅对当时婴儿的情绪带来直接影响，久而久之还会成为婴儿情绪和社会交往模式的榜样。以对婴儿的哺乳和喂养过程为例，母亲心情愉悦地哺乳婴儿，照护机构工作人员耐心地喂养婴儿，哺乳和喂养过程中轻柔地抚摸婴儿，温和地和婴儿交谈，播放轻音乐、儿歌等，都会对培养婴儿良好情绪和社会交往能力产生积极的影响。另外，家长及照护者要引导、帮助婴儿过良好的社交生活。例如，陪婴儿玩社会交往的游戏，让婴儿尝试交往的态度、言行，带婴儿到适宜的公共场合，让婴儿实践待人接物等。

五、美感及艺术培养

家长及照护者要多为婴儿播放优美的音乐，多陪伴婴儿欣赏优美的图画、富有童趣的玩具，多利用大自然美的丰富内涵和生活中美的丰富内容，引导婴儿感受美、体验美，看到漂亮的花朵、清清的湖水、优美的建筑，听到小鸟的叫声、优美的音乐，要注意引导婴儿学习欣赏。此外，要鼓励、引导婴儿用涂鸦、模仿等方式表达自己的情感，积极锻炼婴儿乐观向上的情趣。

六、生活能力培养

婴儿学习吃饭、独立坐盆、逐渐控制大小便、配合成人穿脱衣服、学习有顺序地放东西等生活能力的培养，实际上是婴儿劳动教育的一部分。

婴儿每时每刻都在学习模仿成人的一言一行，所以，要想让婴儿学习做事，家长及照护者就要以身示范，科学规范、细心耐心地做给婴儿看。

由于婴儿的认知和实践能力有限，在培养其生活能力的过程中，速度慢、差错多，甚至出现反复，都是正常现象。家长及照护者要面对现实，要求适度，不可操之过急，要认识到：即使经过反复训练，如果婴儿能学会一种生活技能，而且能形成习惯，无论对婴儿还是对家长及照护者，都具有重要的意义。

婴儿被动操

1. 第一节——双手胸前交叉

第一，预备姿势。训练者两手握住婴儿的腕部，让婴儿握住自己的大拇指，两臂放于身体两侧。第二，动作。第 1 拍，将两手向外平展，与身体成 90 度，掌心向上；第 2 拍，两臂向胸前交叉。重复共 2 个 8 拍。第三，本节注意点。两臂平展时可帮助婴儿稍用力，两臂向胸前交叉时动作应轻柔些。

2. 第二节——伸屈肘关节

第一，预备姿势。与第一节相同。第二，动作。第 1 拍，将左臂肘关节前屈；第 2 拍，将左臂肘关节伸直还原；第 3、4 拍换右臂肘关节。重复共 2 个 8 拍。第三，本节注意点。屈肘关节时手触婴儿肩，伸直时不要用力。

3. 第三节——肩关节运动

第一，预备姿势。与第一节相同。第二，动作。第 1、2 拍将左臂弯曲贴近身体，以肩关节为中心，由内向外作回环动作；第 3、4 拍还原；第 5~8 拍换右臂，动作相同。重复共 2 个 8 拍。第三，本节注意点。动作必须轻柔，切不可用力拉婴儿两臂勉强做动作，以免损伤关节及韧带。

4. 第四节——伸展上肢运动

第一，预备姿势。与第一节相同。第二，动作。第 1 拍，两臂向外平展，掌心向上；第 2 拍，两臂向胸前交叉；第 3 拍，两臂上举过头，掌心向上；第 4 拍，动作还原。重复共2个8拍。第三，本节注意点。两臂上举时与肩同宽，动作轻柔。

5. 第五节——伸屈踝关节

第一，预备姿势。婴儿仰卧，训练者右手操作婴儿左踝部，左手握住其左足前掌。第二，动作。第1拍，将婴儿足尖向上，屈伸踝关节；第2拍，足尖向下伸展踝关节。连续做8拍，然后换右足再做8拍，即伸展右踝关节。第三，本节注意点。伸屈时动作要求自然，切勿用力过度。

6. 第六节——两腿轮流伸屈

第一，预备姿势。训练者两手分别握住婴儿两膝关节下部。第二，动作。第1拍，屈婴儿左膝关节，使膝靠近腹部；第2拍，伸直左腿；第3、4拍屈伸右膝关节；左右轮流模仿蹬车动作，重复共2个8拍。第三，本节注意点。屈膝时稍稍帮助婴儿，用力伸直时动作放松。

7. 第七节——下肢伸直上举

第一，预备姿势。两下肢伸直平放，训练者两掌心向下，握住婴儿两膝关节。第二，动作。第1、2拍将两下肢伸直上举成90度；第3、4拍还原。重复共2个8拍。第三，本节注意点。两下肢伸直上举时，臂部不离开桌（床）面，动作轻缓。

8. 第八节——转体、翻身

第一，预备姿势。婴儿仰卧并腿，两臂屈曲放在胸腹部，训练者左手垫于婴儿背颈部。第二，动作。第1、2拍轻轻将婴儿从仰卧转为右侧卧；第3、4拍还原；第5~8拍训练者换手，将婴儿从仰卧转为左侧卧，后还原。重复共2个8拍。第三，本节注意点。仰卧时婴儿的两臂自然地放在胸前，使头抬高。

婴儿主被动操

1. 第一节——起坐运动

第一，预备姿势。婴儿仰卧，训练者双手握住婴儿手腕，拇指放在婴儿掌心里，让婴儿握拳，两臂放在婴儿体侧。第二，动作。让婴儿双臂伸向胸前，两手与肩同宽；拉引婴儿，注意不要过于用力；让婴儿自己用力坐起来。

2. 第二节——起立运动

第一，预备姿势。婴儿俯卧，训练者双手握住婴儿肘部。第二，动作。握婴儿肘部，让其先跪再立；扶婴儿站起，然后再由跪到俯卧。

3. 第三节——提腿运动

第一，预备姿势。婴儿俯卧，训练者双手握住婴儿两小腿。第二，动作。两腿向上抬起，做推车状，随月龄增大，可让婴儿两手支持抬起头部。重复 2 个 8 拍。

4. 第四节——弯腰运动

第一，预备姿势。让婴儿同训练者方向一致直立，用左手扶住婴儿两膝，右手扶住婴儿腹部，在婴儿前方放一玩具。第二，动作。使婴儿弯腰前倾，拣桌（床）上的玩具，捡起玩具成直立状态，训练者放回玩具。重复 2 个 8 拍。

5. 第五节——托腰运动

第一，预备姿势。让婴儿仰卧，左手托住婴儿腰部，右手按住婴儿踝部。第二，动作。托起婴儿腰部，使婴儿腹部挺起，成桥形。注意托起婴儿时头不离桌（床）面，并使婴儿自己用力。

6. 第六节——游泳运动

第一，预备姿势。让婴儿俯卧，训练者双手托住婴儿胸腹部。第二，动作。悬空向前后摆动，活动婴儿四肢，做游泳动作。重复 2 个 8 拍。

7. 第七节——跳跃运动

第一，预备姿势。让婴儿站在训练者对面，用双手扶住婴儿腋下。第二，动作。把婴儿托起离开桌（床）面，让婴儿足尖着地，轻轻跳跃。重复 2 个 8 拍。

8. 第八节——扶走运动

第一，预备姿势。婴儿站立，训练者站在婴儿背后或前面，扶婴儿腋下、前臂或手腕。第二，动作。扶婴儿学走。重复 2 个 8 拍。

第三节　2 岁幼儿的教育

1~2 岁的幼儿不仅身体发育出现又一次飞跃，心理上也从被动接受照顾、保护，到逐渐脱离家长及照护者怀抱去认识世界。这一阶段幼儿的教育除了动作、认知、语言、情绪及社会交往、美感等几个方面能力的发展训练，还要开始重视幼儿习惯的培养和性别教育。

一、动作发展训练

10 个月 ~2 岁是婴幼儿学会独立行走进而学习跑的年龄，这一阶段婴幼儿动作发展训练主要包括大动作训练、手指精细动作训练、手眼协调训练。

1. 大动作训练

幼儿在 1 岁 2 个月左右就可以独立行走了。家长及照护者一定不能因为怕幼儿摔跤而不让幼儿练习行走，当然也不能过量练习走路而使幼儿腿部肌肉发展受阻。

训练幼儿学习独自行走，可分成移步行走、扶东西走、跨越障碍等几个小步骤循序渐进地进行。练习移步行走，可让幼儿面对训练者，握住训练者双手或训练者扶着幼儿腋下，双脚踩在训练者脚背上，左右交替向前迈步；一段时间后让幼儿背对着训练者，扶住其腋下向前行走。当幼儿迈步比较自然了，可以训练其扶着床沿、栏杆、家具或墙壁行走。当幼儿扶着东西能够行走了，接下来需要加强其平衡训练，直到训练者放开双手幼儿也能走 2~3 步以上。完成上述训练后，可以在地上摆一些书、小枕头之类的障碍物，让幼儿跨越，练习单脚站立的能力。

一般地，幼儿在 1 岁半左右，能行走自如以后，就要接着进行跑的练习。训练也可以分成几个小的步骤进行，如牵手跑、逗着跑、放手跑、自动停稳跑。牵手跑时，训练者和幼儿面对面，牵着幼儿的两只手向后退，待其适应后只牵一只手，尽量让幼儿自己掌握平衡。逗着跑时，训练者常用一只皮球或叮当响的铁罐向前滚作为目标，和幼儿一起跑着抢。放手跑则是指训练者停在幼儿前方几米远的地方，鼓励幼儿跑过来。在自动停稳跑中，训练者喊口令“一、二、三、停”，使幼儿渐渐学会将身体伸直、步子放慢，平稳地停下来。

为了提高幼儿练习走、跑的兴趣，要想办法增加练习的趣味性，如上面提到的逗着跑，此外，还要注意训练过程中的安全。

2. 手指精细动作训练

1 岁以后幼儿的手更加灵活，从整体、笼统的动作向分化、精细的动作发展。1 岁 6 个月以后，幼儿手部的精细动作通过训练会有很大发展。家长及照护者要帮助幼儿通过摆弄实物，如搭积木、撕纸、随意涂抹、穿珠、捡豆、翻书、捏橡皮泥等，发展幼儿手的精细动作，同时促进大脑神经细胞的发展。例如，翻书时，幼儿往往一下翻几页，训练者要耐心帮助幼儿练习，直到学会一次只翻一页。再如，捏橡皮泥时，让幼儿跟着训练者的样子将橡皮泥搓成条，或者搓成圆球，再用手掌压扁成饼，甚至可以继续将饼捏成盘子和碗等形状。在幼儿捏橡皮泥时，训练者要注意细心观察，以免幼儿把橡皮泥放入口中。橡皮泥用完后，训练者要引导幼儿将其恢复原状，放回装橡皮泥用的盒子或塑料袋中，以便下次使用。这样做的目的是培养幼儿的责任心和做事严谨认真的习惯。

3. 手眼协调训练

手眼协调能力训练在婴幼儿 6 个月 ~3 岁间都可以进行。比较经典的训练婴幼儿手眼协调能力的游戏是“拍打吊球”。训练者可在婴幼儿伸手能够得着的地方吊起一个小球，引导婴幼儿伸手拍打吊着的小球，小球前后晃动。当训练者引导婴幼儿拍打晃动的小球时，婴幼儿伸出的手会因位置不对而时常拍不到晃动的小球，训练者应鼓励、引导婴幼儿继续练习，练习过程中婴幼儿会调整手的位置和伸出的长度，最终拍到晃动的小球。这个游戏在婴幼儿坐、站、走跑的姿势状态下都能做，训练者应注意根据婴幼儿身体的发育水平适当控制相应的难度。此外，穿珠子、折纸、用筷子、剪贴画、画画等都能够训练婴幼儿手眼协调的能力。

二、认知发展训练

训练 2 岁幼儿的认知能力，必须与实物、情景相结合，甚至要在活动中进行。

思考与讨论

你能说说 2 岁幼儿的思维特点吗？

1. 物的认识

这种训练伴随着幼儿养育过程的点点滴滴。在给幼儿吃某种水果以前，训练者可以告诉幼儿这种水果的名称，教幼儿认识这种水果的形状、颜色，告诉幼儿这种水果的口味，教给幼儿吃这种水果的方法，然后让幼儿亲口尝一尝，并引导幼儿说出吃了这种水果的感觉，从而训练幼儿形成对这种水果名称、形状、颜色、吃法、口味的认识。其他如在动物园看见大象，引导幼儿认识“大象有长鼻子”；在社区看到小狗，让幼儿知道“小狗会‘汪汪’叫”；在马路上看到汽车，让幼儿看见“汽车有轮子”，听见“汽车嘀嘀叫”等，既训练幼儿通过与事物接触的过程认识事物，又促进幼儿对语言的理解和记忆，还有助于幼儿认识和适应环境。

2. 数的认识

训练者可以利用身边的物品随机应变地训练幼儿对数的认识。例如，将一盘水果分成多少不均的两部分，训练幼儿认识“多”和“少”的概念；将一个水果分成一样多的两半，训练幼儿认识“一半”的概念；给幼儿两个一样的水果，请幼儿拿其中一个给别人吃，训练幼儿了解“一”和“二”的含义。此外，训练者还可以把一个水果分成大小不同的两半，借此训练幼儿认识“大”和“小”的含义，并加以区分。

3. 色彩的认识

幼儿身边各种色彩斑斓的积塑玩具、社区和公园里的各种花草树木，都可以用来训练幼儿认识颜色。训练时要注意从色泽单一而纯正的颜色如红色、绿色等开始认识，一次不能认识多种，熟悉以后再继续识别。等幼儿对几种颜色有了一定的识别能力，可训练其从几种颜色中将某种颜色识别出来。

4. 综合认知能力培养

随着运动能力的提升，2 岁幼儿认识世界的范围扩大了，其综合认知能力也随着提高。例如，这个阶段的幼儿开始对玩具感兴趣，他们在玩玩具的过程中，不但要动手、动眼，随之启动的还有一些心理活动。例如，幼儿会注意玩具的某个特性，进而发生一些简单的想象。这个时候，若家长及照护者细心观察并加以引导，就会使幼儿的这种无意注意与无意想象尽早地转变为有意注意和有意想象，这对幼儿今后的学习会有非常大的帮助，所以，此时一定要注意，为幼儿选购玩具不能只求量多或凭自己的兴趣爱好，而应该考虑到幼儿的爱好及玩具本身的安全性和教育性。

三、语言发展训练

1 岁以后，幼儿理解语言和语言表达的能力迅速发展，进入语言发展训练关键期。为了发展幼儿的语言水平，平时训练者可以结合幼儿生活活动或利用读儿歌的形式训练幼儿发音。例如，可以和幼儿玩“小鸭子”的游戏，引导幼儿学小鸭子“嘎嘎嘎、嘎嘎嘎”的叫声。同时，训练者要帮助幼儿不断扩大词汇量。例如，多创造机会和幼儿对话，玩打电话、猜猜看等多种形式的语言游戏等。训练者要多给幼儿创造说话的机会，如果出现幼儿能说而不愿说的情况，可以暂时不满足他的要求，引导其表达出来，然后再满足其要求；如果幼儿发音不准，表达不完整，不要笑话，要多教他们学习用正确、标准的语言进行表达。例如，幼儿想吃饼干，往往说：“妈妈，饼干。”此时即使妈妈理解了幼儿的意图，也要用完整的语言来感染他，可以问他：“宝宝是不是想吃饼干？妈妈现在就给你拿一块饼干。”然后引导幼儿说：“妈妈，我要吃饼干。”待幼儿说完这句话后，再将饼干放到幼儿手中。

1 岁半以后，幼儿学说学唱的积极性特别高，而且语言理解逐步摆脱具体情境的制约，还很喜欢提问。此时，训练者除了继续对幼儿开展早期阅读指导，倾听文学作品诵读，观看儿童美术片或动画片，陪幼儿一起讲故事、朗诵儿歌，做诸如词语接龙、绕口令之类的游戏，还要主动和幼儿交流一些问题，如用提问题、对话的方式和幼儿一起复述故事，交谈一些有关幼儿生活的问题等。在和幼儿交谈的过程中，训练者要耐心倾听幼儿说话，最好以“接话”的方式应答幼儿说话，对幼儿的提问要努力做出其能够理解的回答。

幼儿学习语言的主要方法是“模仿”，在训练幼儿语言发展过程中，家长及照护者一定要注意语言表达的规范化，为幼儿树立模仿、学习的榜样。

思考与讨论

有的人喜欢用叠音词如吃饭饭、坐车车等教幼儿说话，你认为这种做法科学吗？

四、情绪、情感和交往能力培养

1. 在融入环境中培养幼儿情绪、情感和交往能力

家长及照护者要创造尽可能多的机会，让幼儿更广泛地接触周围环境，更多地融入社会。要鼓励幼儿与人相处，尤其是鼓励幼儿和小伙伴交朋友。例如，幼儿在 18 个月 ~2 岁时，会对“分享”感兴趣，所以要尽量让幼儿和其他幼儿在一起玩耍，注意引导幼儿逐渐学会与小伙伴分享玩具，与小伙伴合作开展游戏，从而培养幼儿体会合作的快乐，学习合作和交往的技能。当看到幼儿主动与小伙伴分享的时候，应该马上对这种行为表示赞赏。即使幼儿在家中自己玩，当幼儿对家人、对玩具或者对宠物表现出喜爱之情时，也要注意赞赏幼儿这些表达爱的行为，并且鼓励他继续这么做，因为这同样是对幼儿情绪、情感和交往能力的锻炼和提升。有的幼儿有时出现一些“反常”现象，如和其他幼儿争抢玩具甚至对其他幼儿连抓带打，这时不要立刻严厉地批评幼儿，可以告诉幼儿“好孩子都喜欢和小朋友一起玩”。此外，要及时满足幼儿合理的需求，不要让幼儿养成依靠哭闹等手段达到目的的习惯。

2. 为幼儿树立情绪情感和交往能力健康发展的榜样

家长及照护者要注意加强自身情绪情感与人际交往方面的修养。例如，要求幼儿不能骂人，自己首先要讲究文明礼貌；要培养幼儿的责任感，自己首先要对工作、对生活负责；希望幼儿养成活泼开朗的性格，就要为其建立一个快乐、积极向上的成长环境，尤其是和幼儿共同生活的过程中，一定要给予幼儿应有的尊重。这些看起来似乎都是小节，但是，日积月累会对幼儿产生深刻影响。

五、美感和艺术教育

大多数幼儿早期的艺术表现是多方面的，而且在不同阶段可能会表现出不同的艺术兴趣。家长及照护者不要过早确定幼儿的艺术兴趣，可以仔细观察幼儿的艺术兴趣点，找出其艺术敏感点，创设相应环境，促进幼儿相关艺术兴趣的发展。

具体地讲，可以从以下几个方面对幼儿进行美感和艺术教育。

可以利用各种自然界的声音，如风声、雷声、雨声、各种动物的叫声等，让幼儿对自然界的声音有初步了解，并试着让其辨别、模仿；可以精选不同形式、风格的歌曲或者纯音乐，播放给幼儿听，为幼儿创造良好的音乐氛围。注意选择歌词少、节奏和旋律不断重复的歌曲，这样的歌曲最容易被其接受甚至喜欢。

在播放歌曲或纯音乐过程中，可以带幼儿一起随其节律动起来，比如拍手、踏脚、摆头、扭腰等。和幼儿一起看动画片，当播放动画片的片头曲和片尾曲时，也可以带幼儿随音乐节拍自由舞动。上述几种情境都可以鼓励幼儿即兴发挥，满足幼儿表现欲，增强其自信心。

要尽量多为幼儿创造观察周围环境的机会，然后让幼儿将观察到的东西按照自己的意愿“画”（涂鸦）出来。在这一过程中，不仅不能规定过多的框架，还要尽可能地对幼儿的“作品”进行鼓励，这样能够增加其自主性“绘画”的过程，有利于促进其观察能力和思维能力的培养，还应注意不要把发展艺术潜能等同于技能技巧的训练，因为幼儿艺术潜能的发展重在艺术的审美体验。

六、生活能力培养

幼儿 1 岁以后，由于生长发育的需要，应该由吃母乳或牛奶为主逐渐转变为以吃饭为主，并最终停奶。这就需要家长及照护者在饮食方面保证幼儿身体发育所需要的营养物质，引导幼儿学习生活自我服务，其中最重要的是学习吃饭的技巧，并使幼儿养成定时定量进食、不挑食、不偏食等良好的饮食习惯。

幼儿 1 岁以后，往往喜欢跟成人一起同桌吃饭，这时可以为幼儿选择一个座位，最好让他坐在比较安静的固定位置，不玩、不看电视，集中注意力吃饭。开始时，家长及照护者要尽可能满足幼儿自己动手吃饭的愿望，只要将手洗干净，可以让幼儿用手抓食物吃，可以有意给幼儿做一些能够用手拿着吃的东西，教幼儿用拇指和食指拿东西，练习自己吃饭，到 18 个月左右再逐步教幼儿用工具吃饭。

幼儿吃饭时，谈话内容最好与幼儿吃饭有关，以吸引其兴趣。吃饭时不要责骂幼儿，也不要在幼儿面前谈论“挑食”的话题，以免造成幼儿对食物的偏见，导致幼儿偏食。

幼儿吃完饭后可以先离开饭桌，但不能拿着食物离开，边玩边吃，要让幼儿明白吃和玩是两回事，要分开来做。

除了吃饭，这一阶段幼儿要开始学习自己穿鞋袜和拉拉链、自己洗手、独立如厕、自己摆放整理东西等生活常识与技能。

思考与讨论

满足幼儿自己动手吃饭的愿望有什么积极意义？

七、规则意识与良好习惯的培养

树立规矩、培养习惯是 2 岁幼儿教育的重要内容，所以，本节专门对这一问题进行介绍。

1. 规则意识培养

1 岁以后，幼儿听话的能力越来越强，对家长及照护者允许、不允许的要求都可以听懂，所以，要为其树立一些简单、明确且可行的规矩，如按时睡觉、把饭吃干净、大小便后要洗手等，让这些既定的规矩指导幼儿的行为，并形成习惯。

在规矩执行过程中，家长及照护者一定要有耐心，要讲究一定的方法。规矩一旦提出，不能轻易破坏，而且家长及照护者之间执行规矩时一定要保持一致。

2. 良好习惯的培养

培养幼儿良好的行为习惯，主要还是从培养良好的生活习惯开始。例如，良好的进餐习惯包括按时进餐、饭前不吃零食、饭前洗手、独立进餐、专心用餐、进餐时安静、正确使用餐具等。

幼儿的学习主要通过观察模仿和直接学习两种方法，因此，要培养幼儿良好的习惯，家长及照护者自身首先要树立榜样。例如，要锻炼幼儿的生活自理能力，要让幼儿生活有规律，自己首先要把生活打理得井井有条；要求幼儿讲卫生时，自己首先要做到讲卫生。这样一来，幼儿不仅在看，还会积极模仿，久而久之一般就能形成良好习惯。其次，通过自己教导让幼儿直接学习。例如，教幼儿自己穿脱衣服、整理衣物，要先教给他们正确的方法，然后细心指导、耐心帮助，引导幼儿学习这些生活技能。幼儿刚开始劳动时，往往做得很慢，有时甚至"闯祸"，不要因此就不让其继续练习，而要帮助幼儿反复进行练习。当幼儿能够做出自理活动时应及时鼓励，增强其信心和积极性，日积月累，不断练习，从而养成自理习惯。

内容拓展

激发、调动幼儿学习生活技能积极性的方法

通过给幼儿讲故事"自己的事情自己做"和"我长大了"，与幼儿一起唱歌曲"劳动最光荣"、念诗歌"别说我小"，以及看相关的电视节目等，让幼儿知道自己的事情应该自己做，激发幼儿动手参与的欲望。

通过与幼儿玩游戏如"给衣服宝宝做操"——伸伸臂（整理衣服的袖子）、抱抱肩（叠衣服袖子）、低低头（叠好帽子）、弯弯腰（折叠衣服），在游戏情境中调动幼儿劳动积极性，学习生活技能。

八、性别教育

2岁的幼儿没有"性别"概念，在其心目中，生殖器和自己身体的其他部位是一样的。正确的性别教育的做法应当是，当发现幼儿玩弄生殖器时，家长及照护者应当表现出自然的态度，这样幼儿就不会对这些身体部位产生异样的感觉。要帮助幼儿认识性别。例如，幼儿不论男女，都要按明确的性别穿衣、打扮，按性别引导有关生活习惯，这样有利于幼儿发展健康的情感和性格。

第四节　3岁幼儿的教育

从大的方面来讲，3岁幼儿的教育仍然包括动作、认知、语言、情绪及社会交往、美感等几个方面的能力发展训练，"习惯养成"教育在这一阶段尤为重要。制定养成教育目标，构建养成教育内容并加以实施，对幼儿一生的发展都具有十分重要的作用。

一、动作发展训练

大动作方面，2 岁以上的幼儿开始喜欢较大运动量的活动和游戏，如跑、跳、踢球、爬高等。可以通过走平衡木、跳皮筋、比赛上下楼梯、玩过桥、走曲线、跨障碍、跟着音乐节拍跳舞等，锻炼他们的大动作技能水平。

精细动作方面，可以训练幼儿搭较多层积木、拼较复杂插图、折纸、握笔画线、练习剪直线和曲线；可以训练幼儿“定形撕纸”，即在质地较厚的纸上画出简单的、较大的图形，让幼儿按形状撕出不同的图形，熟练后也可以画一些动物的轮廓图形，让其顺着轮廓边缘撕出各种小动物；还可以为幼儿准备黏土、橡皮泥，和幼儿一起捏各种小动物、实用物品等。此外，练习拍球、玩套叠玩具、用筷子、扣大一些的扣子、给玩具娃娃穿衣服等，都可以锻炼幼儿的精细动作。

二、认知能力发展训练

随着心理的发育，3 岁幼儿的认知能力进一步发展，各种稍微复杂的知觉初步发展起来。其中，数学能力的发展在这个时期表现突出。

1. 计数

计数是一切数学能力的基础。家长及照护者要注意利用生活中一切可能的机会，对幼儿进行“数字与数量的积累”教育。例如，引导幼儿留意生活环境中的数字如楼号、门牌号、汽车牌号等，并与其讨论这些数字的用途，讨论过程中注意使用首先、其次、第一、第二等序数词，准确表达某些数在具体应用时的含义，增强他们对数字概念的理解。再如，陪幼儿走路时，一边走，一边教幼儿数步数；带幼儿上楼梯时，一边迈步，一边教幼儿数楼梯台阶数；带幼儿去动物园时，一边看动物，一边教幼儿数动物数量，培养他们对数与量的理解能力。

在教幼儿学习计数的同时，应积极鼓励幼儿自己数数，引导幼儿轻松学会数 10 以内的数字。

2. 分类

对物体分类的方法很多，这里略举几种供参考。

（1）对不同物品进行分类

例如，准备一些零碎杂物，如 2 块橡皮、3 颗棋子、4 个玻璃球、5 颗纽扣、6 个小石子，将它们混放在一起，请幼儿逐一分类检出。

（2）按照某一特征对物品进行分类

例如，分别准备红豆5颗、黄豆6颗、青豆7颗、黑豆8颗、绿豆9颗，混合在一起，教幼儿学习各种豆子的名称，让幼儿按照颜色（种类）不同，将它们分别挑出来，还可以让幼儿数数各种豆子的数量。

（3）根据物品的名称、用途等进行分类

例如，吃饭前，根据就餐人数摆放碗、盘、勺子、筷子等餐具，可让幼儿说出它们的名称，并引导幼儿说出它们的用途。再如，将幼儿的帽子、上衣、裤子、鞋子等衣服摆放出来，让其进行分类，并引导幼儿说出其用途。

3. 比较与排序

引导幼儿认识体积的大小、长度的长短、颜色的深浅、距离的远近、方位的前后左右，都是对幼儿进行比较方面的训练。此外，引导幼儿认识时间的早晚，如早晨太阳升起来，晚上太阳落山了，从某种意义上讲，也可以认为是对幼儿进行比较方面的训练。

家长及照护者在教幼儿学习比较的过程中，要注意引导幼儿一边比较，一边说出来，如“妈妈的饭碗比我的大”“我坐的板凳比奶奶的高”“我的气球是红色的，小朋友的气球是绿色的”“我家的楼房比爷爷家的高”。幼儿在学习比较的过程中，思维和语言都得到了相应的发展。

为了吸引幼儿的兴趣，可以利用游戏学习比较。例如，“一家人比高矮”“一摞书比厚薄”“饭桌上谁离宝宝最近与最远”等，都是幼儿学习比较简单易行且很有兴趣的游戏。在比较的基础上，可以引导幼儿按照某种标准如物体的大小、颜色的深浅等学习排序。

4. 对应与配对

这里可以认为，对应是将具有某种关联因素的一组元素联系起来。例如，吃饭前按照人数准备筷子，让幼儿按照一人一双筷子的标准分发。又如，找几个有盖子的不同型号的瓶子，把盖子全部拿下来集中放在一旁，让幼儿自己去找盖子盖好相应的瓶子。

除了数学能力，还要加强对幼儿其他认知能力如注意力、观察力、思维能力的训练。例如，应尽可能创造条件带幼儿到户外活动，这不仅对幼儿身体有益，而且还可以同时帮助幼儿认识外界事物，发展幼儿的注意力、观察力、思维能力与语言表达能力。

三、语言发展训练

3岁幼儿已经可以使用语言表达意思，这一阶段是学习尤其是发展语言的关键时期。

1. 清楚准确地发音

为了教会幼儿清楚准确地发音，家长及照护者在幼儿面前说话时一定要做到发音准确，为幼儿树立模仿的榜样，并且耐心地教幼儿发音。幼儿说话的过程中，家长及照护者一定要耐心听，若发现问题，一定要待幼儿说完后再纠正。这样不但训练了幼儿的语言能力，同时也能潜移默化地使幼儿养成不随便打断别人说话的良好交流习惯。

3 岁幼儿说话时有时会发生“口吃”现象，这种现象是生理性的正常反应。此时幼儿的思维发展速度比言语发展速度快，所以在幼儿边想边说的过程中就会出现断断续续、磕磕巴巴的现象，对此没必要强行纠正甚至忙着去给幼儿看病，当然也不要觉得好玩去模仿，而应该引导幼儿慢慢地讲。平时可以让幼儿多听故事或朗诵，还可以利用简短的儿歌和简单的绕口令训练幼儿准确发音。这样，幼儿可以在不知不觉的宽松状态中度过这一语言发展期。

2. 丰富词汇

为了丰富 3 岁幼儿词汇，除了让幼儿多听，家长及照护者要引导幼儿多观察周围环境和事物，结合具体的事物、现象教幼儿多学习词汇及词义，并鼓励幼儿多运用学到的词汇进行表达。上述做法可以总结为“四多”，即多听、多看、多学、多尝试。

丰富幼儿词汇的几种具体方法

在认识某一物体的时候，除了教幼儿说物体的名称，还要引导幼儿认识物体外部特点，如大小、颜色、形状、轻重等，还要教给幼儿物体的作用，这就极大地丰富了与该物体有关的词汇量，而且极大地拓展了幼儿对该物体的理解。

在日常活动中，应经常启发幼儿运用学过的词汇进行表达。可以利用提问的形式，提升幼儿表达的积极性。例如，通过让幼儿用自来水洗手，知道自来水凉，从而学会“凉”这个词以后，当幼儿吃雪糕时，就可以问“雪糕凉不凉？”启发幼儿说“雪糕是凉的”。

平时还可以利用讲故事、看图书、背儿歌的形式，让幼儿逐渐积累词汇，学习使用词汇。

3. 说完整句子

为了训练 3 岁幼儿说完整的句子，家长及照护者应做到以下几点。第一，切记不要在幼儿面前用关键词、简单句代替完整句子说话，并要注意教幼儿说完整的句子。例如，见到汽车，最好告诉他这是一辆什么颜色的汽车，而不要只说汽车。第二，要启发幼儿用完整的句子回答问题。如遇见红色小汽车开过来，问幼儿是什么颜色的车子开过来了，他如果回答“红色”，最好引导其进一步回答“是红色的小汽车开过来了”。第三，注意帮助幼儿纠正其成分不全、次序颠倒的句子。第四，多教幼儿背儿歌和简单的古诗词，多给幼儿讲简短的童话故事，并引导幼儿简单解释儿歌、古诗词，简单复述故事情节。

4. 学习阅读

为了培养 3 岁幼儿的阅读能力，首先要明确这一时期幼儿的阅读特点。3 岁幼儿的阅读属于早期阅读（也称前阅读），以简单图画为主，往往受幼儿的兴趣左右。在明确这一时期幼儿阅读特点的基础上，家长及照护者可以采取有针对性的措施，如发现幼儿的兴趣、创造调动幼儿阅读积极性的情境。又如，根据 3 岁幼儿喜欢游戏的特点，将阅读游戏化，让幼儿的阅读变得轻松愉快。为幼儿绘制的有关动物的小画书一般都用拟人化手法描述了动物的活动，家长及照护者教幼儿阅读过程中，结合图画内容适时开展一些小游戏，不仅调动了幼儿阅读的积极性，还增强了幼儿对阅读内容的记忆。再如，3 岁幼儿一般都很喜欢听故事，尤其是反复听同一个故事，根据这个特点，可以采用讲故事的方式培养幼儿的学习兴趣。可以让幼儿把通过阅读学到的故事讲给他人听，在获得好评后，同样可以增强幼儿学习的兴趣。

应当注意的是，不要说起阅读就想到去买图画书，其实现成的“教材”在生活中无处不在。例如，各种生活用品包装（尤其是儿童用品的包装）的设计都比较精美，幼儿对它们往往都很感兴趣。引导幼儿阅读这些素材，不但能培养其阅读能力，而且能帮助其拓展生活知识与技能空间。当然，由于 3 岁幼儿已经知道模仿，但辨别能力不强，因此教他们学习阅读一定要遵循教育性原则。

四、情绪情感和交往能力培养

对幼儿来说，健康的情绪情感包括愉快、稳定、自信、合群、尚美等。培养幼儿良好情绪情感的途径与方式方法很多，这里介绍以下几个方面。

1. 为幼儿创设体验和表达情绪情感的良好环境

首先，家长及照护者在幼儿面前要表现出积极健康的情绪情感，用自己的良好表现对幼儿产生潜移默化的影响，长此以往，对幼儿情绪情感的形成会产生巨大的影响，即所谓环境造人。其次，要多为幼儿创造体验情感、表达情感、调节情绪的机会。例如，开展“为妈妈过生日”“为家人分水果”“和小朋友们一起玩玩具”等为主题的情感体验活动，让幼儿体会到亲情、友情，产生爱家、爱亲人、爱朋友的情感，并在与大家的交往中形成快乐的情绪。第三，3 岁幼儿已经有了自己的是非标准与行事态度，家长及照护者不必过多干涉或限制幼儿的行为，否则可能对幼儿的性格形成产生不良影响。例如，父母都希望自己的孩子有礼貌，希望孩子能与见到的每一个熟人打招呼，但有时孩子会因为情绪或其他原因而不愿意开口，此时父母不要耿耿于怀，认为孩子没礼貌，给自己丢面子，甚至训斥孩子，而应该看到这正是其性格萌芽的一种表现，应当分析其中的原因，并有针对性地加以引导。反之，若长期强迫幼儿按照父母的意思说话，往往会导致其养成无主见甚至不诚实的性格。

2. 引导幼儿适当倾诉、恰当调节情绪

幼儿情绪情感容易波动，为了帮助幼儿学习适当倾诉情绪、恰当调节情绪，家长及照护者应注意留心观察幼儿的情感表露，以平静、理解、信任的态度引导幼儿，使其尽量保持稳定的积极情绪，尽快将消极情绪转化为积极情感。例如，玩具被别人弄坏是幼儿玩耍过程中常有的事，这时，幼儿往往会以生气甚至哭闹等方式表达自己的不满情绪，如果不予理睬，往往会伤害幼儿的情感。应以同情的口吻安慰、劝导幼儿，然后设法让其明白别人不是有意的，把玩具修好就可以继续玩了。这样一来，幼儿的情绪一般会平和下来，而且一般能够原谅对方。对弄坏玩具的幼儿，应当让其认识到，是自己的过失导致了对方物质的损失和情绪的不满，自己今后再玩时应当小心些才是。这样一来，幼儿一般会承认自己的不是，而且会向对方表达自己的歉意，有时还会主动安慰对方。这样做的结果，一般都会使双方情绪得以平复而且和好如初。

在帮助幼儿学习适当倾诉情绪、恰当调节情绪的过程中，要注意选择幼儿能够接受的方式教育幼儿：情绪表达往往会影响到他人，所以要选择合适的表达方式，要注意不对他人造成负面影响，尤其是不能有各种过激的行为。例如，当自己特别生气的时候，不能摔砸东西；当自己特别高兴的时候，不能在地板上使劲地跳。因为这些做法会影响到他人。

3. 培养幼儿独立意识、自制能力

3 岁幼儿遇到问题时，言行中会开始出现“我会”“我自己来”等独立意识、主动倾

向，有时会出现“快给我”“我马上要”等看起来急躁甚至自私的倾向。对于前者，要抓住机遇，鼓励幼儿建立自我肯定情感，培养幼儿的独立意识。具体的做法就是满足幼儿合理、安全的独立活动要求。如果发现幼儿希望独立进行的某些活动需要一定的帮助和安全保护，也要鼓励、支持、协助幼儿完成。对于后者，也不要加以训斥，而应该采用灵活而科学的手法，培养幼儿的耐心，克服其任性情绪。

帮助3岁幼儿培养耐心、克服任性情绪的方法很多，如摆事实、讲道理。3岁幼儿已经能听懂一些简单的道理，所以，对其不合理尤其是过分的要求，与其生硬地一口拒绝，倒不如心平气和地把不答应他们的原因通过摆事实讲道理的方式告诉他，这样一般都能使其接受并安静下来。如果感觉幼儿理解一些道理有困难，可以有针对性地给他们讲一些蕴含道德教育、良好心理品质培养的故事，使他们在不知不觉中学得这些道德准则与良好心理品质。转移注意力和冷处理也可以帮助幼儿培养耐心，克服任性情绪。如果家长及照护者不能答应幼儿的某种要求，可以将其注意力引到其他能够实施而且同样是其兴趣所在的方面，这样一般都会使幼儿忘记刚才所想，开始新的活动。当上述几种方法效果都不理想的时候，可以采取冷处理的方法。幼儿被“晾了半天”，发现自己的要求仍然不会得到满足，一般也就冷静下来了，有时安静地从事其他活动，有时会提出自认为合理的新要求，有时还会主动道歉。

思考与讨论

多子女家庭的孩子，其独立性往往比二孩尤其是独生子女家庭的孩子发展得更早、更强，这是为什么？

4. 帮助幼儿学习交往

3岁幼儿与人相处时，大脑中已经有了交往的意识，言行中开始出现“一起”“轮流”“交换”等交往倾向，最典型的例子就是他们自己采取一起玩、轮流玩或交换玩的方式解决玩玩具过程中的争端。家长及照护者要抓住机遇帮助幼儿学习人际交往的方式方法，培养、提升幼儿的交往能力。

以上面提到的幼儿一起玩玩具为例。如果发现幼儿之间采取了上面提到的解决方式，必须鼓励、表扬。如果幼儿之间相互争抢玩具，就要根据不同情况采取适当方式引导他们合理、和平解决争端。例如，当他们都想得到同一个玩具时，可以提议他们一起玩、轮流玩，或引导他们再去寻找其他玩具，从而满足各自都有玩具的愿望。但是，即使家长及照护者使出浑身解数，也很难避免幼儿争、抢甚至打闹的现象发生，这时，首先要避免有幼儿受到伤害。对于经过劝解还是不能平静下来的幼儿，可临时将其与其他幼儿分开并想办法使其安静下来，然后让幼儿都能明白争抢打闹不是解决问题的好办法，引导幼儿从他人的角度考虑问题，帮助其以和平甚至友好的方式解决问题。对于确有过错的幼儿，在帮助其理解自己做错了什么以后，还应启发其向其他幼儿道歉，引领他们恢复友好关系。

在培养幼儿交往能力的过程中，家长及照护者要在人际交往方面注意做幼儿积极的表率和正向的榜样，如果在幼儿面前表现自私、情绪暴躁，谈培养幼儿良好的交往能力就是一句空话。

五、美感和艺术培养

1. 涂画

3 岁幼儿“画画”还处于涂鸦阶段，称为涂画。

很多幼儿都喜欢涂画。为了指导这一年龄段的幼儿涂画，首先，要给幼儿创造物质和精神条件。例如，为他们提供纸张、蜡笔或油画棒等绘画材料，并教他们认识和逐步学会使用这些材料；引导他们多观察现实生活中美的事物，多欣赏美的少儿文艺作品等。其次，要注意培养幼儿对色彩的兴趣和敏感性。例如，在日常生活中有意识地培养他们对物体色彩的兴趣，逐步认识红、橙、黄、绿、蓝、紫、褐等颜色。第三，要鼓励幼儿大胆涂画。幼儿的“作品”一般不成形，更看不出什么寓意，要鼓励他们大胆画，使用不同颜色的笔去画，尽量画大一些，最好每次把纸都画满，由此培养他们的积极性，树立他们的自信心。第四，指导幼儿从简单的点、线开始，逐步学习画有意义、有内容的图形。例如，下雨时，引导他们通过观察天空中的雨和地面的水汪，然后画点、线、圆圈。在他们掌握了点、线、圆圈的画法以后，引导他们观察个别简单的物体，逐渐训练其画出象征性的图形，用以表示一定的物体形象。由于幼儿比较容易掌握画圆形，所以指导他们画简单的物体时，一般从圆形开始，再逐步过渡到四边形如正方形、长方形等。

2. 音乐

音乐对幼儿的智力发育和情感发育都具有非常积极的意义。为了培养幼儿的音乐素养，并通过音乐促进幼儿智力和情感等方面的发展，首先要让幼儿多接触音乐。例如，早晨起床时，为其播放轻声悦耳的音乐；晚上睡觉时，为其放一段温柔、安静的摇篮曲；玩游戏时，为其配上活泼有趣的音乐。平时可以多给幼儿哼唱一些儿歌，模仿幼儿发出的各种声音，让幼儿广泛接触各种声响（如身体的、嗓音的、乐器的和环境的）等。总之，要利用生活中一切可能的机会，给幼儿以积极的音乐熏陶。在此基础上，要积极引导幼儿开展一些简单、有趣的音乐活动。例如，多给幼儿提供能够摆弄且发出乐音的安全玩具让其玩耍；选择一些富有情趣、歌词生动、幼儿能理解的歌曲如《小白兔》和《大公鸡》等，让幼儿学唱；鼓励、引导幼儿随音乐节拍舞动如拍拍手、跺跺脚、扭扭腰等；准备几种乐器如小铃、小鼓、小电子琴等，让幼儿摇一摇、敲一敲、弹一弹。这些都能训练幼儿的乐感，为幼儿积累音乐经验。

3. 手工

3岁幼儿往往喜欢玩折纸等手工。折纸过程需要动手、动脑，不仅能够对幼儿进行美感和艺术教育，还能培养他们的想象力、创造力，训练他们集中精神的能力，而且能锻炼幼儿的肌肉，强化他们眼、脑、手之间的协调功能。所以，家长及照护者可陪伴幼儿开展折纸等手工游戏，最好多从日常生活入手，争取选择和幼儿能够产生共鸣的主题。至于折叠、剪裁以及“作品”的水平和玩法，要给幼儿留出发挥其想象力和动手能力的最大空间，不可与幼儿较真。

六、生活自理能力和生活习惯培养

3岁幼儿已经开始出现独立倾向，这正是培养幼儿自理能力的好时机。培养幼儿自理能力有助于培养幼儿的责任感、自信心，对幼儿今后的成长会产生深远的影响。在具体生活中，3岁幼儿可以自己吃饭、穿衣、大小便、洗手、收拾床铺、拿取玩具或图书等，而且通过家长及照护者的适当指导会做得很好，所以要相信他们并多给他们创造机会，多鼓励他们自己的事情自己做。例如，穿衣服时让他们自己选择喜欢的衣服而且自己穿，出去玩时让他们自己选择玩的地方，把他们领到地方以后让他们自己玩。如有可能，可以鼓励、引导幼儿帮助家长及照护者出谋划策，并协助做一些力所能及的事情。

在培养幼儿生活自理能力的过程中，要注重培养幼儿做事的热情，而不要计较他们做事的质量，对他们做事的方法，要在保证其安全的前提下加以适当引导。如果要拒绝他们做某件事情，必须告诉他们拒绝的原因，当然，对他们的热情还是要给予肯定。

培养幼儿的生活自理能力，要注意习惯的养成。同样的一件事，一旦幼儿开始自己做，要引导他们坚持下去，一直做到不凭兴趣去做，不用提醒去做，该做的时候自然而然地去做，即所谓习惯成自然。

3 岁幼儿牙齿的保护

2 岁以后，幼儿的乳牙已出齐，对食物的限制减少，可以让幼儿多摄入一些豆类食品及某些可生食的蔬菜、水果。这时，家长及照护者要注意对幼儿进行清洁牙齿和保护牙齿的教育。因为生理原因，3 岁前幼儿不宜刷牙，可以教幼儿用干净毛巾擦拭牙齿和牙龈或用盐水漱口，要注意教给幼儿如果吃了甜食一定要用白开水漱口，还可以用讲故事的形式告诉幼儿不能多吃甜食，如《老虎拔牙》的故事就可以让幼儿很形象地理解甜食对牙齿的危害。

七、性别教育

3 岁幼儿对男女的着装、行为及性格特征逐渐有了认识。性别教育并不是束缚幼儿的行为，而是使他们认识并接纳自己的性别，慢慢形成与之相称的性格特征和气质。因此，家长及照护者要有意识地从自身和幼儿的穿衣打扮、言语行动等日常生活的各个方面，影响和引导他们对自己的性别特征由认识到开始熟悉，培养他们与各自性别特征相符的性格和气质。

一、简答题

1. 你是怎么认识“婴幼儿用嘴认识世界”这句话的？

2. 要培养婴幼儿良好的情绪和积极的社交能力，家长及照护者首先要情绪良好、态度积极，为什么？

3. 举例说明 2 岁幼儿的综合认知能力特点及其训练方法。

4. 举例说明主要从哪些方面开始培养2岁幼儿的良好习惯？

5. 说明3岁幼儿阅读的特点并简述培养其阅读习惯的方式方法。

6. 举例说明如何帮助3岁幼儿培养耐心、克服任性情绪？

二、实践题

以“0~3岁婴幼儿的记忆”为题，召开一次班级专题研讨会。从对个人婴幼儿时期的回忆、自己对周围婴幼儿的观察等方面的依据出发，围绕婴幼儿是否有记忆、能够记忆的时间周期等方面的问题展开讨论。第一阶段先进行小组讨论并形成结论；第二阶段再进行班级发言，每个小组推荐代表发表本小组讨论结果；第三阶段由学习委员主持，以“0~3岁婴幼儿的记忆”为题撰写研讨会总结报告并向全班发表。

第三章
幼儿园全面发展教育

本章开始学习 3~6 岁幼儿教育的有关内容。在我国，这一年龄段幼儿教育的模式主要是幼儿园教育，因此人们通常将幼儿园教育称为幼儿教育。

幼儿园教育工作必须自觉贯彻党和国家的教育方针，围绕幼儿园教育目标，遵循幼儿园教育原则，完成幼儿园教育任务，使幼儿在德智体美劳各方面都得到发展。作为幼儿教育内容的统领，本章首先介绍党和国家的教育方针和幼儿园教育的目标、任务、原则，然后分节介绍幼儿园德育、智育、体育、美育、劳动教育有关内容。

第一节　我国幼儿园教育的目标、任务、原则

党和国家的教育方针是制定教育目标、任务、原则的根本遵循。本节在介绍党和国家教育方针的基础上，介绍幼儿园教育的目标、任务以及幼儿园教育应当遵循的原则。

一、党和国家的教育方针

教育方针是一个国家或政党在一定历史时期，根据社会政治经济发展需要、国家现实状况与发展趋势，为教育事业确立的总的工作方向和奋斗目标，是教育基本政策的总概括。

1. 新中国党和国家教育方针的提出

1957年，毛泽东同志在《关于正确处理人民内部矛盾的问题》一文中指出："我们的教育方针，应使受教育者在德育、智育、体育几方面都得到发展，成为有社会主义觉悟的有文化的劳动者。"1958年，中共中央、国务院在《关于教育工作的指示》中明确指出："教育的目的，是培养有社会主义觉悟的有文化的劳动者。"

2. 改革开放初期党和国家教育方针的表述

1981年，中共中央在《关于建国以来党的若干历史问题的决议》中提出"坚持德、智、体全面发展，又红又专，知识分子与工人、农民相结合，脑力劳动和体力劳动相结合"的教育方针。

3.《中华人民共和国教育法》对党和国家教育方针的表述

1995年，全国人民代表大会颁布了《中华人民共和国教育法》，把党的教育方针通过法律形式转化为国家意志，此后又于2009年、2015年、2021年对其分别进行了三次修正。2021年4月全国人大常委会审议通过修正的《中华人民共和国教育法》，将教育方针规定为："教育必须为社会主义现代化建设服务、为人民服务，必须与生产劳动和社会实践相结合，培养德、智、体、美、劳全面发展的社会主义建设者和接班人。"

4. 新时代党和国家教育方针的新内涵

中国特色社会主义进入新时代以来，以习近平同志为核心的党中央高度重视党和国家的教育事业，围绕"培养什么人、怎样培养人、为谁培养人"这一根本问题提出一系列富有创见的新理念、新思想、新观点，系统回答了一系列方向性、全局性、战略性重大问题，为教育事业发展提供了根本遵循。

在2018年9月召开的全国教育大会上，习近平同志提出，教育必须把培养社会主义建设者和接班人作为根本任务，培养一代又一代拥护中国共产党领导和我国社会主义制度、立志为中国特色社会主义奋斗终身的有用人才。要努力构建德智体美劳全面培养的教育体系，形成更高水平的人才培养体系。

在2019年3月召开的学校思想政治理论课教师座谈会上，习近平同志强调，新时代贯彻党的教育方针，要坚持马克思主义指导地位，贯彻新时代中国特色社会主义思想，坚持社会主义办学方向，落实立德树人的根本任务，坚持教育为人民服务、为中国共产党治国理政服务、为巩固和发展中国特色社会主义制度服务、为改革开放和社会主义现代化建设服务，扎根中国大地办教育，同生产劳动和社会实践相结合，加快推进教育现代化、建设教育强国、办好人民满意的教育，努力培养担当民族复兴大任的时代新人，培养德智体美劳全面发展的社会主义建设者和接班人。

二、幼儿园教育的目标

幼儿园教育的目标包括幼儿园教育的国家目标和各个幼儿园的具体教育目标。

1. 幼儿园教育的国家目标

（1）幼儿园教育国家目标的性质

幼儿园教育的国家目标是党和国家的教育方针在幼儿园教育这一阶段的具体化，是国家对幼儿园提出的培养人的规格和要求，是全国各类型幼儿教育机构的统一指导思想，是确定幼儿园教育任务、评估幼儿园教育质量的根本依据。国家通过这一目标对全国幼儿园教育进行领导和调控。

（2）制定幼儿园教育国家目标的依据

制定幼儿园教育的国家目标，在遵照党和国家教育方针要求的前提下，还要遵循幼儿年龄特征及身心发展特点。 这是因为，幼儿的发展是有一定年龄特征和规律的，是按照一定顺序、不断地从低级到高级发展的过程，教育目标如果不符合幼儿身心发展的需要和可能性，就不可能实现，所以，教育目标的制定必须符合幼儿年龄特征及身心发展特点。

（3）幼儿园教育国家目标的内容

我国《幼儿园工作规程》（本书以下简称《规程》）明确提出了幼儿园教育的国家目标：促进幼儿身体正常发育和机能的协调发展，增强体质，促进心理健康，培养良好的生活习惯、卫生习惯和参加体育活动的兴趣；发展幼儿智力，培养正确运用感官和运用语言交往的基本能力，增进对环境的认识，培养有益的兴趣和求知欲望，培养初步的动手探究能力；萌发幼儿爱祖国、爱家乡、爱集体、爱劳动、爱科学的情感，培养诚实、自信、友爱、勇敢、勤学、好问、爱护公物、克服困难、讲礼貌、守纪律等良好的品德行为和习惯，以及活泼开朗的性格；培养幼儿初步感受美和表现美的情趣和能力。

总结上述内容，可以用一句话概括幼儿园教育国家目标的内容：使幼儿在德、智、体、美、劳等方面全面发展。

2. 幼儿园具体教育目标

（1）幼儿园具体教育目标的性质

幼儿园具体教育目标是指每个幼儿园根据党的教育方针和幼儿园教育的国家目标，

结合本园的具体情况制定的幼儿园自己的教育目标。幼儿园具体教育目标既体现了国家对幼儿教育的一般要求，又具有本身的特色。

（2）幼儿园具体教育目标的分类

按照时间范围，幼儿园具体教育目标分为以下四个层次：学年教育目标、学期教育目标、一月或一周或一个单元活动的教育目标（单元既可以是主题活动单元，也可以是教材单元）、一日或一个活动的教育目标。

按照教育目标指导的范围，幼儿园具体教育目标分为以下四个层次：指导本园的教育目标、指导一个年级的教育目标、指导一个班级的教育目标、指导每个个体的教育目标。

（3）制定幼儿园具体教育目标应注意的问题

1）教育目标涵盖的内容要全面。分析总结许多幼儿园的具体教育目标可以看出，有的幼儿园制定的具体教育目标或重智轻德，或重体轻智，在每一领域的教育中也有类似情况出现。例如，在德育中重视社会常识的掌握而轻视道德情感的培养，在智育中重知识、轻技能或重知识、技能而轻智力培养，在体育中重视动作技能的发展而轻视生活卫生习惯培养，在美育中重视艺术技能掌握而轻视审美情操和创造性的培养，在劳动教育中重视劳动技能掌握而轻视劳动习惯培养。这些问题说明，幼儿园教育目标不论分解到哪一层，都要保证教育目标的整体结构不受损害，教育目标所涵盖的内容要全面，即包括幼儿全面发展的各个方面和每个方面的全部内容。

2）教育目标要有连续性和一致性。幼儿园教育目标的实现，要由若干个不同的阶段来完成，每个阶段的目标之间要互相衔接，体现幼儿身心发展的渐进性和连续性。另外，幼儿园教育的下层目标和上层目标之间、局部目标与整体目标之间要协调一致，保证每一个具体目标的完成都成为上层目标和下层目标实现的有效环节，都有利于总目标的实现。

三、幼儿园教育的任务

1. 幼儿园任务的内容

《规程》第三条明确指出，“幼儿园的任务是：贯彻国家的教育方针，按照保育与教育相结合的原则，遵循幼儿身心发展特点和规律，实施德、智、体、美等方面全面发展的教育，促进幼儿身心和谐发展。幼儿园同时面向幼儿家长提供科学育儿指导。”

上述幼儿园的任务可以总结为两条：对幼儿进行保育和教育；面向幼儿家长提供育儿指导。可见幼儿园是肩负着双重任务的，如果幼儿园能够完成这些任务，不仅能使幼儿德智体美劳全面发展，从而实现幼儿园教育的目标，而且能够提升家长育儿水平，从而提高家庭教育质量，推动幼儿教育质量的提升。

思考与讨论

有人认为，幼儿园的双重任务是对幼儿进行保育和教育；有人认为，幼儿园的双重任务是对幼儿进行保育和教育，为家长工作和学习提供便利条件。请说说你对这两种观点的看法。

2. 新时代幼儿园任务的特点

随着中国特色社会主义进入新时代，我国幼儿教育发生了许多新变化，幼儿园任务也随之产生了许多新特点。

（1）新时代对幼儿素质的培养提出了更高要求

科学技术的日新月异，经济社会的迅速发展，对幼儿素质的培养提出了更高的要求。幼儿园教育必须从素质教育入手，对教育思想、教育内容、教育形式、教育方法等全面地进行改革，否则，幼儿园就难以跟上时代发展步伐。

（2）家长对幼儿园教育的质量寄予了更高期望

随着社会的进步，家长的水平不断提高，对幼儿教育重要性的认识不断提高，对幼儿园保育和教育质量的要求也不断提高，幼儿园办园质量的高低成为家长最关心的问题，只有那些保育和教育质量都很高的幼儿园，才能满足家长的需要。因此，提高保育和教育的质量成为幼儿园生存和发展的关键所在。

（3）家长对幼儿园服务的范围和水平提出了更高标准

随着社会的不断发展和家长水平的不断提高，家长工作、学习、生活的方式越来越多样化，家长希望幼儿园为家长服务（包括幼儿园向家长进行育儿指导）的范围不断扩大、方式更加灵活、水平不断提高，这就促使幼儿园在办园形式、管理制度、运作机制以及指导家长的内容和方式方法等各方面深化改革，适应家长工作、学习、生活方式的变化以及育儿水平的不断提高。

内容拓展

素质与素质教育

素质是指人的体质、品质和能力水平的总和。人的素质具有整体性、基础性和潜在性。整体性即素质各要素之间相互作用，基础性即素质对人的发展起到基础性作用，潜在性即素质在客观现实中的适当条件下才能表现出来。此外，人的素质相对来看具有稳定性，但也不是一成不变的，所以长远来看，素质还具有发展性。

素质教育是指促进人的素质全面发展的教育活动。

思考与讨论

你知道人的体质、品质的含义吗？

四、幼儿园教育的原则

1. 幼儿园教育原则的性质

幼儿园教育的原则是根据党的教育方针、幼儿园教育的国家目标和幼儿园具体教育目标，在总结幼儿教育实践的基础上提出来的，是教师为了完成教育任务、达到教育目标，在对幼儿进行教育的过程中必须遵循的基本要求。

2. 幼儿园教育原则的内容

《规程》第二十五条明确提出了幼儿园教育应当贯彻的六项原则和要求，为了便于理解、记忆、应用，本书对这些原则和要求进行归纳，形成了幼儿园教育应当遵循的六大原则。

（1）促进幼儿全面发展的原则

这一原则对应的是《规程》第二十五条第（一）款：“德、智、体、美等方面的教育应当互相渗透，有机结合。”

贯彻这一原则应当注意，第一，幼儿的发展是德智体美劳所有领域整体的发展，而不是某一领域片面的发展。当前，个别幼儿园为了追求所谓品牌，实际上最终是为了追求效益，违背幼儿教育规律举办所谓的智力开发、艺术发展等特长教育班，办园方向明显偏离全面发展的幼儿教育原则。第二，幼儿的发展是德智体美劳各领域内部各个方面的协调发展，而不是某一方面片面的发展。例如，在幼儿体育领域，幼儿生理方面身体的各个器官、各系统机能应协调发展，幼儿心理方面各种心理机能包括认知、情感、性格、社会性等方面应协调发展，幼儿的生理机能和心理机能应协调发展。

（2）引导幼儿个性健康发展的原则

这一原则对应的是《规程》第二十五条第（二）款：“遵循幼儿身心发展规律，符合幼儿年龄特点，注重个体差异，因人施教，引导幼儿个性健康发展。”

贯彻这一原则，应当注意处理好幼儿的全面发展与个性发展的关系，正确的观点与做法是，引导幼儿在全面发展的基础上进行个性发展，即在认真贯彻党的教育方针和幼儿园教育目标，引导幼儿德智体美劳全面发展的基础上，根据每名幼儿的特点和可能性，引导幼儿充分发挥各自的潜能，实现有自我特色方向的发展。当前，个别幼儿园片面理解幼儿园教育目标的内涵，机械追求幼儿园教育目标的实现，在幼儿教育过程中采取像工厂里自动化批量生产同一批次的产品那样的做法，实行“流水线操作”或者“模具化生产”，其结果是埋没了幼儿的个性，不利于人才培养，也不利于社会的发展。

（3）面向全体幼儿开展正面教育的原则

这一原则对应的是《规程》第二十五条第（三）款：“面向全体幼儿，热爱幼儿，坚持积极鼓励、启发引导的正面教育。”

贯彻这一原则应当注意，第一，教育要促进每名幼儿在自身原有基础上实现最大程度的发展。要做到这一点，教师对幼儿开展教育的过程中要面对每名幼儿，而不能把精力只用于那些表现突出的幼儿身上。当然，面向全体幼儿开展教育，要面对幼儿之间在兴趣、需要、能力等方面的不同，有针对性地引导每名幼儿最大程度实现自身的发展，而不能搞“一刀切”，不能不切实际地追求全体幼儿在所有方面都必须达到同等水平、同样的高度。第二，教师要热爱幼儿。幼儿教育实践证明，没有对幼儿的爱，做好幼教工作就是一句空话。爱幼儿，体现在具体的幼教工作中，最基本的是尊重幼儿人格尊严，保障幼儿合法权益。幼儿比成年人享有更多的合法权益，但是幼儿的很多权益又需要成年人的引导甚至保护才能实现，教师只有从内心深处关注、关心、关爱幼儿，才能充分保障幼儿合法权益的实现。第三，教师在对幼儿开展教育的过程中，要努力做到以鼓励、启发、引导等正面教育为主。需要指出的是，这与幼儿出现问题时教师对其讲清危害、责任，幼儿发生过激行为时教师对其进行及时制止并不矛盾。事实上，在“讲清”“制止”的过程中，教师需要启发幼儿认识到问题与过激行为的危害，引导幼儿认识到如何才能向积极的方向发展，而一旦幼儿有了积极的表现，教师当然要表扬并鼓励幼儿继续进步。

（4）发挥幼儿一日活动整体教育功能的原则

这一原则对应的是《规程》第二十五条第（四）款：“综合组织健康、语言、社会、科学、艺术各领域的教育内容，渗透于幼儿一日生活的各项活动中，充分发挥各种教育手段的交互作用。”

贯彻这一原则应当注意，第一，幼儿园健康、语言、社会、科学、艺术等各领域课程，分别侧重从不同的角度促进幼儿某一方向的发展，但是，各领域课程之间不是孤立的，而是相互渗透、相互促进，共同形成幼儿全面发展的教育内容的整体。第二，保育和教育要相互结合。幼儿园教育的实践说明，对幼儿的保育和教育是可以在同一活动过程中实现的。一方面，对幼儿实施保育的过程实质上也是对幼儿德、智、体、美、劳各方面实施有效影响的过程；另一方面，对幼儿进行教育的过程中包含了保育的成分。第三，综合运用各种教育手段。幼儿在园一日各种内容和各种形式的活动不可偏废，无论是幼儿吃喝拉撒睡一类的生活活动，还是对幼儿开展的各领域专门的教育活动，无论是有组织开展的活动，还是幼儿自主进行的活动，对幼儿的发展各具不同的教育作用，都是不可缺少的。但是，幼儿在园一日的所有活动，必须统一在共同的教育目标之下，形成合力，只有这样，才能发挥整体教育功能。

思考与讨论

请分别举出对幼儿的保育中蕴含着教育精神和对幼儿的教育中蕴含着保育成分的具体例子。

内容拓展

教育手段

教育手段是指教育者为达到一定教育目的所采用的活动方式和方法的总称，主要指各种教育工具、教育方法和教育组织形式等。随着现代科学技术的发展，现代教育技术在教育领域中得到广泛运用，教育手段也不断丰富和发展，并使教育方法和组织形式发生革命性变化。

（5）以游戏为基本活动，寓教育于各项活动中的原则

这一原则对应的是《规程》第二十五条第（五）款：“以游戏为基本活动，寓教育于各项活动之中。”

贯彻这一原则应当注意，第一，幼儿身心发展的特点决定了他们不能像中小学学生那样主要通过课堂上书本知识的学习获得发展，而是主要在活动中通过实际操作及与人交往，接触各种事物和现象，学习知识、技能并积累经验，而游戏是最适合幼儿阶段的

活动，因此，应当把游戏作为幼儿园教育的基本活动。第二，满足幼儿对各种可行性游戏的需求，充分利用游戏（包括幼儿的自发性游戏）组织幼儿园的各类教育活动。第三，在组织幼儿游戏的过程中，要重视幼儿在游戏过程中的自主性。第四，不能就活动而活动，就游戏而游戏，尤其不能把游戏纯粹当成玩耍。通过游戏开展各种教育活动的过程中，要根据游戏的内容和形式对幼儿贯穿以相应的教育，即寓教育于各项活动中。

（6）创设适应幼儿活动和发展环境的原则

这一原则对应的是《规程》第二十五条第（六）款："创设与教育相适应的良好环境，为幼儿提供活动和表现能力的机会与条件。"

贯彻这一原则应当注意，第一，充分认识适宜的环境在幼儿园教育中的重要性，确立环境是重要教育资源的教育观念。第二，正确认识环境不仅仅是"美化""绿化""儿童化"等外在的装饰，而是教师为幼儿准备的，满足幼儿发展需要的，有利于幼儿德、智、体、美、劳诸方面发展的物质和精神的综合条件。第三，积极利用并努力开发园内外各种显性和隐性教育资源。例如，幼儿园的空间、设施、活动材料、活动常规要求，自然和家庭、社区环境，幼儿及其群体的生活方式、生活经验、相互之间的影响等，优化教育资源配置，为幼儿创设适宜的教育环境，引导、支持幼儿与环境之间积极主动地相互作用，使幼儿在与环境的交互作用中身心得到和谐发展。

第二节 幼儿德育

本节主要介绍幼儿德育的性质及意义、幼儿德育的目标与内容、实施幼儿德育的途径与手段，以及实施过程中应当注意的问题。

一、幼儿德育的性质及意义

1. 德育及幼儿德育的性质

幼儿德育是德育的重要组成部分。德育是指教育者按照一定的社会或阶级的要求对受教育者进行的道德品质教育。幼儿德育是指幼儿园根据幼儿身心发展特点和实际需求，按照一定的社会或阶级的要求，有目的、有计划地发展幼儿个性及社会性，培养幼儿道德品质的教育。

无论是德育还是幼儿德育，都涉及道德的概念，它是指一定社会条件下形成与发展起来的人们共同生活的行为准则的总和。

2. 幼儿德育的意义

幼儿时期正是人的个性、社会性、道德品质等形成与发展的起步阶段，是人的世界观、人生观、价值观的萌芽时期，幼儿在这一时期形成的对己、对人、对事的态度，以及逐渐发展的个性品质和行为风格，不仅直接影响幼儿童年生活的快乐与幸福，影响其身心健康以及知识、能力、智力的形成与发展，更可能影响其一生的学习、工作和生活。所以说，幼儿德育对幼儿起到培根奠基的作用，是德育基础工程的基础，对立德树人、培养德智体美劳全面发展的社会主义建设者和接班人具有重要意义。

二、幼儿德育的目标与内容

1. 幼儿德育的目标

由于幼儿的思维具体、形象，知识基础和经验积累都比较薄弱，加上幼儿德育是整个德育的起始阶段，因此幼儿的德育目标强调从情感入手，培养幼儿最基本的个性品质和良好的行为习惯，使幼儿的个性和品德发展有良好开端，不仅为升入小学做准备，而且为一生的发展奠定基础。

《规程》对幼儿德育的目标作出了明确要求：萌发幼儿爱祖国、爱家乡、爱集体、爱劳动、爱科学的情感，培养诚实、自信、友爱、勇敢、勤学、好问、爱护公物、克服困难、讲礼貌、守纪律等良好的品德行为和习惯，以及活泼开朗的性格。

2. 幼儿德育的内容及要求

根据围绕幼儿德育目标确立幼儿德育内容的原则，幼儿德育应当包括如下几个方面的内容。

（1）萌发幼儿爱的情感

爱祖国、爱家乡、爱集体、爱劳动、爱科学的情感是幼儿思想、品德、能力等发展的基础。

萌发幼儿爱祖国、爱家乡的情感，要由近及远。例如，从热爱自己的父母、老师、小伙伴，逐渐扩大到热爱各行各业的劳动者。萌发幼儿爱祖国、爱家乡的情感，要从具体的事物入手。例如，认识家乡和祖国的名胜古迹、自然风景、革命遗迹，了解有关祖国的简单知识如首都、国旗、国徽和一些重大节日，了解家乡革命和建设的历史，尤其是中国特色社会主义进入新时代以来自己的家乡和祖国发生的巨大变化等。

萌发幼儿爱集体的情感，要引导幼儿喜欢并逐渐习惯进而热爱幼儿园的集体生活，引导幼儿关心集体并逐步建立初步的集体荣誉感，引导幼儿学习并逐步遵守集体活动的规则。

萌发幼儿爱劳动的情感，要引导幼儿认识周围成年人的劳动及他们的劳动与幼儿生活的关系，知道劳动成果来之不易，从而尊重劳动者，爱护劳动成果（如爱惜物品、爱护公共财物等）；要引导幼儿参加简单的自我服务和为集体服务的劳动，学习并掌握简单的劳动技能，体验劳动过程、劳动成果带来的快乐，逐渐对劳动产生感情，进而热爱劳动。

萌发幼儿爱科学的情感，要从培养幼儿对科学活动的兴趣着手。由于认知能力、知识基础、技能水平、经验积累都比较薄弱，幼儿对新鲜事物常常表现出强烈的好奇心和探究欲望，幼儿园要倍加爱护幼儿的好奇心理，十分珍视幼儿的探究欲望，积极地将幼儿的好奇心理、探究欲望引导到幼儿对于科学活动的兴趣上来，让幼儿从参与科学活动过程以及活动成果的收获中体验到快乐，从而对科学活动产生兴趣，进而热爱科学。

（2）培养幼儿良好个性品质

良好个性品质包括诚实、自信、勇敢、坚强、主动、独立、活泼开朗等，这些个性品质对促进幼儿健康成长意义重大，因此，培养幼儿良好个性品质是幼儿德育的重要内容。《规程》第三十二条明确提出，幼儿园应当充分尊重幼儿的个体差异，根据幼儿不同的心理发展水平，研究有效的活动形式和方法，注重培养幼儿良好的个性心理品质。

（3）发展幼儿社会性

幼儿社会性发展的主要内容包括人际关系和社会适应，诸如友爱、讲礼貌、守纪律、爱护公物等，都属于幼儿社会性发展中人际关系和社会适应方面的主要内容。幼儿园要创造机会，使幼儿有更多与教师、同伴及其他人交往的机会，使他们在与人交往的过程中了解自己和他人，关爱他人，礼貌待人，学会处理与教师、同伴及其他人的关系，从而发展其交往能力；要引导幼儿在集体生活中讲文明、守纪律、爱护公物等，逐步学会遵守社会行为规范，不断提高社会适应能力。

三、幼儿德育的实施

《规程》第三十一条规定：幼儿园的品德教育应当以情感教育和培养良好行为习惯为主，注重潜移默化的影响，并贯穿于幼儿生活以及各项活动之中。

1. 实施幼儿德育的途径和手段

幼儿园要将幼儿的日常生活、幼儿游戏、专门的德育活动等结合起来，同时发挥家庭和社区的合力，有效实施幼儿德育，最大化实现幼儿德育的目标。

（1）在幼儿日常生活中实施幼儿德育

在日常生活中，幼儿与同伴及成人交往，了解人、事、物之间的关系以及一定的行为准则，并且进行各种行为练习，日积月累，循序渐进，就会逐步形成许多良好的行为品质。例如，在一日生活常规和生活制度中渗透着道德教育的内容，通过常规训练和严格执行生活制度，培养幼儿有礼貌、守纪律、诚实、勇敢、自信、关心他人、爱惜公物、不怕困难等品德和行为习惯。

（2）在幼儿游戏中实施幼儿德育

在游戏中，幼儿通过扮演一定的社会角色，实践一定的社会行为，从而接受相应的道德教育。例如，在“超市”游戏中利用“排队结账”的情节对幼儿进行规则意识和纪律教育，利用各种游戏活动结束整理器材的环节对幼儿实施爱护公物的教育等。在游戏中，幼儿通过与他人交往，体验一定的社会情感。例如，幼儿在相应的游戏情境中，逐渐了解自己和他人之间的关系，逐步学会发现自我和他人，体验与成人、同伴交往的快乐，了解建立亲密的朋友关系、亲子关系、师幼关系的重要性。

总的看，利用游戏进行道德品质教育，对幼儿社会性发展具有其他形式难以替代的效果。

（3）在专门的德育活动中实施幼儿德育

专门的德育活动是指幼儿园根据各年龄班德育的内容与要求，结合幼儿的年龄特征和实际情况等因素，为实现某项德育内容，有目的、有计划地组织的德育活动。例如，谈话、讨论、阅读、表演、参观、劳动、节日活动等都可以作为德育活动的手段。

2. 实施幼儿德育应该注意的问题

（1）热爱、尊重幼儿

热爱幼儿，建立亲密、民主、和谐的师幼关系，创设积极的教育环境，是向幼儿进行德育教育的前提，所谓“亲其师，信其道”。但是，教师对幼儿的爱要建立在教师对教育、对幼儿发展的深刻理解的基础上，不仅基于对幼儿的感情，也基于一种社会责任，是一种理智的爱。一方面，这种爱必须有利于幼儿向着自立自强、富有爱心和责任感的方向发展，那种要么对幼儿包办一切，要么对幼儿放纵一切的做法，都不是真正意义上的爱。另一方面，这种爱应当是对所有幼儿一视同仁的爱，而不是偏爱，特别不能歧视个别有这样或那样的缺点或者在某一方面接受能力相对较弱的幼儿，反之，应当以“一个也不能少”的执着的爱，给予他们更多的关注、关心、关爱。

在实施幼儿德育的过程中，一方面，幼儿园要坚持正面教育，善于发现幼儿的优点并及时表扬，当幼儿遇到困难时，要多多鼓励并引导、帮助幼儿克服困难，决不能做恐吓、责骂、体罚等伤害幼儿自尊心甚至有损幼儿人格的事情；另一方面，幼儿园要尊重并充分发挥幼儿的主体性，从活动计划和活动规则制订、活动材料准备、活动分工等，到活动开展过程中各环节的进行，再到活动结束后场地和材料的整理以及活动总结，都要引导幼儿充分发挥主动性、创造性。

（2）依据幼儿道德发展的水平实施德育

人在幼儿时期，还不能进行主观道德判断，一般是以自身以外的成人规则评价自身以及周围发生的行为，这就是所谓的他律阶段。针对幼儿的这一特点，幼儿园应当要求教师把道德的知识教给幼儿。通过教师的告诫和示范，幼儿开始了解一些规则。随着认知水平的提高，以及在交往与活动中的持续学习，幼儿逐步学会一些道德规范，从而将对权威的敬畏转化为对具体规则的了解、遵守，逐渐向自律阶段发展。

在幼儿从他律阶段向自律阶段发展的过程中，幼儿园要加强对幼儿的道德判断和道德情感等方面的引导，其中很重要的一个方面就是为幼儿树立道德榜样或道德标杆，尤其是教师的道德形象，会对幼儿产生相当大的影响。

（3）遵循德育基本规律实施幼儿德育

一个人的每种品德都由道德认识、道德情感、道德意志、道德行为四个要素构成。在幼儿的品德形成过程中，道德“四要素”的发展不是同步的，其中道德认识、道德意志发展较慢，可以先从道德情感入手，重点落在道德行为的形成上。在这一过程中要注意：由近及远、由具体到抽象对幼儿实施德育；向幼儿传授的道德规范应该在幼儿能够接受的范围内；重视对幼儿行为方式方法的具体指导；承认差异、允许反复，注意有针对性地抓反复、反复抓，持之以恒地将德育进行下去。

思考与讨论

根据由近及远、由具体到抽象的德育方式，谈谈你打算如何对幼儿进行热爱祖国的教育。

（4）注重发挥多方面的积极性

幼儿品德的形成受多方面因素的影响，幼儿园在做好自身工作的基础上，要注意搞好与幼儿家庭、幼儿园所在社区、幼儿家庭所在社区的配合，调动多方积极性，形成合力，共同促进幼儿个性的健康发展。

第三节　幼儿智育

本节介绍幼儿智育的性质及意义、目标与内容以及幼儿智育的实施。

一、幼儿智育的性质及意义

1. 幼儿智育的性质

智育是指有目的、有计划地使受教育者系统地学习科学知识和技能，促进智力发展的教育。

幼儿智育是智育的重要组成部分，是幼儿园遵循幼儿认知发展的特点，有目的、有计划地增进幼儿对周围环境的认识，帮助幼儿获得浅显的科学知识和技能，发展幼儿智力，培养幼儿认知兴趣和良好学习习惯的教育。

无论是智育还是幼儿智育，都涉及知识、技能、智力这三个概念。其中，知识是人们在改造世界的实践中获得的认识和经验的总结，属于理论范畴的内容；技能是人们利用知识和经验进行活动的方式方法，属于实践范畴的内容；智力是指人认识事物的能力，包括观察力、注意力、记忆力、思维力、想象力、创造力等要素，思维能力是智力的核心要素。智力的强弱就是通常所说的智商。

2. 幼儿智育的意义

大量早期教育的科学实验证明，幼儿期是大脑迅速发展的时期。但是，人的大脑的结构和功能是在后天的环境中不断发育成熟的。除了必需的营养，接受早期教育和训练的幼儿，其大脑发育会超越没有接受早期教育的幼儿，形成所谓的高智商。

此外，虽然幼儿有强烈的认知需求，即强烈的好奇心和求知欲，但是，由于幼儿的认知水平所限，其认知带有明显的随意性，只能注意事物突出的表面现象，所获得的知识一般也都是表面的、零散的，甚至是片面的。只有通过有目的、有计划的智育过程，才能引导幼儿科学、有序、全面地认识周围事物，正确理解各种现象及其因果关系，并通过这一过程引导幼儿逐步学会学习，培养幼儿的智力品质，为其他各育的实施创造良好的前提条件，为幼儿今后乃至一生的发展奠定坚实的基础。

二、幼儿智育的目标与内容

1. 幼儿智育的目标

《规程》第五条明确提出，幼儿智育的目标是发展幼儿智力，培养正确运用感官和运用语言交往的基本能力，增进对环境的认识，培养有益的兴趣和求知欲望，培养初步的动手探究能力。

幼儿智育的核心目标是发展幼儿智力。培养幼儿正确运用感官的基本能力、运用语言交往的基本能力，增进幼儿对环境的认识，培养幼儿有益的兴趣和求知欲望，培养幼儿初步的动手探究能力，都是为了实现发展幼儿智力这一幼儿智育的核心目标。当幼儿智力得到发展，反过来又能促进幼儿运用感官的能力、语言交往的能力、接受知识的能力，促进幼儿的学习兴趣和求知欲望，促进幼儿的动手操作能力。

非智力因素

非智力因素是指不直接参与人的认识过程的心理因素，包括情感、意志、兴趣、性格、态度、习惯等。

人的智力活动的效果往往受到智力因素和非智力因素的共同影响，有时候非智力因素的影响还会超过智力因素。例如，有些人看起来智商并不很高，但是通过持之以恒的艰苦努力，终于登上科学技术的高峰，便是对上述观点的印证。

2. 幼儿智育的内容

（1）培养幼儿的感知能力

培养幼儿的感知能力，就是发展幼儿正确运用视觉、听觉、触觉等感觉器官感知外部世界的能力。

运用感觉器官感知外部世界是幼儿的一个重要认知特点，因此，感知能力的培养是幼儿园智育的基础，也是幼儿园智育的重要内容。

（2）培养幼儿运用语言交往的能力

发展幼儿运用语言交往的基本能力与发展幼儿智力关系密切，因为幼儿的语言理解能力以及表达能力与其思维能力紧密相关，所谓“言为心声”。

全面地讲，幼儿运用语言交往的能力包括以下几个方面：运用口头语言与他人进行交往的能力；理解他人语言的能力；表达自己的想法和感受，说明和描述事物及过程的语言表述能力；对于简单字词和简单短句的阅读和书写能力，即前阅读和前书写能力。

（3）引导幼儿学习初步的生活知识

知识是思维的材料，引导幼儿学习周围生活中的浅显知识，形成对一些事物的初步概念，增进对环境的认识，有利于促进幼儿智力的发展。

幼儿需要学习的生活中的初步知识主要包括以下几个方面：有关社会生活的常识，如认识自己（知道自己的名字、年龄、性别）、认识自己和别人的关系（自己和家人的关系、自己和教师的关系等）、认识周围环境（家、幼儿园、社区、马路等）、认识成人的劳动（做饭、开车、打扫卫生等）、认识自己的国家（知道国家名称、认识国旗和国徽等）、知道重要节日（春节、中秋、国庆节等）、了解基本的安全常识、认识基本的交通工具和常用的交通规则；有关自然界的常识，如知道天气和季节的变化，认识常见的动植物，认识水的三态变化、物体的沉浮、声光电等基本物理现象；有关数和形的常识，如认识并比较物体的大小、多少、长短、高低、宽窄、轻重等，认识简单的几何形体、基本的时间和空间，认识 10 以内的数。

（4）培养幼儿初步的动手操作及探究能力

幼儿在摆弄、分类、比较、排列、堆叠等动手操作过程中，除了获得动作经验，还能获得相关感知知识和经验（如物体的颜色、大小、形状、软硬、冷热等），这些知识和经验会促进幼儿思维能力的发展，可见动手操作能力与智力发展也有关系。

（5）培养幼儿的学习兴趣、学习主动性、学习习惯

当浓厚的学习兴趣、强烈的求知欲望、良好的学习习惯等非智力因素被用来考察对于学习效果的促进作用时，也称学习品质。上述非智力因素能够引导幼儿在认识事物的过程中主动探索、细心观察、注意集中、思维活跃，非常有利于促进幼儿智力品质的发展。

三、幼儿智育的实施

1. 实施幼儿智育的途径和手段

（1）创造适宜的学习环境

幼儿园为幼儿提供适宜的学习环境并提供充足的可操作材料，是开展幼儿智育，促进幼儿智力发展的首要条件。

要按照幼儿身心发展的需求创设活动环境，尤其是要提供多种多样的学习材料，引导幼儿在可能的范围内，按照自己的兴趣选择活动材料和操作方式进行活动。在活动过程中，要鼓励幼儿主动与环境相互作用，鼓励幼儿想说、敢说、喜欢说、找机会说，尽可能地激发幼儿兴趣，调动幼儿注意力、观察力、创造力、想象力等智力因素，从而促进幼儿智力发展。

（2）组织丰富多彩的活动

幼儿主要是在各种实践活动中主动学习并获得发展的，幼儿园应当将各种实践活动作为实施幼儿智育的主要途径，根据幼儿的年龄特点，引导他们开展以游戏为主要活动方式的各种实践活动，让他们在解决问题的实际操作和体验中丰富感性经验，更新知识结构，发展思维能力，提高智力水平。

需要注意的是，一提到发展智力，有人往往就想到集体教学的途径，但是，幼儿的年龄和心智特点决定了集体教学不能作为幼儿园智育的主要途径。即使需要进行集体教学，也要尽可能以游戏方式进行。

（3）将智育渗透于幼儿一日生活中

利用幼儿的好奇心和求知欲，将智育渗透进幼儿一日生活的各种活动中；利用一日生活的各个环节，让幼儿在学会生活尤其是解决生活问题的过程中发展智力。例如，利用点名的机会让幼儿清点班级人数，发展幼儿数的概念和计算能力，利用整队的机会除了让幼儿清点人数，还可以引导幼儿学会比较队形的长短、小伙伴的高矮等，发展幼儿形的概念和比较能力。

2. 实施幼儿智育应该注意的问题

（1）正确认识并处理知识、技能、智力之间的关系

思考与讨论

解释知识、技能、智力的概念。

应当注意，知识、技能、智力是三个不同的概念，但是它们又紧密联系、相互依赖、彼此促进，尤其是知识和智力更是如此。知识是发展智力的基础，没有知识就没有思维的材料，难以谈智力的发展；智力是掌握知识的武器，智力发展水平的高低影响着对知识的掌握。当然，不能绝对地认为智力水平高，掌握的知识就丰富。同样，也不能

绝对地认为只要掌握了知识，智力就会自然得到发展。

（2）关注幼儿的学习品质

学习品质主要是指幼儿在学习活动中表现出来的好奇心、主动性、独立性、意志力、目标意识、专注程度、习惯与方法等。幼儿园要高度关注幼儿学习品质的养成，因为这些因素在很大程度上影响着幼儿对学习的情感和态度，决定着幼儿今后能否独立、自主、积极主动地获取知识、发展能力，甚至决定着幼儿将来能否取得成功。

（3）注意幼儿学习结果的结构化及其应用

根据奥苏贝尔的理论，判断幼儿是否进行了有意义的学习，一是看幼儿是否能够把新学习的内容和已经有的经验联系起来，形成系统或网络，二是看幼儿学习以后能否用学过的知识解决问题。这就要求幼儿园既要关注幼儿学习内容的结构化，又要关注幼儿应用学习内容解决问题的能力。在引导幼儿将学习内容结构化的过程中，帮助幼儿利用语言归纳自己的收获，是实现智力综合发展的有效手段。每次、每天甚至每周活动结束，都注意这样总结，长此以往，幼儿的综合智力水平一定会扎实提高。例如，学习交通规则以后，让幼儿总结指示灯、标记线、交警手势，便于幼儿综合性地认识并记住交通规则包括的几个方面、几种形式。

需要注意的是，幼儿的知识结构是建立在感性经验的基础上的，与中小学那种以概念为中心的学科知识体系有本质的不同。在引导幼儿学习事物和现象的知识、经验时，要注意引导幼儿理解知识、经验的简单联系和基本规律，帮助幼儿整理所获得的知识、经验等并形成有机联系和体系。例如，引导幼儿学习数的加减法过程中，首先需要引导幼儿认识单个基数的含义，然后引导幼儿通过对具体实物的反复操作、反思，逐渐理解加减法运算的实际含义，自然也就学会了数的加减。

至于幼儿应用学习内容解决问题的能力，更是需要通过持之以恒的科学培养才能逐渐得到提高。

查找资料，谈谈奥苏贝尔的主要生平和成就。

第四节 幼儿体育

本节学习幼儿体育的性质及意义、目标与内容，以及幼儿体育的实施。

一、幼儿体育的性质及意义

1. 体育及幼儿体育的性质

思考与讨论

人的体质包括哪几个方面的要素？

（1）体育

顾名思义，体育就是增强人的身体质量即体质方面的教育。实际上，体育的概念有广义和狭义之分。广义的体育泛指人类社会的各种体育活动；狭义的体育是指专门的教育机构为了增强受教育者的体质，保证受教育者身体生长发育，有计划、有组织地开展的教育。

（2）幼儿体育

幼儿体育是指幼儿园遵循幼儿身体生长发育规律，运用科学方法，以增强幼儿体质、促进幼儿健康成长为目的的教育。

2. 幼儿体育的意义

人在幼儿时期，机体发育还不成熟、不完善，心理素质还很稚嫩，对环境的适应能力还很差，幼儿园积极开展幼儿体育，能够健全幼儿体格、增强幼儿体能、提高幼儿适应能力、发展幼儿心理素质，抓住幼儿生长发育速度很快、可塑性很强的有利时机，促进幼儿健康成长，为幼儿德育、智育、美育、劳动教育等的实施提供有力的保障，为幼儿今后的发展打下坚实的基础。

由于幼儿时期是一个人发育、成长的重要基础阶段，体育对于幼儿来说有着特殊的重要意义，幼儿园必须把保护幼儿的生命和促进幼儿的健康放在工作的首位来抓。

思考与讨论

有一种观点认为，“对于一个人来说，健康是1，其他都是0。”你是怎样理解这句话的？

二、幼儿体育的目标与内容

1. 幼儿体育的目标

《规程》第五条提出的幼儿体育的目标是，促进幼儿身体正常发育和机能的协调发展，增强体质，促进心理健康，培养良好的生活习惯、卫生习惯和参加体育活动的兴趣。

思考与讨论

通常将幼儿园体育的目标归纳为“三促进、三培养”，你能说出“三促进、三培养”的具体内容吗？

正确认识幼儿体育的目标，需要注意以下方面。第一，幼儿体育几个方面的目标是有机联系的，必须全面完成，不可偏废。例如，幼儿只有身体正常发育、机能协调发展、心理健康，才算有好的体质，因为体质是通过体格、体能、适应能力和心理因素等几个方面来衡量的。第二，幼儿体育的主要目的，不仅仅在于让幼儿掌握多少体育方面的技能、技巧，更重要的是通过体育培养幼儿参加体育活动的兴趣，让幼儿喜欢参加体育活动；通过体育让幼儿知道必要的安全保健常识，学习保护自己；通过体育培养幼儿良好的生活、卫生习惯，锻炼基本的生活自理能力。总之，幼儿体育可以促进幼儿身心健康成长，并为终生体育奠定坚实的基础。

2. 幼儿体育的内容

幼儿园体育的内容十分广泛，主要体现在幼儿园健康领域的保育和教育当中。

（1）创建良好的生活环境

由于幼儿防护能力薄弱，为幼儿创建良好的活动室、寝室等生活环境就显得尤为重要。

除了物质生活环境，教师还要注意为幼儿创建良好的精神生活环境，建立良好的师幼、同伴关系，让幼儿在集体生活中感到温暖，心情愉快，形成安全感、信赖感。

（2）制定并执行合理的生活与卫生保健制度

幼儿园要从幼儿身心发展的实际和全面发展教育的需求出发，根据季节变化和本园场地、设备等条件，制定并执行合理的生活与卫生保健制度，如幼儿生活作息时间表、幼儿一日生活与活动计划、幼儿在园一日生活常规等。

执行生活与卫生保健制度，需要幼儿园全体工作人员协调一致，还需要争取家长的配合，努力使幼儿在园和在家都能做到生活规律协调一致。

（3）培养幼儿良好的生活与卫生习惯

幼儿正处于生长发育的重要时期，需要及时、足量的营养。幼儿能否获得生长发育所需要的营养，与其是否具有良好的饮食习惯密切相关。睡眠对于幼儿大脑及身体的发育影响也很大，充足的睡眠和良好的睡眠习惯是睡眠质量的保障。良好的卫生习惯同样能有效保护幼儿的身体健康。

鉴于上述种种原因，幼儿园要注重培养幼儿良好的饮食、睡眠、盥洗、大小便等生活习惯和生活自理能力，教育幼儿爱清洁、讲卫生，注意保持个人和生活场所的整洁和卫生。

（4）培养幼儿的自我保护意识和能力

幼儿好奇、好动，但是安全知识缺乏，基本活动能力尤其是独立活动能力较差，这就导致幼儿对危险不能做出准确判断，也难以在出现危险时自我保护。所以，自我保护意识和能力的培养对于幼儿的健康成长尤其重要。幼儿园要密切结合幼儿的生活进行安全、营养和保健教育，提高幼儿的自我保护意识和能力，如遵守交通规则，安全使用火、电、水，遵守活动常规，不吃不新鲜的食物等。

（5）积极开展体育活动

体育活动是幼儿体育的重要组成部分。

幼儿园体育活动首选体育游戏，可以说，体育游戏是幼儿园体育活动的主要内容。丰富多彩而又有规则的体育游戏对于发展幼儿基本动作，提高动作的协调性、灵活性，促进幼儿身体机能，健全幼儿体格，丰富幼儿的感觉和动作经验，培养幼儿参加体育活动的兴趣和习惯等，都具有无可替代的积极作用。由于幼儿各器官发育尚未完善，幼儿园一般不搞专门的技巧训练，不进行耐力训练、爆发力训练等强度大的身体素质训练，幼儿的基本动作练习主要是通过幼儿体育游戏来完成的。

基本体操也是幼儿园经常性的体育活动。基本体操包括操练节奏如模仿操及韵律操等徒手操，哑铃操和旗操以及球操等轻器械操，听口令做立正、稍息、看齐、原地踏步走、齐步走、跑步走等动作，听信号整理队形及进行简单队形变化等。

（6）幼儿心理健康教育

无论是幼儿体育的含义，还是幼儿体育的目标，都涉及幼儿心理教育方面的内容，可见，促进幼儿心理健康是幼儿体育不可或缺的内容，应当引起幼儿园的注意。

幼儿体育所涉及的幼儿心理健康教育主要是指在体育活动中培养幼儿坚强、勇敢、不怕困难的意志品质和乐观、主动、积极合作的情绪与态度。

三、幼儿体育的实施

1. 实施幼儿体育的途径和手段

（1）科学护理幼儿生活

幼儿园要在创建优美、自然、丰富、安全的生活环境的前提下，为幼儿提供合理、均衡的营养，保证幼儿充足的睡眠和适当的锻炼，满足幼儿生长发育的需要，增强幼儿对环境的适应能力和对疾病的抵抗能力。

除了做好园内工作，幼儿园还要注意做好与幼儿家庭、社区的配合，注意为幼儿在园、在家、在社区都能提供一个温馨、安全的人际环境，让幼儿得到亲情和关爱，形成积极稳定的情绪。同时，幼儿园应为幼儿提供适当的社会交往机会、适当的自我表现机会，促进幼儿自信心和自尊心的发展，增强其社会适应能力。

（2）开展丰富多彩的幼儿体育活动

包括户外体育活动在内的专门组织的体育活动、基本体能训练、基本体操、散步等，都是幼儿园常见的体育活动。

关于幼儿的户外活动，《规程》第十八条规定：在正常情况下，幼儿户外活动时间（包括户外体育活动时间）每天不得少于2小时，寄宿制幼儿园不得少于3小时；高寒、高温地区可酌情增减。

应当注意的是，体育游戏既是幼儿园体育活动的主要内容，也是幼儿园体育活动的主要途径和手段。

（3）在日常生活中渗透幼儿体育

幼儿体育的有些目标（如培养幼儿良好的生活卫生习惯）仅仅依靠体育锻炼是不能完成的，还必须通过日常生活进行培养，而日常活动中往往就包含对于幼儿体质的锻炼。所以，要实现体育的目标，需要将专门的体育活动与日常活动结合起来，尤其是需要在日常生活中渗透幼儿体育。

2. 实施幼儿体育应当注意的问题

（1）保护与锻炼并重

所谓保护与锻炼并重，就是在安全的基础上进行锻炼。

在实施幼儿体育的过程中，教师既要高度重视和满足幼儿受保护、受照顾的需要，又要尊重和满足他们不断增长的独立要求，避免过度保护和包办代替，鼓励并指导幼儿自理、自立的尝试。但是，鼓励幼儿自理自立要充分尊重幼儿生长发育的规律，严禁以任何名义进行有损幼儿健康的训练、比赛或表演等体育活动。

（2）身体健康与心理健康并重

教师应树立正确的健康观念，在重视幼儿身体健康的同时，要高度重视幼儿的心理健康。不能因为幼儿心理健康教育属于隐性素质教育方面的内容而不加以重视。幼儿园尤其要注意避免这一现象的出现。

（3）重视培养幼儿对体育活动的兴趣

为了培养幼儿对体育活动的兴趣和积极态度，幼儿园要根据幼儿的特点组织生动有趣、形式多样的体育活动，吸引幼儿主动参与，在体育活动的难度、趣味性以及环境条件等方面考虑幼儿的特点和需求，引导幼儿充分体验参与体育活动的乐趣，尤其是取得成功的快乐，切忌为了达到活动计划的目标，机械地要求幼儿完成某项运动，更不能因为幼儿没有达到计划的目标而对其进行责备甚至惩罚。

（4）重视幼儿体育与其他领域教育的有机结合

幼儿是作为一个有机整体而发展的，进行幼儿体育，必须重视幼儿体育与其他领域教育的相互整合、渗透。像上面幼儿体育的意义中所说的那样，让幼儿体育为幼儿德育、智育、美育、劳动教育等的实施提供有力的保障，反过来，也要让其他领域的发展促进幼儿体育的效果。例如，幼儿在进行绘画、书法活动的过程中，同时发展了手部动作的协调性。

第五节　幼 儿 美 育

本节介绍幼儿美育有关概念及其意义，幼儿美育的目标与内容，幼儿美育的实施。

一、幼儿美育有关概念及其意义

1. 幼儿美育有关概念

美是客观事物和现象具体形象可被人感知且具有吸引力，能够使人愉悦、动情的一种属性。

一般地，美的形态包括自然美、社会美、艺术美等三种。例如，美丽的山川河流、花草树木属于自然美；整洁的幼儿园、和谐的师幼关系属于社会美；沁人心脾的音乐、生动形象的舞蹈属于艺术美。

不同时代的人、同一时代不同的人，受到时代风尚、民族传统、知识修养、生活阅历、社会层次，感知能力、思维能力、想象能力等多种因素的影响，审美标准和审美能力不同。培养人们树立正确的审美观，涵养高雅的审美情趣，提高人们欣赏美、表现美、创造美的能力的教育，就是美育。

思考与讨论

有人说，美育就是审美教育，你怎样评价这种观点？

幼儿美育是幼儿园根据幼儿身心特点，利用美的事物和现象，通过丰富多彩的活动，培育幼儿感受美、欣赏美、表现美、创造美的情趣和能力的教育。

2. 幼儿美育的意义

美是具体、形象、可感知的，因此，美的事物和现象可以锻炼幼儿的感知能力。例如，音乐旋律可以锻炼幼儿的听觉感知能力，绘画作品可以锻炼幼儿的视觉感知能力，气味、味道可以锻炼幼儿的嗅觉和味觉感知能力。幼儿的感知能力得到锻炼，也会促进幼儿想象力的发展。

美育过程中，对幼儿进行鉴赏美的科学引导，可以促进幼儿审美能力和审美情趣的提高，使幼儿在陶冶心灵的过程中，形成积极向上的精神状态。

随着幼儿感受美和欣赏美的能力不断提高，对于美的事物和现象的兴趣越来越浓厚，一旦有了素材或机会，便可激发起幼儿表现美和创造美的欲望，在表现美和创造美的过程中，幼儿的表现力和创造力得到提升。

由上可见，美育实现了幼儿内在的认识与情感和外在的表现与创造的统一，提升了幼儿的综合素质，而综合素质的提升对于幼儿德育、智育、体育都会具有积极的促进作用。

二、幼儿美育的目标与内容

1. 幼儿美育的目标

《规程》第五条提出的幼儿园美育的目标是培养幼儿初步感受美和表现美的情趣和能力。

幼儿园通过美育，使幼儿能初步感受并喜爱环境、生活和艺术中的美，从而引导幼儿发展感受美的情趣，并在此基础上培养幼儿鉴赏美的能力，为幼儿美育的进一步开展打下基础。

幼儿园通过美育，引导幼儿喜欢参加艺术活动，能用自己喜欢的方式进行艺术表现活动，并能大胆地表现自己的情感和体验，从而培养幼儿对美的初步的想象力和创造力等表现美的能力。

2. 幼儿美育的内容

幼儿美育的内容非常广泛，全面地归纳起来，应当包括感受美、鉴赏美、表现美、创造美等多个方面。其中，感受美是美育的开端和基础，鉴赏美是在感受美的基础上对美的判断，表现美是在感受美和鉴赏美的基础上对美的表达，创造美是美育的最高层次和终极目标。

幼儿园要积极引导幼儿注意观察、体验自然环境（如天气变化、山川河流、花草树木等）和社会环境（如街道、社区和幼儿园新颖的建筑、漂亮的墙饰，周围人们得体的着装、健康的风貌、文明的言行），尤其是幼儿日常生活中的衣着打扮、精神状态、言行举止，艺术教育中的书法、绘画、音乐、舞蹈、文学作品以及电影、戏剧、杂技、手工制作等美的事物和美的现象，激发幼儿对美的兴趣和爱好，培养幼儿积极的审美情趣和鉴赏美、表现美、创造美的能力。

三、幼儿美育的实施

1. 实施幼儿美育的途径和手段

分析上述幼儿美育的含义、目标与内容，总结幼儿园实施美育的实践经验，可以看出，实施幼儿美育的途径和手段很多。

（1）积极为幼儿创建美的幼儿园环境

为幼儿提供美的幼儿园环境，是幼儿美育最基本的手段之一。

幼儿园在实施美育的过程中，要努力做到全园环境整洁卫生、布置有序，绿化、美化、儿童化，成为真正的儿童乐园。教师要引导幼儿参与创建幼儿园环境，如美化自己班级的活动室、寝室以及室外走廊的墙壁，利用身边的物品或废旧材料制作玩具、手工艺品等。教师要积极为幼儿创设展示自己作品的条件，引导幼儿相互交流、相互欣赏，在实践中共同提升表现美、创造美的能力。

幼儿园在实施美育的过程中，要注意创建师幼之间、幼儿之间、教师之间良好的人际关系，组织好幼儿从入园到离园的一日活动并协调好各个活动之间的衔接，为幼儿创建一个虽然无形但却美好的幼儿园氛围，让幼儿在园一日始终感觉轻松、愉快、充实，体验到幼儿园生活美好的享受，陶冶并塑造美好的心灵，激发内心深处美的情趣，增强表现美、创造美的动力。

（2）充分利用大自然中美的资源

大自然是幼儿美育取之不尽的源泉。幼儿园在实施美育的过程中，要注意利用和创造条件，使幼儿有更多的机会接触大自然，在充分呼吸新鲜空气的同时，领略大自然绚丽多彩、变化万千的美好景色。大自然这种真实的美、多样的美、变化的美，最容易被幼儿所感知，如果创造机会，借助艺术作品的感染力，便可帮助幼儿提升对自然美的感受力、鉴赏力，进一步引导幼儿表现美、创造美。

（3）充分利用社会生活中美的资源

社会生活是美育的广阔天地。幼儿园在实施美育的过程中，要引导幼儿认识和欣赏社会生活中美的事物和现象，用美好的事物和现象感染幼儿，增进幼儿对美的感受力、鉴赏力。同时，幼儿生活在社会中，对幼儿进行美育，要引导幼儿在日常生活中注意仪表端正、言谈文明、举止大方，追求仪表美、语言美、行为美，从而积极地表现美、创造美。

（4）充分挖掘艺术教育的丰富内容

艺术教育是幼儿美育的主要途径。幼儿园的艺术教育可以通过音乐活动、绘画活动、表演活动、手工制作、文学作品欣赏等实施。幼儿园在通过艺术教育培养幼儿感受美、鉴赏美、表现美、创造美的同时，应充分发挥艺术的情感教育功能，促进幼儿健全人格的形成。

2. 实施幼儿美育应当注意的问题

（1）综合利用多种途径和手段

虽然艺术教育是幼儿美育的主要途径，但是幼儿美育的途径绝不仅仅只有艺术教育。可以明确地说，不能把美育当成单纯的艺术教育。幼儿园在实施美育的过程中，一定要结合具体实际情况，因地制宜、因时而异、因人而异，综合利用各种途径，采用多种手段，全面开展幼儿美育。

（2）面向全体幼儿的基础上关注个体差异

幼儿美育应当重视培养每一名幼儿美的情感和心灵，促进每一名幼儿人格的健全发展，而不是单纯培养个别小艺术家。幼儿园在实施美育的过程中，要面向全体幼儿，并针对每名幼儿的不同特点和需求，采取相应的措施，保障每名幼儿接受美育的权利，让每名幼儿都得到美的熏陶和培养。在此基础上，对于确有艺术天赋的幼儿，应注意挖掘其特长，发展其潜能。总之，幼儿园实施幼儿美育，应当在面向全体幼儿的基础上，关注个体差异。

（3）注重培养幼儿的健全人格

在实施幼儿美育的过程中有一种比较明显的倾向，就是重理智、轻情感，具体表现为重视表演技能或者艺术活动的结果，忽视幼儿在活动过程中的情感体验和态度倾向。事实上，幼儿美育不仅仅是为了学习多少欣赏美、表现美的方法和技巧，更重要的是要引导幼儿通过感受美、鉴赏美、表现美甚至创造美，发展幼儿积极的情感体验和态度倾向，塑造幼儿健全的人格，促进幼儿沿着心灵美好、品德高尚的方向健康发展。

（4）注意培养幼儿对美的想象力和创造力

培养幼儿对美的创造力是美育的最高层次，幼儿对美的创造力是以幼儿对美的丰富的想象力为重要基础的，这就要求教师对幼儿进行美育时，应注意保护幼儿的“天分”，多为幼儿提供自由表现的机会，鼓励幼儿用不同艺术形式大胆地表达自己对美的理解、想象和情感，尊重每名幼儿的想法，肯定和接纳幼儿富有个性和创造性的表现，使其体验到自由表达和创造的快乐，在大胆表现的过程中进一步发展自己对美的想象力和创造力。在此基础上，教师根据幼儿的发展状况和需要，对美的表现方式和技能、技巧给予适时、适当的指导，帮助幼儿提高表现美的技能、技巧，使之能够更好地表现美、创造美。那种把美育当成技术教育，过分强调技能、技巧和标准化要求的倾向，限制了幼儿创造美的主动性，制约了幼儿美的想象力的发展，应当引起幼儿园的高度注意。

思考与讨论

不少教师评价幼儿作品时，以“像不像”作为重要标准甚至是主要标准，说说你对这一标准的评价。

第六节　幼儿劳动教育

幼儿劳动教育是幼儿全面发展教育的重要内容之一。本节从幼儿劳动的特点入手，介绍幼儿劳动教育的性质及意义、幼儿劳动教育的目标与内容、幼儿劳动教育实施的途径与手段，以及实施幼儿劳动教育应当注意的问题。

一、幼儿劳动的特点

一般的劳动是指人们有目的、有意识地运用体力和智力改造外部世界，从而创造价值的实践活动。幼儿劳动具有许多明显不同于成年人劳动的特点。

1. 幼儿劳动的简单化、生活化

人在幼儿阶段，身心发育尚未成熟，尤其是在手眼协调能力、手部精细动作、大肌肉及大活动发展几个方面，还处于最基础、最初始的薄弱脆嫩阶段。所以，幼儿能够参与的劳动都是一些最基础、最简单的初级劳动，以照顾自己的生活、促进生活自理能力，以及养成良好的生活作息及卫生习惯为主。即使一些为集体服务的劳动如值日生劳动和家务劳动，也主要是与幼儿的起居生活相关联的内容，而且多是轻微的、简单的辅助性劳动。

2. 幼儿劳动的游戏化

幼儿好奇、好动、好模仿，喜欢自己动手参与劳动，但往往目的性并不明确。他们不在意劳动的成果，也不能深刻理解劳动的社会意义，而是从兴趣出发，以游戏的方式模仿成人劳动，边玩边做，满足于劳动过程中自己的动作，喜爱的是用来劳动的材料和工具。尤其是年龄小的幼儿，劳动就是游戏，或者是以游戏的方式完成劳动的要求。其实，即使到了大班，幼儿劳动中游戏的特点也还不会完全消退，边玩边做的现象时有发生。总的来看，幼儿的劳动参与以游戏为基本活动。

二、幼儿劳动教育的性质及意义

1. 幼儿劳动教育的性质

幼儿劳动教育是指幼儿园通过引导幼儿观察、认识、模仿成人劳动，参加自我服务、为集体服务、种植、饲养等简单劳动，教育幼儿初步认识各种劳动的意义，培养幼儿热爱劳动、尊重劳动者、珍惜劳动成果的道德情操，帮助幼儿学习初步的劳动知识、劳动技能并养成初步劳动习惯的教育。

2. 幼儿劳动教育的意义

（1）劳动教育能培养幼儿优秀的品格

幼儿劳动教育的实践证明，经常参加劳动的幼儿能亲眼观察到劳动前后事物的变化，看到劳动的成果，体验到成功的欢乐，感受到自己是有能力的人，从而激发起学习和探索的愿望和自信、自立、自主、自强的精神；经常参加劳动的幼儿能亲身体验劳动的艰辛和劳动成果来之不易，从而养成尊重他人劳动、爱惜物品、爱护公物的优良品德；经常参加劳动的幼儿能养成坚持完成任务的意志力、与同伴协同合作的责任感，以及热爱劳动的习惯。以上种种，不仅会影响幼儿进入小学后对学校生活的适应能力、对待学习的态度，甚至还关系到人一生中勤与懒、独立与依赖、奉献与索取等个性品质的形成。可见，幼儿劳动教育对幼儿的发展具有重要意义。

（2）劳动教育能使幼儿获得直接经验

《3—6岁儿童学习与发展指南》（本书以下简称《指南》）指出“幼儿的学习是以直接经验为基础”，直接经验必须通过亲身实践才能获取，而幼儿正是在劳动过程中，通过自身的操作和感知获得直接经验的。幼儿在劳动的实践活动中，生动地、直观地认识所接触的事物的性质和特征，扩大了认识的范围，丰富了生活经验，并从运用工具和材料的操作活动中学习初步的劳动知识和简单的劳动技能。

（3）劳动教育能促进对幼儿的整体性教育

劳动教育能够促进幼儿身心健康发展。这是因为，劳动教育能为幼儿提供锻炼身体的机会，帮助幼儿各器官系统得到积极活动，尤其是可以促进其大小肌肉的发育和手眼协调发展，还能提高大脑的控制和调节机能。而且，劳动过程中幼儿能够形成积极愉快的情绪情感。

劳动教育能够提高幼儿的语言表达能力。这是因为，劳动教育能够为幼儿创设自由、宽松的语言交往环境，促进幼儿在劳动过程中与成人、同伴交流。同时，为了完成劳动任务，幼儿在劳动中必须集中注意力，运用各种感官，积极思考，相应促进了其智力的发展。

劳动教育能够增强幼儿的社会性。这是因为，劳动教育能够提升幼儿人际交往与社会适应能力，支持幼儿学会遵守社会规则，建立基本的认同感和归属感。

劳动教育能够培养幼儿的科学探究意识和能力。这是因为，劳动教育能够为幼儿提供发现问题、分析问题和解决问题的机会，帮助幼儿不断积累科学探究的经验。

劳动教育能够帮助幼儿感受美、欣赏美、表现美、创造美。这是因为，幼儿通过自己的劳动，使个人的仪容保持整洁，通过自己对外在事物的改造，使周围的世界变得更加美好。幼儿由此也认识到爱劳动是人的美德，从而产生用自己的劳动追求美的愿望。

综上所述可见，劳动教育能够促进幼儿健康、语言、社会、科学和艺术五大领域的发展及其相互的融合渗透，充分体现了对幼儿的整体性教育。

思考与讨论

“通过劳动，人才具有用心灵去认识周围世界的能力”是谁的名言？通过请教教师或查找资料，简要介绍其生平及主要成果。

三、幼儿劳动教育的目标与内容

1. 幼儿教育劳动的目标

《规程》《幼儿园教育指导纲要（试行）》（本书以下简称《纲要》）《指南》等暂时没有对幼儿园劳动教育专门提出明确的目标要求。总结幼儿园劳动教育实践，可以认为，幼儿园通过幼儿劳动教育，应当让幼儿初步认识到各种劳动的意义，初步形成热爱劳动、尊重劳动者、珍惜劳动成果的道德情操，学会基本的劳动知识、劳动技能尤其是基本的生活技能，初步养成良好的劳动习惯。

2. 幼儿劳动教育的内容

（1）幼儿生活自我服务的劳动教育

幼儿生活自我服务的劳动主要包括独立进餐、睡眠、盥洗、如厕、穿脱衣服和鞋袜、清洁整理生活用品等与幼儿日常生活息息相关的方方面面的劳动，是幼儿自己照料自己的劳动。

幼儿生活自我服务的劳动是幼儿从依赖成人照顾到进入独立生活不可缺少的劳动锻炼过程，对培养幼儿生活自理能力和劳动习惯有重要的意义。所以，幼儿生活自我服务的劳动教育在幼儿劳动教育中占有重要的地位。

（2）幼儿为集体服务的劳动教育

幼儿为集体服务的劳动是指在教师组织指导下，幼儿为班级、幼儿园、家庭、社区等进行的力所能及的劳动，主要包括集体劳动、值日生劳动、个别委托劳动和家务劳动等几种形式。

幼儿为集体服务的劳动能培养幼儿对他人的关心和为集体服务的义务感和责任感，也是幼儿爱集体教育的有效途径。所以，幼儿为集体服务的劳动教育是幼儿园劳动教育的重要内容。

（3）种植和饲养劳动教育

种植和饲养劳动是幼儿在亲密接触自然环境过程中进行的劳动。劳动中，幼儿亲自参加种植一些易于管理和较短时间能见到成果的农作物，或者照料适于幼儿饲养的小动物。种植和饲养过程可丰富幼儿的感性认识，开阔幼儿的眼界，使幼儿初步学习一些动植物的生长规律、人的劳动与动植物生长的关系等粗浅的知识，满足幼儿的好奇心，激发幼儿的求知欲和对科学知识的兴趣。此外，劳动还能培养幼儿认真负责、持久细心的劳动态度，并使其获得劳动成果来之不易的情感体验，受到爱惜劳动成果和保护动植物的教育。所以，种植和饲养劳动教育是一种对幼儿非常有吸引力、有意义的劳动教育。

从组织方式来看，种植和饲养劳动往往具有集体劳动的性质。

（4）手工劳动教育

手工劳动是指幼儿运用材料进行手工制作的劳动，如自制玩具、学具、室内外装饰物、娱乐和体育活动用品等。手工劳动不仅能使幼儿认识各种材料的性能，学习加工和制作的技能，还能发展幼儿的注意力、想象力和创造力。所以，手工劳动教育是一种有趣而有意义的幼儿劳动教育。

四、幼儿劳动教育的实施

1. 幼儿劳动教育实施的途径和手段

（1）通过主题活动实施幼儿劳动教育

开展以劳动教育为核心的主题活动，能够直接且有针对性地促进幼儿劳动知识、技能和情感等方面的发展。幼儿园应根据幼儿的年龄特征设计劳动教育主题活动。例如，对于小班幼儿，应侧重于解决自身基本生活需要的各种劳动知识和技能，让幼儿体会自己的事情自己做的自豪感；对于中班幼儿，可以引导其参与家务劳动、园所劳动，培养服务他人的合作意识；对于大班幼儿，可以引导其参与公益劳动类的劳动实践，通过相互合作完成社会劳动任务的形式，培养其社会公德和公民意识。

（2）通过游戏活动实施幼儿劳动教育

游戏是幼儿最喜欢的活动形式，把劳动教育设计成游戏活动，让幼儿在玩中学，在玩中做，幼儿参与意识强，积极性高，往往会收到事半功倍的教育效果。

通过游戏活动实施幼儿劳动教育，首先应根据活动需要创设不同的区域（也称区角）供幼儿进行劳动，并适时给予劳动知识和技能方面的指导。例如，在“小作坊”区域引导幼儿玩泥巴、剪纸、制作玩具、装饰器材等，不仅使幼儿认识了各种材料的性能，学习到加工和制作的技能，还可以使幼儿体验到创作的乐趣。其次，游戏活动结束，教师应引导幼儿收拾游戏材料、分类物品并摆放整齐，对幼儿的劳动行为进行及时且适度的激励，从而激发幼儿的劳动热情。

（3）通过一日生活活动实施幼儿劳动教育

生活即教育。幼儿的劳动教育应与其一日生活紧密关联，主要包括生活自我服务的劳动教育和为集体服务的劳动教育两种途径。其中，生活自我服务的劳动教育可以帮助幼儿培养生活的自理能力和劳动习惯。例如，在餐饮活动中指导幼儿自洗碗勺、擦拭饭桌；在睡眠活动中指导幼儿收拾被子、穿脱衣服、叠放衣物；在盥洗活动中指导幼儿自取毛巾、使用牙刷、洗刷杯子；在如厕活动中指导幼儿自脱裤子、使用厕纸、会用厕具。为集体服务的劳动教育中，幼儿在教师的组织、引导下，可以为班级、幼儿园做力所能及的事。例如，指导幼儿在班级中清扫活动室、摆放图书、清洗玩具，在幼儿园中捡垃圾、修剪树木，能够培养幼儿为集体服务的义务感和责任感。

思考与讨论

“生活即教育”是我国哪一位著名教育家的观点？

2. 实施幼儿劳动教育应该注意的问题

（1）重视发挥幼儿劳动教育的教育作用

幼儿园要明确幼儿劳动教育的目的，计划并安排好实施幼儿劳动教育的各个步骤，在劳动教育过程中，不仅重视幼儿劳动知识和劳动技能的学习，更要充分发挥劳动的教育作用，让教育贯穿于劳动的全过程。例如：有的幼儿生活自我服务的能力差，不会穿脱衣服，不会叠被子，没有收拾玩具的习惯；有的幼儿看见小椅子倒了，从一边绕过去，甚至用脚踢；有的幼儿毫不在意地把碎纸片扔在干净的地板上，把不喜欢吃的饭菜丢在地上。针对这些现象，幼儿园在实施幼儿劳动教育的过程中，要注意引导幼儿通过劳动过程认识劳动的意义，体验劳动创造的乐趣，热爱劳动，同时，引导幼儿认识劳动的艰辛，尊重劳动，珍惜他人的劳动成果，并逐步形成良好的劳动习惯。

把幼儿劳动教育看成实施劳动项目，把幼儿当作劳动力使用，甚至把劳动当成惩罚幼儿的手段，或者追求经济效益的观点和做法都是错误的，是不允许的。

（2）创设良好的幼儿劳动教育环境

鉴于幼儿劳动的特殊性，实施幼儿劳动教育时，良好的劳动教育环境即劳动场所和设施就显得更为重要。例如，幼儿园根据各年龄班的劳动教育内容，可在室内创设自我服务“动手角”，幼儿随时可进行系鞋带、穿衣服、扣纽扣、叠被子等游戏性练习及比赛活动。教师利用幼儿园的边角空地，可在室外开辟种植园、养殖角。幼儿可在种植园学习种瓜、种豆，及时给植物松土、浇水、施肥、除草、采摘果实；幼儿可在养殖角学习饲养各种小动物，不但随时了解这些动物的特征、习性，而且还能利用零散时间，随时对小动物进行观察、保护，在实践中学会关心爱护小动物。

（3）科学安排幼儿劳动教育的内容

科学安排幼儿劳动教育的内容，要求幼儿劳动的内容、时间、难易程度和劳动量等要适合幼儿的身心发展特点。例如，小班幼儿自理能力差，教师可以安排其学习洗手、穿脱衣服、整理玩具和图书、吃饭等；中班幼儿的生活自理能力有所增强，教师可以安排其学习洗脸、刷牙、叠被子、系鞋带、扣纽扣、洗手帕、洗玩具、分发碗筷等；大班幼儿自理能力更强，教师可以安排其学习穿针引线，帮助教师扫地、倒垃圾，整理床铺、收拾碗筷，以及种植、养殖等。

（4）注意幼儿劳动教育形式多样化、方式趣味性

幼儿对劳动的兴趣和愿望是幼儿参加劳动的内在动力。为了培养幼儿对劳动的兴趣，并最终形成热爱劳动的道德情操，教师要注意利用生动活泼、多种多样的形式实施幼儿劳动教育。例如，在幼儿自我生活服务的劳动中，教师就可通过儿歌、故事、歌舞表演、游戏等活动形式，引导幼儿实际操作，进行反复练习，学习生活技能，既增强了幼儿的兴趣，也增强了教育的效果。又如，教师可安排幼儿先在自然角将准备种植的种子进行是否发芽的小试验，确定发芽后再进行种植。其他如鼓励幼儿提出和他人不相同的自制玩具的设想和构思、启发幼儿结合劳动内容提出新颖有趣的问题等，都符合幼儿劳动教育的形式多样化、方式趣味性的要求，都能引导幼儿保持对劳动的兴趣。

（5）注意劳动教育中对幼儿进行差异化教育

《指南》指出，应“充分理解和尊重幼儿发展进程中的个别差异，支持和引导他们从

原有水平向更高水平发展”，《幼儿园教师专业标准（试行）》也明确要求“了解幼儿在发展水平、速度与优势领域等方面的个体差异，掌握对应的策略与方法”。在劳动教育中，教师要通过把握幼儿的发展水平和劳动状态，为每个幼儿创设适宜的活动，支持幼儿按照自身的力量、速度和方式进行劳动；让每个幼儿有机会充分表述自己的观点，并在与他人的交流中反思和改进这些观点；使用多种标准对幼儿的劳动过程和结果进行评价。总之，教师要在劳动教育中对幼儿进行差异化教育，不能“一刀切”。

（6）强化家园配合、同步要求

《纲要》强调：幼儿园应“与家庭、社区合作，引导幼儿了解自己的亲人以及与自己生活有关的各行各业人们的劳动，培养其对劳动者的热爱和对劳动成果的尊重”。对幼儿进行劳动教育离不开家长的配合与支持，否则，幼儿园与家庭要求不一致，家长事事处处包办代替，幼儿劳动习惯和劳动情感的培养难以见成效。为此，教师要充分利用家长园地、家访等形式向家长宣传劳动教育的意义和方法，要求家长为幼儿创造良好的劳动环境，提供一定的劳动条件，鼓励幼儿自己能做的事情自己做，并做一些力所能及的家务劳动，不要因幼儿不会做或做不好而制止、训斥、替代，使幼儿失去练习的机会。同时，教师要定期向家长公布劳动教育内容，以便取得配合，形成家园合力。

（7）重视劳动教育过程的安全与卫生

幼儿身心发育尚未完善，缺乏自我保护的能力和知识经验，实施幼儿劳动教育尤其要在安全、卫生的条件下进行。例如，在劳动环境的创设方面，不能让幼儿在下雨、刮风或酷暑严寒的气候条件和有噪声、污染或尘土飞扬的环境中劳动，禁止让幼儿在陡坡、河岸边、水井旁和有车辆过往的地方劳动；在劳动工具的选择方面，除了种类齐全、数量充足以外，必须适合幼儿的身体情况，轻便、牢固，方便每名幼儿使用，而且要建立使用劳动工具的常规要求，防止事故发生；在劳动量大小和时间长短方面，要适合幼儿的体力、耐性等特点，最长的劳动时间不要超过 30 分钟，还要注意指导幼儿的劳动姿势，不能让幼儿长时间负重、弯腰、站立或下蹲等。

除了注意一般的要求，教师还要细心观察幼儿在劳动教育过程中身体状况的变化，如果发现个别幼儿有气喘、出汗多、脸色不正常等现象，应立即询问了解情况，安排幼儿及时休息或就医。

（8）坚持幼儿劳动教育的一贯性

幼儿劳动教育的实践证明，只有通过长期的劳动教育，才能帮助幼儿养成正确的劳动态度，学会简单的劳动技能，形成良好的劳动习惯。所以，幼儿园实施幼儿劳动教育要坚持一贯性，即保持幼儿劳动教育的连续性和系统性。这就要求幼儿园不仅每次组织幼儿劳动要过程完整，而且要有计划地由易到难、从简单到复杂，经常性、制度化、持之以恒地组织幼儿劳动。例如，对于幼儿每天的值日劳动，教师要引导幼儿保质保量地完成值日任务；对于幼儿每个学期的值日劳动，教师要鼓励幼儿持之以恒、善始善终，而且要引导幼儿不断总结、改进，提高值日质量。

方法不同，效果不同

中秋节快到了，幼儿园提倡各年龄班制作灯笼装饰活动室。

大一班教师提议用废旧材料制作灯笼。幼儿各自回家搜集了诸如牙膏盒、纸巾盒、食品盒等各种材料。教师把幼儿搜集的各种材料分类摆放，另外又准备了剪刀、胶水等工具和彩纸等辅助材料，让幼儿以同桌两人为一组，并建议每组经过协商，选择自己喜欢的材料、采用自己想到的方式方法制作灯笼，教师在一旁随机指导。结果，每组幼儿都制作了具有本组特色的中秋节灯笼，挂在活动室里，五彩缤纷，琳琅满目，不仅本班幼儿喜爱有加，还吸引了邻班幼儿纷纷前来参观。

大三班教师自己准备了统一的材料，耐心细致地教给幼儿制作灯笼的步骤，然后让幼儿以同桌两人为一组，制作灯笼。结果各组制作了一模一样都很漂亮的灯笼，挂在活动室里整齐划一。

作　业

一、简答题

1. 解释知识、技能、智力、幼儿劳动教育的含义。
2. 如何引导幼儿从他律阶段向自律阶段发展?
3. 幼儿智育包括哪五个方面的内容?
4. 幼儿体育包括哪六个方面的内容?
5. 幼儿劳动教育实施的途径和手段包括哪几个方面?
6. 实施幼儿劳动教育，应当注意哪几个方面的问题?

二、实践题

组织一次专题学习讨论会，以学习小组为单位，学习《规程》中“幼儿园教育的目标、任务、原则”的内容。在小组讨论的基础上，每组推选一名代表，综合谈谈各组学习的体会。

第四章
幼儿园教育的基本要素

要从事幼儿园教育工作，必须明确幼儿园教育的基本要素。关于幼儿园教育基本要素的范畴，一种观点认为，幼儿园教育基本要素包括幼儿教师、幼儿、幼儿园环境，另一种观点认为，除了幼儿教师、幼儿、幼儿园环境，幼儿园教育基本要素还包括幼儿园课程。本章围绕幼儿教师、幼儿、幼儿园环境、幼儿园课程展开学习。

第一节　幼儿教师

一般地说，幼儿教师是指接受过专门的幼儿师范教育，获得国家认定的幼儿教师职业资格，胜任幼儿教育工作的幼儿教育专业人员。本节介绍幼儿教师的职业特点、权利、义务、职责，以及幼儿教师的职业素养要求。

一、幼儿教师的职业特点

1. 幼儿教师职业的角色特点

对于幼儿来说，幼儿教师不仅仅是幼儿知识、技能和经验的传递者，而且是幼儿生活活动的照料者，学习活动的支持者、合作者、引导者，还是幼儿适应社会生活的引路人。

（1）幼儿生活活动的照料者

幼儿教师是幼儿生活活动的照料者。幼儿园双重任务的第一项就是对幼儿实施保育和教育。在实际的办园过程中，保育过程蕴含着教育的因素，教育过程必须注意对幼儿的保育，二者是紧密结合在一起的，那种“保育是保育员的事”的观点和做法是不正确的，现实中也是行不通的。

（2）幼儿学习活动的支持者、合作者、引导者

幼儿教师为幼儿提供的支持包括物质和心理两方面。其中，物质支持包括创造丰富的物质环境，心理支持主要是指关怀、尊重和接纳幼儿。只有为幼儿创设丰富的物质环境和宽松的心理环境，幼儿才能进一步学习、实践和探究。

幼儿教师以“合作伙伴”的身份参与到幼儿的学习、实践和探究中去，有利于淡化甚至消除传统意义上“师道尊严”的师幼关系，将幼儿的学习、实践和探究活动变为师幼双边活动，避免了生搬硬套的“填鸭式”传授。

幼儿教师采用多种形式，有目的、有计划地引导幼儿生动、活泼、主动地参与学习活动，并使幼儿在教师指导下有效地学习，能够促进幼儿身心的健全发展。

（3）幼儿适应社会生活的引路人

幼儿园是幼儿最早接触的家庭以外的社会环境，因此，幼儿教师是幼儿学习社会行为规范和人际交往方法，体验社会角色，初步学习适应社会生活的引路人。幼儿教师通过对班级的组织，对班内外和园内外丰富多彩的集体活动的指导，引导幼儿遵守集体规范、锻炼人际交往，从而培养幼儿适应集体生活的能力和热爱集体生活的感情，为将来走向社会奠定良好的基础。

2. 幼儿教师职业的劳动特点

（1）幼儿教师劳动的复杂性

幼儿教师劳动的复杂性是由幼儿的复杂性和教师任务的复杂性决定的。就幼儿的复杂性来看，幼儿的语言、行为能力很稚嫩，有些想法难以明确表达；幼儿与成年人各方面相差太多、太大，幼儿的有些思维、言行成年人不好理解；幼儿的身心发育很迅速，求知欲望非常强烈，好动、好奇的特点尤其突出，活动的范围有时超出幼儿教师的预想，使幼儿教师的劳动经常会遇到许多不可控制的因素等。就幼儿教师任务的复杂性来看，幼儿教师需要对幼儿进行保育和教育，需要结合幼儿接受能力和学习特点对幼儿进行指导，需要促进幼儿德智体美劳的全面发展，需要对幼儿家长进行育儿指导等。

你是否能举出几个印证幼儿教师劳动复杂性的实例？

（2）幼儿教师劳动的创造性

幼儿教师劳动的创造性表现在多个方面。第一，表现在对幼儿的因材施教上。幼儿教师不仅要针对幼儿集体的特点进行教育，还要针对幼儿个体的特点进行教育，确保每名幼儿都能健康成长。第二，表现在对教育内容的选择和处理以及教育原则、方法的运用上。幼儿教师必须根据教育目标，结合幼儿实际选择教育内容并创造性地选择和运用教育手段。第三，表现在幼儿教师的教育机智上，即对突发性教育情境作出迅速、恰当处理的随机应变能力。就像上面所指出的那样，在对幼儿的教育过程中，幼儿教师的劳动经常会遇到许多不可控制的因素，这就需要幼儿教师善于观察和捕捉教育情境的细微变化，灵活机动地采取恰当的措施，解决教育过程中出现的新问题，使教育收到最佳的效果。

（3）幼儿教师劳动的示范性

教师劳动的特点之一，就是通过示范的方式，用自己的思想、学识和言行直接影响学生，这就是教师劳动的示范性。由于幼儿具有天真的模仿能力，幼儿教师劳动的示范性尤其突出。可以说，幼儿教师是幼儿园最重要的师表，是最直观、最有教益的模范，是幼儿最活生生的榜样。任何一名幼儿教师都在对幼儿起着直接的、重要的影响作用。“这是我们老师说的”“我们老师就是这样做的”，幼儿的这些口头禅就是对幼儿教师劳动的示范性的最好例证。

（4）幼儿教师劳动效果的长期性

幼儿教师劳动效果具有长期性。一方面，是因为每一名幼儿在德、智、体、美、劳等方面的发展是个长期的、反复的过程，幼儿教师培养幼儿，要付出长期的、大量的劳动，才能获得比较理想的劳动效果，因而幼儿教师劳动的周期比较长。另一方面，幼儿时期是一个人的启蒙时代，幼儿教育是基础教育的基础，幼儿教师所从事的劳动是人才培养的奠基性劳动，教师的劳动对于幼儿的影响是长期的，甚至能影响幼儿一生。

二、幼儿教师的权利、义务和职责

1. 幼儿教师的权利和义务

《中华人民共和国教师法》赋予了教师应当享有的权利，规定了教师应当承担的义务。幼儿教师属于教师，享有法律赋予的权利，同时必须承担法律规定的义务。

（1）幼儿教师的权利

第一，进行保育和教育活动，开展保育和教育改革和实验的权利；第二，从事科学研究、学术交流，参加专业的学术团体，在学术活动中充分发表意见的权利；第三，指导幼儿学习和发展，评定幼儿成长发展的权利；第四，按时获得工资报酬，享受国家规定的福利待遇及带薪休假的权利；第五，参加幼儿园民主管理的权利；第六，参加进修或者其他方式的培训的权利。

（2）幼儿教师的义务

第一，遵守法律和道德，为人师表；第二，贯彻党的教育方针，遵守规章制度，执行幼儿园保教计划，履行聘约，完成工作任务；第三，按照国家规定的保教目标，组织、带领幼儿开展活动；第四，关心爱护全体幼儿，尊重幼儿人格，促进幼儿全面发展；第五，制止有害幼儿的行为和其他侵犯幼儿合法权益的行为，批评和抵制有害幼儿健康成长的现象；第六，不断提高思想政治觉悟和教育教学业务水平。

思考与讨论

你能说出《中华人民共和国教师法》中教师的六大权利和六条义务的主要内容吗？

2. 幼儿教师的职责

《规程》第四十一条规定，幼儿园教师对本班工作全面负责，其主要职责如下：第一，观察了解幼儿，依据国家有关规定，结合本班幼儿的发展水平和兴趣需要，制订和执行教育工作计划，合理安排幼儿一日生活；第二，创设良好的教育环境，合理组织教育内容，提供丰富的玩具和游戏材料，开展适宜的教育活动；第三，严格执行幼儿园安全、卫生保健制度，指导并配合保育员管理本班幼儿生活，做好卫生保健工作；第四，与家长保持经常联系，了解幼儿家庭的教育环境，商讨符合幼儿特点的教育措施，相互配合共同完成教育任务；第五，参加业务学习和保育教育研究活动；第六，定期总结评估保教工作实效，接受园长的指导和检查。

思考与讨论

从《规程》中查找“保育员职责”并进行学习。

三、幼儿教师的职业素养要求

幼儿教师的职业素养是幼儿教师能否踏上幼教工作岗位的必要条件。

1. 幼儿教师的职业道德要求

根据《规程》和《幼儿园教师专业标准（试行）》以及《新时代幼儿园教师职业行为十项准则》，结合幼儿教师的职业实践，幼儿教师的职业道德要求主要包括以下几个大的方面：第一，坚持以习近平新时代中国特色社会主义思想为指导，拥护中国共产党的领导，热爱祖国，忠于人民；第二，自觉贯彻党和国家的教育方针政策，践行社会主义核心价值体系，落实立德树人根本任务；第三，恪守宪法原则，遵守法律法规，依法履行教师职责；第四，热爱幼儿教育事业，具有职业理想和敬业精神；第五，具有良好的职业道德修养，自觉履行教师职业道德规范，坚持原则，处事公道，清廉从教，为人师表；第六，富有爱心、耐心和细心，尊重并维护幼儿合法权益，平等对待每一名幼儿；第七，增强安全意识，加强安全教育，保护幼儿安全，防范事故风险；第八，遵循幼教规律，做幼儿健康成长的启蒙者和引路人；第九，具有团队合作精神，积极开展协作与交流。

思考与讨论

其他幼儿离园后，教师让没有完成任务的幼儿留下，陪伴幼儿继续完成没有完成的任务，是不是体罚或者变相体罚幼儿？

2. 幼儿教师的专业理念要求

所谓专业理念，主要是指人对某一专业的理解、认识、态度。

《幼儿园教师专业标准（试行）》中对幼儿教师需要具备的专业理念提出了如下要求：第一，认同幼儿园教师的专业性和独特性，注重自身专业发展；第二，重视生活对幼儿健康成长的重要价值，积极创造条件，让幼儿拥有快乐的幼儿园生活；第三，注重保教结合，培育幼儿良好的意志品质，帮助幼儿养成良好的行为习惯；第四，重视环境和游戏对幼儿发展的独特作用，创设富有教育意义的环境氛围，将游戏作为幼儿的主要活动；第五，重视丰富幼儿多方面的直接经验，将探索、交往等实践活动作为幼儿最重要的学习方式；第六，注重保护幼儿的好奇心，培养幼儿的想象力，发掘幼儿的兴趣爱好；第七，尊重个体差异，主动了解和满足有益于幼儿身心发展的不同需求；第八，重视自身日常态度言行对幼儿发展的重要影响与作用；第九，重视幼儿园、家庭和社区的合作，综合利用各种资源。

3. 幼儿教师的知识结构要求

《幼儿园教师专业标准（试行）》中提出了以下三个方面幼儿教师知识结构方面的要求。

（1）幼儿发展知识

这方面的要求包括：第一，了解关于幼儿生存、发展和保护的有关法律法规及政策规定；第二，掌握不同年龄幼儿身心发展特点、规律和促进幼儿全面发展的策略与方法；第三，了解幼儿在发展水平、速度与优势领域等方面的个体差异，掌握对应的策略与方法；第四，了解幼儿发展中容易出现的问题与适宜的对策；第五，了解有特殊需要幼儿的身心发展特点及教育策略与方法。

（2）幼儿保育和教育知识

这方面的要求包括：第一，熟悉幼儿园教育的目标、任务、内容、要求和基本原则；第二，掌握幼儿园各领域教育的学科特点与基本知识；第三，掌握幼儿园环境创设、一日生活安排、游戏与教育活动、保育和班级管理的知识与方法；第四，熟知幼儿园的安全应急预案，掌握意外事故和危险情况下幼儿安全防护与救助的基本方法；第五，掌握观察、谈话、记录等了解幼儿的基本方法和教育心理学的基本原理和方法；第六，了解 0~3 岁婴幼儿保教和幼小衔接的有关知识与基本方法。

（3）通识性知识

这方面的要求包括：第一，具有一定的自然科学和人文社会科学知识；第二，了解中国教育基本情况；第三，具有相应的艺术欣赏与表现知识；第四，具有一定的现代信息技术知识。

4. 幼儿教师的能力结构要求

幼儿教师的职业特点及其权利、义务和职业要求，决定了幼儿教师必须具备多元化职业能力。《幼儿园教师专业标准（试行）》对幼儿教师的职业能力结构提出了如下几个方面的要求。

（1）环境的创设与利用能力

这方面的能力包括：第一，建立良好的师幼关系，帮助幼儿建立良好的同伴关系，让幼儿感到温暖和愉悦；第二，建立班级秩序与规则，营造良好的班级氛围，让幼儿感受到安全、舒适；第三，创设有助于促进幼儿成长、学习、游戏的教育环境；第四，合理利用资源，为幼儿提供和制作适合的玩教具和学习材料，引发和支持幼儿的主动活动。

（2）一日生活的组织能力

这方面的能力包括：第一，合理安排和组织一日生活各个环节，将教育灵活地渗透到一日生活中；第二，科学照料幼儿日常生活，指导和协助保育员做好班级常规保育和卫生工作；第三，充分利用各种教育契机对幼儿进行随机教育；第四，有效保护幼儿，及时处理幼儿常见事故，发生危险情况时优先救护幼儿。

（3）游戏活动的支持与引导能力

这方面的能力包括：第一，提供符合幼儿兴趣需要、年龄特点和发展目标的游戏条件；第二，充分利用与合理设计游戏活动空间，提供丰富、适宜的游戏材料，支持、引发和促进幼儿的游戏；第三，鼓励幼儿自主选择游戏内容、伙伴和材料，支持幼儿主动地、创造性地开展游戏，充分体验游戏的快乐和满足；第四，引导幼儿在游戏活动中获得身体、认知、语言和社会性等多方面的发展。

（4）教育活动的计划与实施能力

这方面的能力包括：第一，制订阶段性的教育活动计划和具体活动方案；第二，在教育活动中观察幼儿，根据幼儿的表现和需要调整活动，并给予适宜的指导；第三，在教育活动的设计和实施中体现趣味性、综合性和生活化，灵活运用各种组织形式和适宜的教育方式；第四，提供更多的操作探索、交流合作、表达表现的机会，支持和促进幼儿主动学习。

（5）激励与评价能力

这方面的能力包括：第一，关注幼儿日常表现，及时发现和欣赏每名幼儿的点滴进步，注重激发和保护幼儿的积极性、自信心；第二，有效运用观察、谈话、家园联系、作品分析等多种方法，客观、全面地了解和评价幼儿；第三，有效运用评价结果，指导下一步教育活动的开展。

（6）沟通与合作能力

这方面的能力包括：第一，使用符合幼儿年龄特点的语言进行保教工作；第二，善于倾听，和蔼可亲，与幼儿进行有效沟通；第三，与同事合作交流，分享经验和资源，共同发展；第四，与家长进行有效沟通合作，共同促进幼儿发展；第五，协助幼儿园与社区建立合作互助的良好关系。

（7）反思与发展能力

这方面的能力包括：第一，主动收集分析相关信息，不断进行反思，改进保教工作；第二，针对保教工作中的现实需要与问题进行探索和研究；第三，制定专业发展规划，积极参加专业培训，不断提高自身专业素质。

5. 幼儿教师的体质要求

（1）体质的含义

体质即人的身体质量，它是人体在体格、体能、适应能力和心理因素等各方面表现出来的相对稳定的综合特征，是身体发展状况的综合表现。其中，体格是指人的生长发育、体形和身体姿势；体能包括生理机能、身体素质、身体基本活动能力，生理机能即人体各器官系统工作的能力如脉搏、血压、肺活量等指标，身体素质即身体活动的速度、灵活性、柔韧性、平衡能力、耐力等，身体基本活动能力包括走、跑、跳、投掷、攀登、钻、爬等基本动作；适应能力即人体从生理和心理上对外界环境（包括自然环境和社会环境）各种变化的应变能力；心理因素包括所有心理活动的运动、变化过程，包括积极心理因素（如兴奋、期待、热烈、肯定、信任、尊敬等）和消极心理因素（如紧张、沮丧、恐惧、冷漠、怀疑、否定、鄙视等）。

因此，通常有人将体质理解为身体素质，其实是有片面性的，因为身体素质只是体质当中体能的一个方面。

思考与讨论

比较身体素质和素质教育两个概念中“素质”含义的不同。

（2）幼儿教师要具有健康的体质

幼儿教师职业的特点尤其是劳动的复杂性，决定了幼儿教师必须具有健康的体质。

1）幼儿教师必须身体健康。幼儿教师每天都要从早到晚保育和教育一群天真活泼的幼儿，只有身体健康、精力充沛，才能长时间陪伴幼儿、照料幼儿并组织指导幼儿开展丰富多彩的活动。反之，如果幼儿教师身体状况欠佳，必然导致精神状态欠佳，这种状态不仅难以保障自身顺利完成工作任务，而且很容易感染幼儿，造成班级气氛压抑甚至沉闷，长此以往，就会影响幼儿身心健康。此外，幼儿教师在组织指导幼儿开展活动的过程中，往往既要示范动作要领，又要作为活动中的一员与幼儿一起进行活动，这对幼儿教师体格、体能方面的素质都提出了一定的要求。

2）幼儿教师必须心理健康。幼儿教师心理素质健康的表现是多方面的，诸如热情开朗、富有亲和力的性格，乐观、平和、积极向上的心态，善于自我调节的适应能力，耐心、恒心、勇于战胜挫折的意志品质等。健康的心理素质不仅能够促进幼儿教师做好各项具体工作，同样能够感染幼儿、影响幼儿，除了能够获得幼儿的喜爱和信赖，增强幼儿的向心力，营造团结、活泼的班级氛围，还能促进全班幼儿沿着积极向上的方向健康成长。因此，幼儿教师应具有健康的心理素质。

四、幼儿教师的专业发展

1. 幼儿教师专业发展的含义

幼儿教师的专业发展是指幼儿教师通过各种途径，不断提升专业能力，成为成熟教师甚至优秀教师的过程。《幼儿园教师专业标准（试行）》中多次提到幼儿教师要不断学习、进步、发展，可见幼儿教师专业发展的重要性。分析总结许许多多幼儿教师的职业生涯可以发现，幼儿教师只有实现了专业发展，才能为幼儿教育事业做出更大的贡献，才能不断提升自我职业生涯的层次，才能获得更多的收获。

2. 幼儿教师专业发展的途径与方法

促进教师沿着积极的专业化方向健康发展，需要社会尤其是有关教育管理机构、用人单位、教师共同努力。但是，教师专业发展的决定因素在于教师本身。就教师自身来看，要想获得专业发展，要有专业发展的意识，要制定专业发展规划，要结合实际工作，主动寻找多种途径，持之以恒地促进自己的专业发展。

幼儿教师促进自身专业发展的途径与方法主要包括以下几个方面：第一，尽快完成角色转变。从学生到教师的角色转换要有一个过程，要实现这一转变，除了积极参加单位组织的新入职教师集中培训，还需要在工作、学习、生活等方面虚心向有经验的老教师尤其是优秀教师学习一个阶段，使自己尽快适应教师职业。第二，尽心尽力做好本职工作。进入职业角色之后，尽心尽力做好自己的教育与教学本职工作，是专业发展的主渠道。“实践出真知”，只有在工作过程中尽心尽力，才能发现自己的长处与不足，不断总结，扬长补短，促进自身不断进步。第三，积极参与教研活动。只有积极参与业务观摩、课题研讨等教研活动，才能使自己开阔眼界、兼收并蓄，促使自己的专业水平驶入成长快车道。第四，坚持专业与教育两个方面的学习。在努力工作的基础上，通过自学、函授、参加短期培训、脱产进修等渠道，坚持学习，紧跟本专业与教育理论和技术发展的前沿，争做本行业的排头兵。第五，形成“固定成果”的职业习惯。注意将工作、学习过程中的积累形成课题、论文、专利、教材甚至专著，同时积极完成有关教科研任务，能促进自己的专业水准发生质的变化，引领自身向专家型教师行列迈进。

思考与讨论

有的教师学历很高，又是专业出身，自认为凭自己很深厚的基础就能长期保持优势，不用继续学习了。请谈一谈你对这一观点的认识。

第二节 幼　儿

一、幼儿作为受教育者的特点

1. 幼儿是全面发展的完整的人

幼儿身心各个方面的发展是相互联系、相互影响的，幼儿是全面发展的完整的人，如果偏废了某一个方面的发展，往往会影响到与其相关的其他方面的发展，会给幼儿以后的人生道路带来不可预知的消极影响。所以，把正处于人生发展奠基时期的幼儿看成是一个具有丰富个性的完整的人，实施全面发展教育，具有十分重要的现实和长远意义，这也是党和国家教育方针的要求。

当然，在全面发展的基础上，尊重幼儿发展的个性特征，因人而异，因材施教，与全面发展教育并不矛盾。那种凭借对幼儿某些所谓爱好、特长等的初步观察，就决定幼儿沿着某些方向发展，舍弃全面发展教育的观点和做法，是对幼儿不负责任的，是错误的。

2. 幼儿是具有主观能动性的人

幼儿的主观能动性是指幼儿对外界影响的选择、吸收和融合的主动反应能力，也包括幼儿对外界所做的创造性反应能力。

幼儿是有意识的人，对于外界事物是否接受、如何接受、接受到什么程度，是有主观能动性的，只是从婴儿到幼儿，从无知无识发展到有知浅识，这种能力总体比较浅薄，所以往往不被教育者所认识。

幼儿教育的实践说明幼儿是具有主观能动性的人，一切教育要求都必须符合幼儿的发展水平。如果教育者一味地把自己的意愿强加给幼儿，结果是欲求而不得，反而伤害了幼儿学习的积极性和主动性。正确的做法应当是创造适合幼儿兴趣和认识规律的教育情境，因材施教，因势利导，循循善诱，对症下药，引导幼儿积极主动地学习，这样才能获得最佳的教育效果。

3. 幼儿是具有巨大发展潜能的人

幼儿时期，人的知识、技能、经验的基础很薄弱，这就决定了幼儿的可塑性很强，因而具有很大的发展潜力。

幼儿的思维、言行天真无邪、无所顾忌，俗话说的“初生牛犊不怕虎”就是对幼儿这一特点的生动写照。幼儿的这一特点也是幼儿具有巨大发展潜力的重要因素。例如，幼儿的奇思妙想如能得到科学引导，并坚持大胆探索，或许最终成为现实。

4. 幼儿是处于发展过程中的个人

（1）幼儿是处于发展过程中的人

幼儿时期是一个人身体和心理发育特别旺盛的时期，在这一时期，幼儿的好奇心特别强烈，探索新鲜事物的兴趣是其他任何年龄段都无可比拟的，这种强烈的好奇心推动幼儿非常积极主动地探究外部世界，由此推动了幼儿的迅速成长。

（2）幼儿是发展中的个体

不同幼儿的先天特点不同，出生后受到社会环境的影响不同，发展过程也就不同。各种原因促成不同的幼儿逐渐形成各自不同的“风格”。不同幼儿独特的个性是客观存在的，幼儿教师不可回避也无法回避这一客观存在的现象。正确的做法应当是像上面所说的那样，在全面发展的基础上尊重幼儿发展的个性特征，因人而异，因材施教，培养具有独特个性的人。

二、幼儿在保育、教育过程中的地位

关于幼儿在保育、教育过程中的地位，可以从以下三个方面理解。

就幼儿园保育和教育的对象来看，幼儿是保育和教育活动的客体，教师是“保”和“教”的主体；就学习过程本身来看，幼儿是“学”的主体，教师是幼儿学习的引导者、指导者；幼儿是自身权利的主体，享有法律规定的有关权利。需要注意的是，幼儿年龄、身体、心智等客观条件导致幼儿行使自身权利受到限制，这就更需要全体教育者尊重幼儿的权利，保护（监护）幼儿行使其权利。

思考与讨论

不少人认为"小孩子什么也不懂"，很多人觉得"小孩子就要听大人的话"，你认为呢？

三、影响幼儿发展的主要因素

1. 教育的时间段与幼儿的发展

一般地说，3岁以前的婴幼儿按照生命体初期的自然发展规律成长，学科上叫婴幼儿自己的成长"大纲"；学龄期儿童开始按照学校培养学生的计划即教育教学大纲学习成长；3~6岁的幼儿处于两者之间，由按照自己的大纲不断转化为按照学校的大纲学习成长。根据幼儿不同阶段身心发展的规律，抓住相应的时间段实施相应的教育，会取得事半功倍的效果，甚至会影响幼儿今后的发展。

2. 教育的方式与幼儿的发展

幼儿身体稚嫩、心智单纯，需要在与真实环境接触的过程中才能得到发展。所以说，幼儿的身心发展是通过幼儿与外界环境相互作用即幼儿的实践活动实现的。促进幼儿健康发展的最佳方式就是幼儿积极、科学的实践活动。其中，身体发育是幼儿通过与外界进行物质交换实现的，心理发育是幼儿通过与外界的人、事、物接触的过程中实现的。

实践证明，幼儿通过实践活动促进自身身心发展，不仅受到环境因素的影响，而且也受个体因素的影响。例如，生活条件好的幼儿体质发育好一些，教育环境好的幼儿心理发育好一些；一般来说，男性幼儿和女性幼儿不一样，而男性幼儿之间、女性幼儿之间各自也有差别。

四、幼儿在幼儿园阶段的发展目标

《规程》提出的幼儿园教育的国家目标，就是幼儿在幼儿园阶段发展的总体目标。《纲要》提出了幼儿在健康、语言、社会、科学、艺术各领域的发展目标，《指南》又对上述各领域目标进行了具体化，而且按年龄段进行了细化。

1. 健康

（1）《纲要》中提出的目标要求

《纲要》对幼儿在健康领域的发展提出的目标要求主要包括：身体健康，在集体生活中情绪安定、愉快；生活、卫生习惯良好，有基本的生活自理能力；知道必要的安全保健常识，学习保护自己；喜欢参加体育活动，动作协调、灵活。

（2）《指南》对《纲要》目标要求的具体化

在身心状况方面，具有健康的体态；情绪安定愉快；具有一定的适应能力。在动作发展方面，具有一定的平衡能力，动作协调、灵敏；具有一定的力量和耐力；手的动作灵活协调。在生活习惯与生活能力方面，具有良好的生活与卫生习惯；具有基本的生活自理能力；具备基本的安全知识和自我保护能力。

2. 语言

（1）《纲要》中提出的目标要求

《纲要》对幼儿在语言领域的发展提出的目标要求主要包括：乐意与人交谈，讲话礼貌；注意倾听对方讲话，能理解日常用语；能清楚地说出自己想说的事；喜欢听故事、看图书；能听懂和会说普通话。

（2）《指南》对《纲要》目标要求的具体化

在倾听与表达方面，认真听并能听懂常用语言；愿意讲话并能清楚地表达；具有文明的语言习惯。在阅读与书写准备方面，喜欢听故事，看图书；具有初步的阅读理解能力；具有书面表达的愿望和初步技能。

3. 社会

（1）《纲要》中提出的目标要求

《纲要》对幼儿在社会领域的发展提出的目标要求主要包括：能主动地参与各项活动，有自信心；乐意与人交往，学习互助、合作和分享，有同情心；理解并遵守日常生活中基本的社会行为规则；能努力做好力所能及的事，不怕困难，有初步的责任感；爱父母长辈、教师和同伴，爱集体、爱家乡、爱祖国。

（2）《指南》对《纲要》目标要求的具体化

在人际交往方面，愿意与人交往；能与同伴友好相处；具有自尊、自信、自主的表现；关心尊重他人。在社会适应方面，喜欢并适应群体生活；遵守基本的行为规范；具有初步的归属感。

4. 科学

（1）《纲要》中提出的目标要求

《纲要》对幼儿在科学领域的发展提出的目标要求主要包括：对周围的事物、现象感兴趣，有好奇心和求知欲；能运用各种感官，动手动脑，探究问题；能用适当的方式表达、交流探索的过程和结果；能从生活和游戏中感受事物的数量关系并体验到数学的重要和有趣；爱护动植物，关心周围环境，亲近大自然，珍惜自然资源，有初步的环保意识。

（2）《指南》对《纲要》目标要求的具体化

在科学探究方面，亲近自然，喜欢探究；具有初步的探究能力；在探究中认识周围事物和现象。在数学认知方面，初步感知生活中数学的有用和有趣；感知和理解数、量及数量关系；感知形状与空间关系。

5. 艺术

（1）《纲要》中提出的目标要求

《纲要》对幼儿在艺术领域的发展提出的目标要求主要包括：能初步感受并喜爱环境、生活和艺术中的美；喜欢参加艺术活动，并能大胆地表现自己的情感和体验；能用自己喜欢的方式进行艺术表现活动。

（2）《指南》对《纲要》目标要求的具体化

在感受与欣赏方面，喜欢自然界与生活中美的事物；喜欢欣赏多种多样的艺术形式和作品。在表现与创造方面，喜欢进行艺术活动并大胆表现；具有初步的艺术表现与创造能力。

思考与讨论

《指南》对《纲要》中各领域发展目标的具体化，顺序有和《纲要》不对应的情况，请举例说明上述内容中二者顺序不对应的内容。

第三节　幼儿园环境

幼儿园环境是幼儿园重要的教育资源。本节围绕幼儿园环境及其创设进行介绍。

一、幼儿园环境的性质及其作用

1. 幼儿园环境的性质

广义的幼儿园环境是指幼儿园保育和教育赖以进行的一切条件的总和，包括一切物质环境和精神环境。其中，物质环境是指对幼儿园教育产生影响的幼儿园内外一切天然物质环境和人为物质环境要素的总和，如自然风光、气候变化、城乡建筑、环境绿化、家庭物质条件、幼儿园物质环境等；精神环境是指对幼儿园教育产生影响的幼儿园内外一切精神环境要素的总和，如社会文化氛围、家庭氛围、幼儿园氛围等。

狭义的幼儿园环境是指幼儿园内部的物质环境和精神环境要素的总和。其中，幼儿园的物质环境是指对幼儿园教育产生影响的幼儿园内部一切物质环境要素的总和，如园舍建筑、设施设备、活动场地、活动材料、空间布局、绿化美化等；幼儿园的精神环境主要是指幼儿活动、交往所处的幼儿园的氛围，如幼儿园在一定时期的文化氛围、大众心理倾向、人际关系等。

2. 幼儿园环境的作用

幼儿身心发展的各个方面无一不受环境的作用和影响，所谓环境造人。

（1）幼儿园内部环境因素及其对幼儿的影响

幼儿园内部环境主要包括建筑设计、绿化美化、环境卫生、设备设施、作息时间、膳食结构、师幼关系、幼儿关系等要素。

幼儿园的环境一般都是人为设计和创建的，所以，幼儿园环境对幼儿的影响是有目的的、系统性的。

尤其需要提醒的是，幼儿园的精神环境虽是一种无形的环境，但对幼儿的发展，特别是对幼儿的个性品质及社会化的形成和发展具有十分重要的作用。只有为幼儿提供一个能使他们感到安全、温暖、平等、自由，能鼓励他们探索与创造的精神环境，幼儿才能活泼愉快、积极主动、充满自信地生活和学习，获得最好的发展。

（2）幼儿园所处外部环境因素及其对幼儿的影响

影响幼儿的家庭环境主要有家居布置、卫生状况、家人生活习惯以及言行示范作用等。

由于年龄的限制，幼儿很少独立地远距离活动，所以，社区或村居环境是幼儿社会环境的主要部分。对幼儿产生影响的社区或村居环境包括幼儿园所处的社区或村居环境和幼儿家庭所处的社区或村居环境。无论哪类环境，其卫生状况、居民的生活习惯、邻里关系等，都会对幼儿产生积极或消极的影响。

二、创设幼儿园环境应遵循的原则

创设幼儿园环境应遵循的原则是指幼儿园创设物质和精神环境时应该遵循的基本要求，这些基本要求是根据幼儿教育的目标、任务和原则，结合幼儿身心发展的特点，总结幼儿教育的实践后提出来的。

1. 目标性原则

幼儿园环境创设的目标性原则又称教育一致性原则或教育性原则，是指创设幼儿园物质和精神环境时，要考虑所创设环境的教育性，围绕教育目标创设环境，使环境创设的目标与幼儿园教育目标相一致。创设幼儿园环境要紧紧围绕德、智、体、美、劳几个方面，在健康、语言、社会、科学、艺术五大领域，不能厚此薄彼。凡是教育目标所涉及的领域，就应有相应的环境布置。另外，环境布置要容易引发幼儿的好奇心和求知欲，有利于促进教育目标的实现。

但是，教育环境的变化不是随意无序的，幼儿园应该依据教育目标，遵循幼儿的学习特点、成长规律，对环境创设做系统规划，根据规划对教育环境中所涉及的资源、材料、工具、物品等元素进行调整和改变，从而达到促进儿童发展的目的。

2. 安全性原则

在创设幼儿园物质和精神环境的过程中，要把安全性标准放在首位。因此，幼儿园环境创设的安全性原则是幼儿园物质和精神环境创设应当遵循的首要原则。

《规程》及原卫生部与教育部发布的《托儿所幼儿园卫生保健管理办法》等有关文件对幼儿园物质和精神环境方面的安全性提出了明确而又具体的要求，贯彻安全性原则，就要认真落实上述文件中有关安全事项的要求。

安全性并非意味着教师要消除幼儿园环境中一切潜在的危险，如果因为使用剪刀会有潜在危险，就不允许儿童接触与使用剪刀，这是一种消极的安全意识和防范措施。正确积极的做法是首先要保证幼儿园环境符合国家相关安全卫生标准，在此基础上，帮助幼儿确立安全意识，提高安全能力。例如，教师应对幼儿加强安全教育，帮助幼儿学习应对一些常见的潜在危险的方法，使幼儿在活动时对环境中的不安全因素采取积极的防范措施。

《规程》等有关幼儿园安全事项的要求

《规程》第三章“幼儿园的安全”、第四章“幼儿园的卫生保健”和第六章“幼儿园的园舍、设备”的有关条目，《托儿所幼儿园卫生保健管理办法》第六条、第七条、第十三条、第十四条、第十五条、第十六条、第十八条等条目，分别对幼儿园相关事项的安全性提出了明确要求。请认真学习，并将学习内容按照园舍建筑、设备设施、管理规定等类别进行归纳分类。

3. 发展性原则

幼儿园环境创设的发展性原则是指幼儿园物质和精神环境创设的出发点和归宿都是为了促进幼儿身心在现有基础上获得充分发展。

在创设幼儿园环境促进幼儿发展的过程中，应当注意：幼儿的发展是德、智、体、美、劳整体的全面发展，各个方面协调发展、和谐发展，而不能让幼儿某一方面片面失衡发展；幼儿的发展是适宜的发展，环境创设必须适应不同年龄幼儿的特点，通过创设不同层次的环境，达到教育目的。其实，即使是同一年龄段的幼儿，在感觉、兴趣、能力等方面也存在差异，要注意到这些差异，创设既适合该年龄段，又适合不同幼儿个性的环境，使每个幼儿都得到适宜发展的环境。

从幼儿的发展是适宜的发展这一角度来讲，发展性原则又可称为适宜性发展原则。

4. 参与性原则

幼儿园环境创设的参与性原则是指在创设幼儿园物质和精神环境的过程中，要重视幼儿的参与、合作。

在幼儿园环境创设过程中，很多教师会认为幼儿年龄小，不会做事，与其让他们参与环境的创设，不如教师直接创设省事且能保证质量。事实上，幼儿园环境的教育性不仅蕴含于环境本身，而且蕴含于环境创设的过程中。在幼儿园环境创设过程中发挥幼儿的主观能动性，让幼儿积极参与，不仅能增强幼儿参与活动的兴趣，还能锻炼幼儿的思维、动手能力和创造能力，不仅能培养幼儿的自信心，还能增强幼儿的自我意识。当然，幼儿主观能动性发挥到什么程度，决定于教师的组织、引导。所以，教师一定要主动和幼儿一起设计所创设的环境的主题，热情地和幼儿一起收集、准备材料，引导、鼓励幼儿大胆参与环境的布置。在上述过程中，教师一定要尊重幼儿对环境创设的意见和建议，充分发挥幼儿的主观能动性。

需要注意的是，幼儿的年龄特点决定了幼儿本身参与创设幼儿园环境的能力受限，除了教师的引导、指导，有时还需要家长的协助。现在的家长更加重视幼儿教育，不少家长也愿意参与到幼儿园教育过程中，教师要调动、发挥家长的积极性，协调、鼓励家长热情参与幼儿园环境创设。

5. 开放性原则

幼儿园环境创设的开放性原则是指创设幼儿园物质和精神环境的过程中，不仅要考虑幼儿园内部的环境要素，也要重视幼儿园外部如幼儿所在的家庭环境、社区环境的因素，自觉利用家庭、社区的积极环境因素对幼儿进行教育，努力克服园外消极因素对幼儿园教育的抵消作用，使幼儿园、家庭、社会三者相互衔接、协调一致、形成合力。

贯彻开放性原则，一方面可以带领幼儿走出幼儿园，通过对现实生活的观察、收集和体验，让幼儿获得直接的生活经验。另一方面，也可以让园外教育资源走进幼儿园，丰富幼儿园环境的内涵，如邀请交通警察来园进行遵守交通规则的指导，邀请消防队员来园进行消防安全教育等。其实，上文“参与性原则”中协调家长参与幼儿园环境的创设，也是贯彻开放性原则的一个方面。

6. 经济性原则

幼儿园环境创设的经济性原则是指创设幼儿园物质和精神环境过程中，应考虑幼儿园自身的经济条件，以对幼儿发展的作用大小和经济实用为依据，量力而行、因地制宜、勤俭办园。

贯彻幼儿园环境创设的经济性原则，要求幼儿园在实际创设环境过程中，树立勤俭办园的意识，充分利用已有条件，尤其是重视“废旧物品”和“零碎材料”的利用，提倡师幼自己动手，设计、制作、布置环境，还要积极挖掘利用园外家庭、社区等资源，甚至一切可以利用的乡土材料，为幼儿园环境创设服务。

思考与讨论

幼儿园人际关系主要包括师幼关系、幼儿之间的同伴关系、教职员工之间的同事关系。请以幼儿园人际关系为例，从正反两个方面谈谈精神环境对幼儿发展的影响。

三、幼儿园环境创设的内容与方法

1. 幼儿园物质环境的创设

这里就幼儿园室内和室外空间的设计与布置、活动材料的选择与提供进行介绍，供大家参考。

（1）室内物质环境的创设

幼儿在园学习和游戏的主要室内场所即活动室，活动室环境创设是室内物质环境创设的主要内容。

1）各类活动区（角）创设。幼儿园室内环境大多以区域形式呈现，具体做法是，将室内活动环境划分为若干个区域，提供不同的材料，供幼儿在其中进行各类学习和游戏活动，以满足幼儿的需要和兴趣。活动区的种类与范围或多或少，或大或小，并无定论，但应以满足幼儿认知、语言、大小肌肉、情绪与社会性发展需求为原则。

幼儿园可以按照拟定活动区的种类与活动目标、列出以月为单位的具体活动计划、准备适当的材料和玩具、布置活动区角等基本步骤创设各类活动区。在布置各类活动区时，要注意清晰、美观、方便、安全、有条理。

2）活动室墙面环境创设。幼儿园活动室的墙面环境创设是指对影响幼儿发展的活动室墙面进行规划与布置，既包括活动室墙面的内容、形式、色彩、材料和高度等影响幼儿发展的静态要素的规划与布置，也包括幼儿的参与和操作等影响幼儿发展的动态要素的设计。

有的幼儿园的做法值得借鉴，即把墙壁布置划分为高、中、低三个层面，最低部分（1.2 米以下）为幼儿互动区，是属于幼儿的空间，以幼儿作品为主；中间部分为师幼互动区，教师根据幼儿现有水平和需要搭建平台，引导幼儿参与；最高部分为教师和家长互动区，是家园联系的桥梁和教学活动展示的平台，以方便家长参与。

墙饰主体内容及色彩、造型应以幼儿熟悉并符合其身心特点的要求为原则。

3）活动室其他环境创设。活动室其他部分的环境创设主要包括吊饰设计和标志设计。吊饰主要是以吊、挂等悬空形式设置的各种创设物品，常见标志有导向性标志、房舍标志（班级活动室、洗手间和各种区角标志等）、物品和设施设备标志、警示标志等。

（2）室外物质环境的创设

幼儿园室外环境主要包括自然生态环境活动场地、大型玩具及其他体育器材、园艺区、种植区和养殖区等。

1）自然生态环境活动场地的创设。自然生态环境是指幼儿园所处的自然、地理位置。在选择建立幼儿园的自然生态环境时应考虑以下要求：规模较大（4 个班及以上）的幼儿园应该有独立的建筑基地，规模较小（3 个班及以下）的幼儿园可与居住、养老、教育、办公建筑合建，但必须有独立的出入口及相应的室外游戏场地和安全防护措施；远离各种污染，并满足有关卫生、防疫的要求；方便家长接送，避免交通干扰；保证有足够的日照及良好的通风条件；幼儿园附近应有适宜的绿化，园内空地应充分绿化。

2）室外活动场地及其设施的创设。按照《托儿所、幼儿园建筑设计规范》的规定，幼儿园必须设置各班专用的室外游戏场地，且每班的游戏场地不应小于 60 平方米，各个游戏场地之间宜采取分割措施；应有全园共用且符合一定面积要求的室外游戏场地，室外共用游戏场地应考虑设置游戏器具、30 米跑道、沙坑、洗手池和贮水深度不超过 0.3 米的戏水池等。

3）全方位室外活动场地的创设。全方位室外活动场地以大型组合游戏结构为主体，兼容其他游戏区域及各种可移动性活动材料，除了全园共用室外游戏场地中包括的沙坑、洗手池和贮水深度不超过0.3米的戏水池、适宜幼儿运动的跑道（跑道至少应该有30米长，数量不少于4条），还包括大型组合游戏结构区、自然种植区、草坪游戏区、动态材料建构区或“建筑工地”、隐秘小屋或“隐蔽处”、微坡地形、文化角，以及栽种果树的“果园”、可以攀爬的树木等。

全方位室外活动场地不仅能满足幼儿各领域的发展需求，而且能满足幼儿个别差异需要。所以，有条件的幼儿园应当努力创设全方位室外活动场地。

2. 幼儿园精神环境的创设

（1）建立良好的师幼关系

建立良好师幼关系的关键在教师，例如教师应当关爱幼儿、尊重幼儿、宽容幼儿等。有关内容在前文已经讲述。

（2）建立良好的同伴关系

教师应当为幼儿创造良好的交往环境，引导他们参加一些互动性强且需要交往技能的集体活动，并在活动中为幼儿创设与同伴沟通交流的机会，教给幼儿交往的技能与方法，如帮助他们学会分享、轮流和等待，以及用协商的方式处理矛盾和冲突等，让幼儿感受到在集体生活中与同伴交往的乐趣，有效促进幼儿同伴关系的发展，建立良好的同伴关系。

（3）建立良好的教职员工人际关系

在幼儿园保育和教育活动中，保育员、教师等幼儿园教职员工直接面对幼儿，他们之间的人际关系哪怕是一个微小的细节，都会对幼儿产生直接的影响。例如，早晨，保育员很早来到班上，忙碌地打扫，教师来了，赶紧给保育员帮忙，上课了，保育员又为教师贴教具、撕纸条，她们合作得非常愉快。幼儿看在眼里、记在心上，通过观察、模仿、学习，渐渐地学会了调节自己的行为，当看到别人需要帮助时，自觉地去帮助别人。可见，营造幼儿园教职员工之间团结、友善、和睦的人际环境十分重要。

思考与讨论

有的幼儿园员工认为，员工之间处理不好关系不要紧，只要不被幼儿发现就行；有的员工认为，自己不是保育员更不是教师，不存在为幼儿树立榜样的问题，没有必要像教师和保育员那样严格要求自己。请讨论上述观点的错误及危害。

（4）建立良好的幼儿园和家庭及社区的合作关系

在幼儿园环境的创设中，幼儿家庭和社区是重要的参与者，幼儿园与家庭、社区建立合作、友好、共荣的关系，为提高幼儿教育的一致性和有效性提供了保障，也为幼儿心理的健康发展提供了良好的精神环境。

关于幼儿园和家庭、社区的合作，本教材在第八章进行集中介绍。

第四节　幼儿园课程

幼儿园课程是指幼儿园实现幼儿教育目标，促进幼儿身心全面发展的各种教育活动如教学活动、游戏活动、日常生活活动、节日活动、娱乐活动等的总和。

一、幼儿园课程的基本要素

幼儿园课程包括课程目标、课程内容、课程组织、课程评价几个基本要素。

1. 课程目标

（1）课程目标的性质

课程目标是指学习者通过课程的学习应该达到的水平。幼儿园课程目标是幼儿园教育目标在幼儿园课程中的具体化，是选择幼儿园课程内容、编制幼儿园课程方案并组织实施、评价幼儿园课程的依据，对整个幼儿园课程建设起导向作用。

思考与讨论

你是如何理解教育目的、教育目标、课程目标这三个概念的？

（2）课程目标的分类

课程目标分为总体目标、中期目标、近期目标、具体目标。

总体目标也称长（远）期目标，即幼儿在园三年的课程目标。《规程》中提出的幼儿园教育的国家目标，必须作为幼儿园全部课程的总体目标；《纲要》中提出的各领域的教育目标，可以看成是幼儿园各领域课程的总体目标，这类目标相对概括、抽象；《指南》对《纲要》中提出的各领域教育目标进行了具体化，并按年龄段进行了细化。

中期目标是大、中、小三个年龄班幼儿各自一年的课程目标，即学年课程目标。需要注意的是，幼儿园一个学期的课程目标也称中期目标。

近期目标也称单元目标，可以是主题活动单元目标，也可以是时间单元目标，如一个月或者一周的课程目标。

具体目标是指幼儿在园一日活动目标或一个具体活动的目标。

（3）课程目标的结构

一般以人身心发展的整体结构为框架，将课程目标分为认知、情感、动作技能三个领域。认知领域包括知识的掌握和认知能力的形成、发展等；情感领域包括兴趣、态度、习惯、价值观念的形成、发展，以及社会适应能力的发展；动作技能领域包括感知动作、运动协调、动作技能的发展等。

上述各个领域又按照由简到繁、由易到难、由具体到抽象、由低级到高级分为若干层次。

思考与讨论

上面课程目标的分类和结构都是探讨课程目标体系的构成，哪一个是从纵向角度探讨这个问题的？哪一个是从横向角度探讨这个问题的？

2. 课程内容

借鉴课程的一般含义中对课程内容的介绍，概括地讲，课程内容是指学习者应该学、能够学而且适宜学的有关知识、技能和经验，它不仅包括教育者有计划、有目的地提供的各领域课程方面的知识、技能、经验，也包括受教育者在教学活动中所获得的随机出现的知识、技能和经验等，还包括受教育者在教学活动中所获得的情感等方面的体验。《纲要》中提出了健康、语言、社会、科学、艺术等各领域的内容与要求，《指南》又对各领域、各年龄段的内容与要求进行了具体化和细化。

3. 课程组织

课程组织是对课程实施的各种要素如课程内容、活动材料、活动方式等进行编排与实施的工作过程。

课程组织不仅包括教育者向受教育者传递课程内容的过程，即强调教育者是课程指导的主体，而且是师生双向互动的实践过程，所以课程组织也包括受教育者动态的学习过程，即强调受教育者是课程学习的主体。可见，课程组织过程是双主体活动过程。

课程组织过程中实施的工具不仅是教材、教具（活动材料），也包括其他因素，如师生关系、校园、家庭、社会等整个教育环境。

4. 课程评价

课程评价是指在课程实施之前、实施过程中、实施某阶段终结，对教育活动的教与学的过程和教育结果进行测量，并对课程目标的制定、课程内容的选择、课程的组织等课程要素进行评估的工作。课程评价既可以帮助课程实施者完善现有课程，也可以帮助教育管理者鉴定课程质量，还可以为新课程的开发提供依据。

通常将幼儿园课程的课程目标、课程内容、课程组织、课程评价统称为“幼儿园课程四要素”。

二、幼儿园课程的性质与特点

1. 幼儿园课程的性质

（1）幼儿园课程是基础教育课程的基础部分

目前我国的基础教育分为幼儿园教育、小学教育、初中教育、高中教育，可见，幼儿园教育不仅是基础教育的重要组成部分，而且是基础教育的基础部分，所以，幼儿园课程自然也就成为基础教育课程的基础部分。幼儿园课程的这种基础性主要体现在两个方面：第一，从阶段性基础来看，幼儿园课程要考虑小学课程的需要，为幼儿升入小学后的学习做准备。当然，这种准备最根本的是幼儿素质方面的培养，而且要注意通过幼儿园课程的实施，使幼儿在德智体美劳各方面都得到发展，为幼儿升入小学做全面的准备。第二，从长远性基础来看，幼儿阶段是为整个人生奠定根基的阶段，所以，幼儿园课程是人终生教育的根基课程，幼儿园课程要与幼儿的未来发展需要联系起来，为幼儿走向未来奠定良好的基础。从这一角度看，幼儿园课程是基础素质教育课程的基础部分。

思考与讨论

有的幼儿园为了幼儿升入小学后学习上尽快适应并有不凡的学习成绩，一旦幼儿进入大班，就开设小学一年级课程内容。说说你对这种做法的看法。

（2）幼儿园课程是非义务教育课程

义务教育是指依照法律规定，全体适龄少年儿童必须接受，国家和家庭必须予以保证实施的国民教育。目前我国基础教育中的小学教育、初中教育属于义务教育。

幼儿园课程是非义务教育课程的特点主要表现为：不强制幼儿接受幼儿园教育；不强制入园幼儿进行系统性课程学习；不排除幼儿园教育课程的规定性和系统性。例如，幼儿园课程要服务于党和国家的教育目的和教育目标，遵循幼儿身心发展规律进行教育，追求幼儿身心全面和谐发展，遵循课程组织规律，保证课程教育协调一致等。

2. 幼儿园课程的特点

（1）幼儿园课程的全面性与启蒙性

幼儿园课程的全面性是指幼儿园课程必须以实现幼儿在身体、认知、情感、个性、社会性等方面的全面、和谐发展为目标，像上面所讲的那样，通过幼儿园课程的实施，使幼儿在德智体美劳各方面都得到发展。

幼儿园课程的启蒙性是指幼儿园课程要与幼儿身心发展特点以及现实发展需要联系起来，引导幼儿学习人生入门的知识、技能和经验，摆脱人生认识和思维的混沌状态，激发幼儿对生活、对科学、对世界的求知欲望和探索兴趣。

思考与讨论

有人为了吸引幼儿尤其是家长，创办舞蹈、美术、器乐、跆拳道等特色幼儿园，幼儿园的主要精力都用来对幼儿进行特长教育甚至考证、考级。说说你对这种做法的看法。

（2）幼儿园课程的整合性与生活化

幼儿园课程的整合性是指由于幼儿身心发展和学习的特点，必须将幼儿园课程内容进行高度的整合，当前很多幼儿园都采用分领域如健康、语言、社会、科学、艺术等形式组织课程内容。如果像更高层次阶段学校教育课程那样，进行越来越精细的分工，不仅给幼儿增加过重的负担，也不适合幼儿发展的需要。

幼儿园课程的生活化是指由于幼儿的思维是感性的、直观的，最有效的学习内容就是他（她）们可以感知的、具体形象的内容，而这样的学习内容主要源自幼儿本身以及周围的现实生活。幼儿教育的实践已经证明，让幼儿在生活中获得直接经验，比让幼儿通过教师的说教获得间接经验，教育效果要好得多。其实，即使对于间接经验，如果能让幼儿通过验证去学习、接受，效果也会更好。此外，生活能力教育对于幼儿来说是第一位的，从这一角度讲，幼儿园课程也应该具有生活化的特点，贯穿于幼儿的一日生活当中。

（3）幼儿园课程的活动性与游戏性

由于幼儿的身心发展和学习的特点，加上上述幼儿园课程生活化的特点，幼儿园课程难以像更高层次的学校课程那样组织实施，尤其是难以以课堂教学为主要形式组织实施，而是以各种活动的形式组织实施。游戏是绝大多数幼儿最感兴趣、最爱参与的活动形式。实践已经证明，通过幼儿游戏组织实施幼儿园课程，在各种活动形式中总体效果最好。所以，幼儿园游戏已经成为幼儿园课程组织实施的重要途径。

（4）幼儿园课程的潜在性

第一，从本质上讲，幼儿园课程是具有明确的课程目标和基本的学习领域的，但幼儿身心发展和学习的特点决定了幼儿园课程主要不体现在课程表、教材、课堂中，而是体现在生活、游戏和其他幼儿喜闻乐见的活动中。第二，虽然课程实施所需要的环境、环节、方法等都是教师根据幼儿园课程的目的、内容、要求等精心设计的，同样由于幼儿的身心发展和学习的特点，幼儿所能感受到的更多是环境、材料、活动过程本身以及教师的言行等显性的因素，而难以清楚地认识到教师的教育目的和期望等隐性因素。第三，对于幼儿来讲，幼儿园更像是一个小伙伴们共同生活、游戏、交往的场所，幼儿通过在这个场所中生活、游戏、交往，得到很多潜移默化的收获。受以上各种因素的影响，幼儿园课程无论内容方面还是从对幼儿的作用方面，都具有比较突出的隐性课程的特点，这就是幼儿园课程的潜在性。

三、编制幼儿园课程方案

编制幼儿园课程方案也称幼儿园课程设计，实际上就是设计落实幼儿园课程基本要素的方案，它是幼儿园课程工作的基础环节，只有在完成课程设计的基础上才能进行课程实践。

1. 制定课程目标

（1）制定幼儿园课程目标的依据

1）国家关于幼儿园的教育目标。国家在关于幼儿园教育的文件中，提出了幼儿园的教育目标，这是幼儿园制定课程目标的根本依据。对于指令性文件如《规程》中所提出的教育目标，幼儿园必须全部作为课程目标；对于指导性文件如《纲要》《指南》中提出的各领域教育目标，幼儿园必须作为制订课程目标的重要参考。

2）课程目标的类型。上面已经讲述了幼儿园课程目标包括的类型。不同类型的课程目标针对的幼儿园教育的时间跨度不同，教育内容的范围也不相同，当然，各类课程目标的宽度和高度（即各类教育目标所涉及的项目）及各个项目所要达到的水平也就不尽相同。

思考与讨论

幼儿园课程目标包括哪几类？

3）幼儿身心发展的规律和特点。幼儿园课程目标要通过幼儿的学习落实到幼儿的发展上，所以，幼儿的身心发展规律和特点直接限制着幼儿园课程目标的制定。例如，幼儿年龄越小，教育的着眼点越应该放在促进其身心发展的基础性发展方面。当然，在把幼儿的身心发展规律和特点作为幼儿园课程目标制定的依据时，必须考虑教育促进幼儿发展的功能，从教育促进幼儿发展的可能性，制定通过师幼共同努力能够实现的课程目标，而不能一味迁就幼儿的接受能力甚至降低目标水平。

此外，既要统筹整个集体幼儿的共性，又要注意兼顾不同幼儿的个性，即面向全体，面对差异。

4）幼儿园的环境因素。上一节已经介绍了幼儿园环境因素所包括的内容。不同环境条件的幼儿园应提出不同的课程目标。例如，在农村和城市的两个幼儿园的相同年龄班开展同一个课题的教育活动，由于幼儿园的客观环境不同，所制定的课程目标也是不一样的，而且开展的活动内容也不尽相同，最终的活动效果也会不一样。

思考与讨论

幼儿园的环境因素包括哪些方面？

（2）幼儿园课程目标的表述

1）课程目标表述的角度（横向表述）。从教师“教”的角度出发，幼儿园课程目标表述教师期望通过教育活动应当做到的方面，多用“激发”“培养”等描述；从幼儿“学”的角度出发，幼儿园课程目标表述幼儿在学习以后应该知道的知识、技能、经验和能够达到的表现，多用“学会、养成”等描述。

2）课程目标表述的层次（纵向表述）。在各类幼儿园课程目标中，阶段性课程目标（如长期目标、中期目标、近期目标）的表述应该具有全面性和概括性；具体活动目标的表述应当具体、有可操作性。

2. 选择课程内容

课程目标确定以后，就要选择相应的课程内容以达到相应的目标。选择幼儿园课程内容要遵循以下原则。

（1）目的性原则

课程目标为课程内容的选择提供了一个基本的标准，选择课程内容时要有目标意识。

在实际教育过程中，教师有时是根据课程目标的要求选择课程内容，这时要思考达成目标需要选择哪些内容；有时是先有了课程内容再设定课程目标，这时就要思考已经有的课程内容指向什么样的课程目标，针对课程内容包含的教育价值进行分析，从而设定课程内容所指向的课程目标。

（2）基础性与发展性原则

幼儿园教育的基本任务是让幼儿获得人生发展最基础的知识、最基本的技能，解决人生发展最基本的问题。所以，所选择的课程内容要有助于幼儿发展基本知识，有助于幼儿掌握基本行为方式，有助于幼儿发展基本情感态度。当然，所选择的教育内容不仅能帮助幼儿“解决人生发展最基本的问题”，而且从长远看要具有促进幼儿发展的价值，即在帮助幼儿解决人生发展最基本的问题的同时，为幼儿一生的可持续发展奠定基础。

（3）适宜性与趣味性原则

幼儿园课程内容要符合幼儿身心特点及发展规律，幼儿应学得了、愿意学。所谓“学得了”，是指幼儿具有学习所选择的教育内容的接受能力，当然，这种接受能力是指幼儿通过努力，有时还要通过教育者的引导、鼓励、帮助才能达到，即所选择的教育内容对幼儿应当具有一定的挑战性；所谓“愿意学”，是指幼儿对所选择的课程内容是感兴趣的，幼儿在探索过程中是愉悦的。实践证明，幼儿的兴趣离不开其自身的生活，所以说，幼儿的生活是幼儿园课程内容的重要资源。当然，根据幼儿的生活所选择的课程内容要具有直观性、情境性、活动性，只有这样，幼儿才乐意去感知、操作、体验，才能够主动将学习内容化为自己的经验。

（4）整体性与逻辑性原则

选择幼儿园课程内容，要注意满足幼儿全面发展的整体需求。例如，相对于幼儿身体、语言、认知、情感等方面发展的需求，幼儿园选择了健康、语言、科学、艺术、社会等分领域课程。当然，在课程具体实施过程中，要有效发挥各领域内容的协同教育作用，从而形成整体教育效果。

所选择的课程内容要便于幼儿在教师引导下整理所获得的知识、技能、经验，有利于幼儿的学习由零散到综合，不断积累并形成粗浅的结构，而且能够逐步构建粗浅的学科概念。如果能够做到这一点，也为幼儿升入小学后进行各学科的学习起到了很好的衔接作用，使幼儿从幼儿园教育更加自然地过渡到小学教育。当然，在贯彻逻辑性原则选择幼儿园课程内容时，首先要注意遵循幼儿生活的逻辑，其次要注意遵循幼儿发展的原则，然后还要注意课程内容的领域及学科逻辑。

思考与讨论

一般认为，幼儿的实际生活经验是零散的，为什么？

3. 设计课程组织

幼儿园课程组织的设计包括编排课程内容、制订教育计划、选择教育活动组织与指导方式等工作。

（1）编排课程内容

编排课程内容是指根据教育目标，遵循幼儿身心特点和认知规律，对课程内容进行组合，使课程内容具有一定的结构性的系统化工作。

目前幼儿园编排课程内容的方式主要有分领域课程、核心课程、活动课程三种。

分领域课程是指以社会科学或自然科学的领域为单位编制的课程。当前，我国幼儿园一般对大类课程内容采用分领域组织的方式进行编排，幼儿园分领域课程包括健康、语言、社会、科学、艺术等。

核心课程一般是指以生活中的某一主题为核心（中心）进行编制的课程，所有活动都围绕这个中心来进行，又称主题综合课程或轮形课程。幼儿园核心课程一般是指这类课程。幼儿某阶段尤其是幼儿在园一日活动的课程内容可以采用核心课程的形式编排内容。

幼儿园教育活动是幼儿园课程实施的具体途径，所以，幼儿园课程以活动为主要形式，通常将这种以活动为主要形式的课程称为活动课程。活动课程以解决实际问题为主要目的，以幼儿自主学习和直接体验为基本学习形式，以个性养成为基本目标，它注重活动自身的教育价值，注重教育与现实生活的联系，强调实践是知识和智慧的真正源泉，提倡幼儿通过参与活动获得直接经验和相关知识、技能，并在此基础上进行知识整合与能力迁移，形成并积累经验，所以又称经验课程。

应当注意的是，无论选择上述哪种方式编排课程内容，都应当充分发挥其优势，尽量克服其弱点，还要借鉴其他编排方式的优点。

（2）编制教育计划

编制幼儿园教育计划，是指依据课程目标，为了完成课程内容，对一定阶段内的教育工作进行系统设计和安排。

与各层次目标和各时段对应，幼儿园教育计划一般分为年龄班（全年）计划、学期计划、月（周）计划、具体教育活动计划。

年龄班计划包括小班、中班、大班计划，是全年整体性规划，即对年龄班全年的课程范围（种类、每类内容）和进度作出规划安排。年龄班计划一般由园领导组织有关人员集体讨论制订。

学期计划是指依据年龄班的课程目标和年龄班计划确定学期的课程目标，并将全年计划按学期进行划分，作出学期中各月甚至周的课程安排。学期计划一般由班主任或者教研室主任协调班级教师共同制订。

月（周）计划是指在学期计划指导下，定出月（周）教育要点，并将教育活动安排到月（周）的每周（天）当中，形成月（周）计划。

月（周）计划一般由班主任协调班级教师共同制订。

具体教育活动计划包括一日活动安排和活动设计，其中，一日活动安排的具体体现是每周课程安排表（周计划表），活动设计的具体体现是教学活动方案即教案，具体内容包括活动目标、活动内容、活动环境创设、活动步骤和方法、教师指导等，在下一章中进一步介绍。

以上四类计划中，上位计划对下位计划具有指导和约束作用，下位计划是执行上位计划的措施。前三类阶段性计划的内容要包含幼儿园所有教育工作，且要注意各项教育工作之间的统筹协调。第四类计划直接涉及幼儿的参与，即与幼儿发生直接关系，要求更加详尽具体，直至以教案的形式体现出来。

（3）选择教育活动组织与指导方式

1）教育活动的组织方式。幼儿园教育活动的组织方式包括集体活动、小组活动、个别活动几种形式。

集体活动的特征是全班幼儿统一进行同一个教育活动。利用集体活动的形式开展教育活动具有很多优势。例如，能够使全班较为统一地推进教育进度，节约教育成本，提高教育效率；能够让幼儿体验到班级大家庭的氛围，多数幼儿在集体中感觉较为轻松；幼儿除了自己从集体中学习新的知识、技能、经验，同时，也利用集体活动的形式将自己的经验无私地贡献给集体中其他成员。

从实际情况看，小组活动是幼儿园教育活动的重要组成形式。组织幼儿以小组为单位开展教育活动，能够弥补集体活动难以照顾幼儿之间差异的不足。开展小组活动，从小组的组成到小组任务目标的确定以及组员责任分工、小组纪律和规范的明确、活动进展过程到活动成果形成，教师都要认真观察、及时指导，如有必要，还要和小组成员积极合作，保证小组活动的顺利开展。小组活动结束，教师要针对活动情况进行讲评，引导、帮助幼儿在活动准备、活动进行、活动成果几方面正确评价活动、小组、组员，尤其是正确评价自己，通过活动及其评价促进幼儿健康发展。

为了达到通过教育活动促进全体幼儿全面发展的目的，教师开展幼儿园教育活动，要注意切实照顾幼儿之间的个性差异，根据教育目标的要求，针对幼儿的个性特点，设计和实施个别活动，从而达到个别教育的目的。例如，有的幼儿性格内向，不爱说话，教师在活动过程中要注意多给这样的幼儿创造个人表达的机会，并注意引导、鼓励这样的幼儿踊跃发言。教师平时要注意多给这样的幼儿创造和他人交流、交往的机会，自己也要注意多和这类幼儿交流、交往，从而使其性格逐渐开朗起来，愿意和他人交流、交往。

此外，依据幼儿园教育活动的地点不同，还可以将幼儿园教育活动分为室内活动、室外活动或园内活动、园外活动。

教师在组织幼儿园教育活动时，要综合运用集体活动、小组活动、个别活动等多种组织方式。

2）教育活动的指导方式。幼儿园教育活动的指导方式主要有直接教学和间接教学。

直接教学是以实现知识、技能、经验的直接传授，引导幼儿接受学习为主要特征的教育方式。教师运用直接教学方式开展教育活动，要注意尽可能地利用直观教具等手段，尽可能地运用各种启发式教育方法，充分调动幼儿利用多种感官进行情感体验并积极主动地思考，切忌一味地简单灌输。

间接教学是指利用与活动相关的物质环境和人文环境，引导幼儿自主探索，进而形成学习成果为主要特征的发现式教育方式。这种指导方式能够更好地调动幼儿的积极性和创造性，使幼儿在主动的活动过程中得到发展，是幼儿园教育活动中更为提倡的方式。教师运用间接教学的指导方式，要注意协调好教学活动的物质环境和人文环境，如场地布置及教具等活动材料、幼儿之间以及教师和幼儿之间等多种因素的关系，并准确把握幼儿的兴趣所在，抓住契机，及时给予有效的支持，引导活动按照目标要求的方向顺利进行。

教师除了根据实际需要，有针对性地分别利用直接教学和间接教学的方式，还要注意灵活地将二者结合起来运用，促进教学活动成果的最大化。

在指导幼儿园教育活动时，教师要注意科学运用直接教学和间接教学方式。

4. 设计课程评价

（1）幼儿园课程评价的内容

幼儿园课程评价的内容包括对教育活动的评价、对教师的评价、对幼儿的评价。其中，对教育活动的评价主要包括：教育活动计划执行情况如何，活动是否与教育目标相一致，是否适合幼儿身体状况和心理接受能力，是否能启发幼儿的兴趣并能促使幼儿有效地学习，是否既能照顾大多数幼儿又能兼顾少数甚至个别幼儿。对教师的评价主要包括：教师在活动方案设计、活动准备、活动实施等过程中的态度、方法是否符合教育目标（课程目标）的要求，是否有利于教育目标的实现，是否能为多数幼儿接受并形成良好的师幼关系等。对幼儿的评价主要包括：幼儿在学习过程中的态度、方法、行为方式和习惯养成情况，掌握知识、技能、经验的情况。

通过以上三类评价，可以汇总得出幼儿的学习状况、教师的教育情况，进而得出活动开展的效果，为现有课程的改进完善或新课程的开发、为学生改进学习或教师改进教育提供依据。最终目的是促进幼儿更好地发展。

（2）幼儿园课程评价的环节

幼儿园课程评价的环节包括课程实施过程前的评价、课程实施过程中的评价、课程实施过程后的评价。其中，课程实施过程前，综合评价幼儿的整体状况，评估目标、内容、措施是否适合幼儿，否则可做调整。课程实施过程中，及时观察幼儿的反应，评估目标、内容、措施是否适合幼儿，否则及时调节；反思教师的态度、行为以及师生互动是否有利于教育目标的实现，否则及时调整。课程实施过程后，对照教育目标，评估幼儿接受教育后的综合发展状况、教师的教育情况和活动开展的效果。

（3）幼儿园课程评价应遵循的原则

开展幼儿园课程评价，应遵循以下原则。第一，评价要实事求是，具有客观性。评价的态度要端正，评价的方法要科学、适用，收集的待评价资料要全面、真实。第二，有利于促进课程的改进与发展。评价的主要目的是为现有课程的改进完善或新课程的开发提供依据。评价中发现了问题，要找出发生问题的原因，找出解决问题的措施，从而促进教育活动质量的提高。第三，有利于促进教师更好地发展。课程评价过程中，要注重发挥教师作为评价者的主体性地位，让教师认识到评价对于教师提高水平、积极成长的意义，激发教师对评价的自我需求，从而调动教师参与评价的积极性，主动进行自我评价，积极接受外部评价，自觉运用评价结果促进自身发展，从而提高教育质量。第四，有利于促进幼儿更好地发展。课程评价要把课程是否适合促进幼儿有效发展作为根本标准，这是评价的最终目的和归宿。关于幼儿的有效发展，要注重德智体美劳全面发展，避免只偏重某一个方面；要认识到幼儿的发展在具有一般性规律的前提下，是各具特点的，注意寻找所有幼儿的优点，发现各个幼儿的潜能，以提供适宜的教育方案。

开展幼儿园课程评价还应注意：评价的方法应当让幼儿能够接受，要给予幼儿充分的参与机会，而且让幼儿乐于参与起码是愿意配合；评价的结果要清楚、全面、系统化，避免单纯名次化，避免随意发布排行榜；注意将评价结果客观、正面、积极地向家长等有关人员反馈，有利于各方面形成合力，促进幼儿更好地发展。

本章介绍的内容有些涉及一线教师，有些涉及教育管理者，请加以辨别。

作　业

一、简答题

1. 幼儿教师的义务有哪些？
2. 幼儿教师的职业素养要求和能力结构包括哪些方面？
3. 幼儿教师自身谋求职业发展的途径有哪几条？
4. 创设幼儿园环境应遵循哪些原则？
5. 幼儿园精神环境的创设包括哪些方面？
6. 简要说明幼儿园课程内容的选择应遵循哪些原则？
7. 简述幼儿园课程评价应当遵循的原则。

二、实践题

利用课余时间，在全班组织《纲要》《指南》专题学习活动，撰写学习总结（学习总结可包括学习内容归纳、个人的认识、今后在工作中如何落实等方面），在小组讨论发言的基础上，每组选出一名代表在班级组织的学习讨论会上做典型发言。讨论会后，在班级举办一次专栏黑板报活动，展示学习成果。

第五章 幼儿园教学活动

本章介绍幼儿园教学活动，包括幼儿园教学活动的性质、特点、构成要素，幼儿园教学活动必须遵循的原则，常用的教学手段和方法，以及幼儿园教学活动的设计、组织与指导策略等内容。

第一节　幼儿园教学活动的性质、特点与构成要素

一、幼儿园教学活动的性质

幼儿的身心特点决定了幼儿园教育以游戏为基本活动。但是，对于幼儿来说，影响他们生活的至关重要的知识、技能和经验，保证其终身可持续发展所需要的素质（如良好的个性品质），仅靠单纯的游戏是难以习得和养成的。教师必须选择相应的知识、技能等内容，结合幼儿的接受能力和学习方式等因素，精心设计，有效组织，通过教师的“教”和幼儿的“学”的双边互动活动，让幼儿获得这些知识、技能等内容并内化为幼儿自身的经验，同时培养幼儿“终身可持续发展所需要的素质”。在幼儿园的教学活动中，幼儿主要通过具体活动进行感知和体验，从增进对环

境的认识开始，以直接知识、技能等的学习为主。游戏是幼儿园教学活动的一种常见形式。

综上所述，幼儿园教学活动是指教师根据幼儿园教育目标的要求，结合幼儿的兴趣和实际水平，有目的、有计划地组织和指导幼儿进行学习，从而增进幼儿对周围环境的认识，培养幼儿良好个性品质，帮助幼儿获得有利于身心发展的知识、技能和经验的师幼双边活动。这类教学活动，也称为专门的幼儿园教学活动。

思考与讨论

除了专门的幼儿园教学活动，你能举出一些其他形式的幼儿园教学活动的例子吗？

二、幼儿园教学活动的特点

1. 生活性与启蒙性

所谓生活性，是指幼儿园教学活动以帮助幼儿积累生活的感性经验为主要任务。教师在设计教学活动时，所选取的教学内容和采取的教学途径必须贴近幼儿实际生活的需要，必须针对幼儿实际生活出现的问题，以促进幼儿认识和适应生活为重要目标。例如，通过吃水果让幼儿感知数量的多、少，形状的大、小、圆、长，颜色的红、黄、绿、青、白；通过穿衣的多少、树叶的飘落引导幼儿感知天气和季节的变化。这些都是帮助幼儿积累生活的感性经验。

所谓启蒙性，是指由于幼儿的身心特点所致，其思维以具体的形象思维为主，难以理解抽象的事物，且具有明显的不随意性，所以，在幼儿园教学活动中，要从引导幼儿认识简单的事物和现象开始，帮助幼儿在获得粗浅的基础知识、基本技能、简单经验且不断积累的基础上，认识事物之间的关系，逐步学习并适应生活。例如，教师可以引导幼儿在光滑程度不同的地面上玩玩具汽车，从而发现汽车在不同地面上跑得快慢不一样，而且总结出“要想汽车跑得快，要到光滑地面来”的结论，这就是启蒙教育的效果，但是，如果教师想再进一步告诉幼儿摩擦力的概念，那就是不现实的了。

2. 活动性与参与性

幼儿的学习是以获得直接经验为基础的，而直接经验的获得离不开参加具体的活动。所以，幼儿园教学活动是在幼儿积极主动的活动过程中完成的，具有明显的活动性与参与性。例如，要让幼儿获得有关水果的知识，最好的方式是组织幼儿参观经营水果的超市，分别购买一点各种各样的水果并清洗品尝，这样一来，幼儿对各种各样水果的颜色、形状、滋味有了亲身体验，还学会了如何购买和清洗水果等生活常识，其学习效果是教师单纯讲解的方式所不能比拟的。

3. 游戏性与情境性

除了思维方式以形象思维为主，幼儿的注意力也是容易分散的，无论从时间长短还是从目标的方向性来看，都是如此。幼儿游戏对于调动幼儿学习的积极性，增强幼儿注意力的持久性，都具有毋庸置疑的促进作用。因此，幼儿教师往往会创造一定的情境，通过游戏的方式实施对幼儿的教学活动。例如，教师在引导幼儿学唱歌曲《小树叶》时，启发幼儿自由地选择角色，把自己设想成一片小树叶或一棵大树或一股秋风，在歌曲中畅想并表现自己的角色。这种通过游戏学唱歌曲的做法会大大增强幼儿的兴趣，从而在很大程度上提高幼儿的注意力。

三、幼儿园教学活动的构成要素

幼儿园教学活动包括教师、幼儿、教学活动内容、教学活动手段和方法等几个方面的构成要素。由于教师、幼儿、教学活动内容在第四章中已经专门进行了介绍，教学活动的手段和方法在本章下一节还要介绍，所以，这里只对这几个构成要素与幼儿园教学活动有关的方面作简要介绍。

1. 教师

总结教学活动的实践可以发现，一次完整的教学活动，从活动目标的确定、活动内容的选择、活动计划的制订、教学手段与方法的准备，到教学活动的具体组织实施，都离不开教师“教”的主体劳动。

具体地讲，教学活动的开展，就是教师根据教育目标的要求，结合幼儿的实际，确定相应的活动目标，选择适合的活动内容，设计科学的活动环节，运用适当的教育手段和方法，对幼儿实施有目的、有计划的教学，并在教学过程中始终直接或间接地主动引导着活动的方向，帮助幼儿向着活动目标要求的方向发展。当然，整个教学活动的过程还始终伴随着教师的创造性劳动。教师通过自身积极主动的创造性劳动，组织、引导、帮助幼儿积极主动地参与到活动中来，发挥自身潜能，获取有益的知识、技能、经验。所以说，教师是教学活动的组织者、引导者和支持者，是教学活动过程的主导因素，是“教”的主体。

2. 幼儿

在教师和幼儿“教”与“学”双边活动中，相对于“教”的主体教师，显而易见，幼儿是教学活动中“学”的主体，具体表现在以下三个方面。

（1）幼儿是主动的学习者

观察幼儿在教学活动中的表现，就会发现，在教学活动过程中，幼儿对于自己感兴趣的活动，会积极参与、主动探究，而对于自己不感兴趣的活动，则往往精力不集中，具体表现为走神、无所事事甚至干自己的事情。可见，幼儿会根据自己的兴趣和经验对教师组织的活动内容作出选择，所以说，幼儿对于学习具有主动权，是学习的主体。

（2）幼儿之间在学习上存在各种差别

不同的幼儿，由于个性品质不同，在学习上存在各种不同形式的差别。例如，有的幼儿喜欢在集体环境中通过与人合作、交流进行学习，而有的幼儿喜欢在安静的环境中独自学习、探究问题；有的幼儿习惯在规规矩矩的环境中有板有眼地学习，当自己对学习的内容感兴趣时甚至能端端正正、聚精会神地坐半个小时，而有的幼儿在松散的学习环境中才能精力集中且思维活跃。

（3）教师所有劳动都要服务于幼儿的学习活动

教师应将作为学习者的幼儿和幼儿的学习作为教学活动中的关键因素，注重研究幼儿的学习特点和学习方式，了解智力因素和非智力因素以及来自家庭、教师、幼儿园环境等多种外部因素对幼儿学习的影响，在此基础上尽可能为幼儿提供具备多样化选择的支持性学习环境，以保障幼儿在学习活动中的主体地位。

思考与讨论

有的幼儿，只有当教师允许其用自己喜欢的姿势随意地坐在椅子上听故事时，精力才能集中，假设你是该幼儿的教师，遇到这样的情况会如何处理？

3. 教学活动内容

教学活动内容是教学活动的具体任务，教学活动过程实质上是教师和学生一起完成教学活动内容的教与学的过程。

幼儿园教学活动的内容可以整体划分为五个领域，即健康、语言、社会、科学、艺术。教师应当根据幼儿园教育目标，综合考虑德、智、体、美、劳各育的具体内容与要求，结合幼儿发展的客观实际，选择与现实生活密切联系的，对幼儿健康发展有益的教学活动内容。

4. 教学活动采用的手段和方法

教学活动的手段和方法是教师有效传递学习信息、激发幼儿学习兴趣、帮助幼儿理解学习内容、保证教学活动顺利进行、实现教育目标的主要载体。选择适当的幼儿园教学活动的手段与方法，是幼儿园教师必备的教育能力，为了帮助教师选择适当的教学活动的手段与方法，下一节专门介绍开展幼儿园教学活动常用的教学手段和教学方法。

思考与讨论

你能说说幼儿园课程、幼儿园教育活动、幼儿园教学活动之间的逻辑关系吗？你能说说幼儿园教育、幼儿园教学之间的逻辑关系吗？

第二节　幼儿园教学活动的原则、手段与方法

本节在讨论幼儿园教学活动应当遵循的原则的基础上，介绍幼儿园教学活动常用的手段与方法。

一、开展幼儿园教学活动应遵循的原则

幼儿园教学活动的原则是根据幼儿园教育的教育目标、教育任务，针对幼儿身心发展特点，在总结教师教学经验的基础上提出的组织幼儿园教学活动必须遵循的基本要求。它贯穿幼儿园教学活动的全过程，全面指导幼儿园教学活动。

开展幼儿园教学活动应当遵循教育的一般性原则，尤其是要遵循《规程》中提出的“幼儿园教育应当贯彻的原则和要求”，特别提出遵循以下原则的具体要求。

思考与讨论

在教师指导下，查找资料，讨论、总结“教育的一般性原则”包括哪几个方面。

1. 思想性原则

思想性原则是指教师在开展教学活动的过程中必须注重对幼儿进行个性品质包括道德行为规范的教育。

“幼儿园全面发展教育”一章讲述了幼儿德、智、体、美、劳教育的意义，从中可以看出幼儿教育的重要性。可以说，幼儿教育是基础教育的基础，而这种基础中最重要的是幼儿个性品质尤其是道德品质的培养。由此可见，思想性原则在幼儿教学活动中非常重要。

幼儿教师一定要加强思想政治理论学习，具备良好的个性品质和道德修养，在此基础上，注重在开展教学活动的过程中，按照党和国家的要求，针对幼儿身心特点采取切实可行的手段和方法，对幼儿进行个性品质和道德行为规范的教育。例如，引导幼儿练习平衡木时对幼儿进行勇敢品质和意志教育，组织幼儿开展集体游戏时对幼儿进行协作精神和集体主义精神教育，组织幼儿参观动物园、植物园时对幼儿进行爱护环境、热爱家乡的教育，指导幼儿开展认识国旗、国徽、党旗、党徽活动时对幼儿进行爱国、爱党教育，都是在开展幼儿教育活动过程中贯彻思想性原则的具体体现。

思考与讨论

我国的基础教育包括哪几个阶段的教育？

2. 科学性原则

幼儿园教学活动所传授的知识、技能、经验虽然是粗浅的、启蒙的，但绝对不是随意的更不能是错误的，所采取的组织形式和活动方法也不能超越幼儿的身心特点。在幼儿园教学活动中，教师向幼儿传授的知识、技能、经验等必须符合科学原理、客观规律，所采用的形式和方法也要符合幼儿的认知特点。例如，教师向幼儿讲解“天上为什么会下雨”时，将答案编成儿歌教给幼儿，教学内容符合科学原理，教学方法符合幼儿认知特点，幼儿容易理解、乐于学唱，整个教学活动很好地贯彻了科学性原则。

应当注意的是，幼儿园教学活动的思想性原则与科学性原则是相统一的，科学性是思想性的基础，没有科学性，思想性就无从谈起，反过来，没有思想性，科学性就难以保证。教师要在注重个性品质和道德行为培养教育的基础上，采用科学的方式方法教给幼儿科学的知识、技能、经验；在采用科学的方式方法教给幼儿科学的知识、技能、经验的过程中，对幼儿进行个性品质包括道德行为规范的教育。

3. 活动性原则

大量实验结果的分析证明，幼儿是在参加各种形式的实际活动中不断积累经验，调节、更新认知结构，从而不断发展的。教师在开展教学活动时，要针对幼儿喜欢活动的特点，组织与教学内容相应的丰富多彩、生动有趣的各种形式的活动，吸引幼儿参加，让幼儿以积极主动的状态在活动中学习并获得发展。

教师要更好地贯彻活动性原则，除了组织丰富多彩、生动有趣的活动，还要努力为幼儿提供足够的活动材料、充分的活动时间，保证幼儿参与活动的机会。

在幼儿参与活动的过程中，教师要鼓励幼儿大胆操作、勇于探索，与同伴积极协作，并注意结合幼儿的个性特点和个性化需求进行个性化指导。

4. 直观性原则

直观性原则是指教师在教学活动中注意运用实物或教具材料，充分调动幼儿的各种感官，丰富幼儿的感性经验，引导幼儿获得直接具体的感知。

就目前看，幼儿园直观手段包括实物直观（如观察实物、标本、小实验等）、模具直观（如观察图片、图书、模型、沙盘、玩具等）、电化教具直观（如幻灯、录音、录像、唱片、电视、电影、多媒体课件等）、语言描述直观等多种形式。教师可以根据教育目标、教育内容、幼儿实际等因素具体选择。运用直观手段时，要注意为幼儿提供尽可能多的参与实践活动的机会，更好地训练幼儿的感知能力和动手能力。

5. 激发性原则

激发性原则也称启发性原则或积极性原则，是指教师在教学活动中通过各种科学手段调动幼儿学习的积极性，促进幼儿积极参与到教学活动过程中，使教师的“教”转化为幼儿的“学”，使幼儿成为学的主体、活动的主人。

贯彻激发性原则，教师除了在选择和编排教学内容时注意幼儿知识、技能、经验等方面的基础，在设计教学活动计划时注意强化师幼互动环节，还要注意在教学过程中尽可能地采用启发式教学方法，同时，要注意鼓励幼儿多方面的参与、尝试和创造，包容幼儿在参与和探索过程中“与众不同”的行为甚至“出错”现象。另外，为了最大限度地调动、发挥幼儿的积极性、创造性，在保证思想性、科学性的前提下，教师可以调整自己的教育指导方式，甚至适当调整有关教育内容。

思考与讨论

教师引导班上的幼儿各画一辆小汽车，结果个别幼儿画的小汽车除了四个轮子，还有一对翅膀。如果遇到这种情况，你如何评价这份“作业”？

6. 发展性原则

幼儿园所有教学活动的目的最终都是为了促进幼儿的发展。具体地讲，幼儿园教学活动要能使参与活动的所有幼儿某一个或多个方面在原来水平的基础上都能得到最大程度的提高，这就是幼儿园教学活动的发展性原则。

贯彻发展性原则，教师首先要深入研究幼儿，研究幼儿现有的知识、技能、经验水平以及认知特点，评估幼儿的发展潜力，而后结合活动目标研究幼儿发展的需要，选择和编排活动内容，并围绕教学活动内容开展教学活动，使幼儿实现既定的发展目标。教师通过研究幼儿，还可以发现幼儿在个性品质等方面存在的不足之处，便于在教学活动中运用适当的、有针对性的方式方法，引导幼儿修正自身存在的不足，向积极的方向发展。研究已经证明，对幼儿的态度、兴趣、习惯以及责任感、自信心、意志力等方面个性品质的培养，往往比具体知识、技能的教学更能促进幼儿的终身发展。所以，幼儿教师贯彻发展性原则，一定要树立终身可持续发展的教育理念，注重对幼儿终身发展所需素质的培养。

思考与讨论

对幼儿的态度、兴趣、习惯以及责任感、自信心、意志力等方面个性品质的培养，往往比具体知识、技能的教学更能促进幼儿的终身发展。谈谈你对种观点的认识。

二、开展幼儿园教学活动常用的教学手段

教学手段实际上就是教学活动所采用的师生相互传递信息的辅助工具，主要分为传统教学手段、现代化教学手段两类。传统教学手段主要指一部教科书、一支粉笔、一块黑板、几幅挂图，甚至是自制教具等。现代化教学手段包括各种电化教育软硬件，诸如投影仪、电视机、计算机，以及网络技术、多媒体技术和各种软件资料等。过去，利用声、光、电等现代化科学技术进行辅助的教学手段称为电化教学，随着 20 世纪 80 年代

多媒体技术的兴起，电化教学在声、光、电的基础上加入了计算机应用技术，综合处理图形、图像、声音、动画等各种教学资料，满足了多种教学模式，人们将现代电化教学称为多媒体教学。

教师除了应用传统教学手段，应努力紧跟教学手段的发展趋势，保证自身能够根据教学活动的要求自如地选择各种教学手段。

三、开展幼儿园教学活动常用的教学方法

开展幼儿园教学活动常用的教学方法主要有活动教学法、直观教学法、口授教学法三大类。

1. 活动教学法

这是一类以幼儿的实践活动为主，通过引导幼儿开展实践活动完成教学任务的教学方法，是幼儿园开展教学活动最常采用的教学方法，具体又分为游戏法、实验法和操作练习法。

（1）游戏法

游戏法是指教师以游戏的口吻或者通过有规则游戏组织幼儿开展教学活动的方法。游戏法能将教育目标和幼儿的兴趣通过游戏结合起来，在幼儿感兴趣的氛围中轻松地完成任务，在幼儿园各领域教学活动中得到广泛采用。

运用游戏法开展教学活动时，教师应注意：第一，既可以将游戏作为教学活动的一个环节，还可以用一个游戏贯穿于整个教学活动中。第二，应清楚地认识到所采用的游戏是为教学活动服务的，所选游戏的目标和规则要与教学要求相吻合。第三，游戏进行过程中，如果幼儿因为对某个无关紧要的游戏情节感兴趣而使游戏偏离了教学目标的要求，要在尊重幼儿兴趣的前提下，灵活机智地将幼儿的兴趣吸引回来，保证游戏主题环节的进行，从而确保教学活动任务的顺利完成。

思考与讨论

关于游戏与教学活动的关系，有几种说法，如“游戏是教学活动的形式”“游戏是教学活动的内容”“游戏既是教学活动的形式也是教学活动的内容”。你最认可上述哪种说法？请说说原因。

（2）实验法

当幼儿对某种事物或现象产生兴趣甚至提出疑问或设想，教师提供一定的材料或

仪器设备，引导幼儿自己动手操作，观察事物或现象的变化，寻找事物或现象变化的原因，进而验证自己的设想。这种开展教学活动的方法就是实验法。

运用实验法开展教学活动，教师应注意：第一，实验所用的材料和仪器设备必须符合规定的安全卫生要求；实验的程序应当确保幼儿在教师指导下能够独立操作；预先操作实验，并形成完美的实验指导计划。第二，实验过程中要让每个幼儿都有操作的机会，对幼儿操作的全过程都要进行观察，并提供有针对性的指导，帮助幼儿通过实验获得成功的体验。第三，实验结束后要引导幼儿寻找和归纳实验结果。

思考与讨论

设计一个实验，引导幼儿认识水的三态，设计的实验方案要符合现象变化明显、方法简单可行的要求。简要说出你认为符合上述要求的最理想的实验方案，并指出操作过程中的注意点。

（3）操作练习法

操作练习法是指教师根据教学目标的要求提供操作材料，指导幼儿按照一定的要求和程序，通过多次实践练习而掌握和巩固某种技能的方法。在幼儿园各领域的教学活动中，操作练习法运用比较常见。例如，通过听指令出示相应数量的珠子、小木棍等实物巩固对 10 以内的数的认识，通过填补图中的缺线练习画直线、折线、弧线，根据《洗手歌》练习洗手等，都属于幼儿园教学活动中的操作练习法。

运用操作练习法开展教学活动，教师应注意：第一，明确练习目的、要求和方法，并以幼儿感兴趣的操作进行练习。第二，观察幼儿练习的情况，针对幼儿练习过程中出现的问题及时做出反馈，注意启发幼儿在练习过程中想象和探索。

2. 直观教学法

直观教学法是在教学活动中让幼儿直接感知认知对象的教学方法。这里介绍直观教学法中的感知、演示和示范。

（1）感知

感知是指教师在教学活动中，有目的、有计划地引导幼儿运用视觉、听觉、味觉、嗅觉、触觉等多种感官去感知所选定的客观事物与现象，让幼儿获得感性经验，并在此基础上形成概念的教学方法。

运用感知的方法开展教学活动，教师应注意：第一，根据教学要求，做好观察前的准备工作，如确定观察目的、选择观察对象、拟定观察计划、创设观察环境条件等。第二，要在观察开始前向幼儿提出观察目的，启发幼儿的观察情趣。第三，观察过程中，先让幼儿自由观察，允许幼儿相互讨论，鼓励幼儿发现问题并提出问题；要从幼儿的兴趣点切入，启发幼儿学习观察的方法，从不同方面感知并运用语言描述观察对象。第四，观察结束，要引导幼儿总结观察形成的印象，巩固幼儿观察收获并使之条理化，从而达到比较理想的感知效果。

（2）演示和示范

演示是指教师向幼儿展示各种实物、直观教具或者为幼儿做实验；示范是指教师通过自己的语言、动作、表情等所做的教学表演，为幼儿提供具体的模仿范例。

运用演示和示范的方法开展教学活动，教师应注意：第一，演示和示范往往结合起来运用。第二，用来演示和示范的直观教具和实物要形象生动、色彩明晰且搭配适当，演示过程要清楚可见，便于幼儿观察。第三，教师的示范要生动有趣，易于引起幼儿的兴趣，示范过程简明紧凑，重点、难点突出。第四，不一定是教师的直接演示和示范，也可以是影像等资料的演示和示范。

思考与讨论

请说出一个运用演示和示范开展教学活动的例子。

3. 口授教学法

口授法是一种运用语言开展教学活动的传统教学方法。幼儿园教学活动中常采用的口授法有多种，如讲解、讲述、谈话、讨论、提问等，大体归纳为讲解法和谈话法。

（1）讲解法

讲解法主要包括讲解与讲述，其中，讲解是指教师运用口头语言向幼儿说明、解释事物或事情，讲述是指教师运用语言向幼儿叙述材料或所描绘的对象。讲解与讲述多用于针对故事性、描述性、说明性教学内容开展的教学活动。

运用讲解法开展教学活动，教师应注意：第一，讲解与讲述都要求语言生动、形象、清晰、准确，简明扼要又富有感情，能引起幼儿的兴趣且容易理解和接受。第二，教学实践中，一般不孤立地运用讲解法，可根据需要，将其与其他教学方法如观察、演示和示范、讨论等结合运用。例如，教师在向幼儿讲解“不能跟陌生人走”的安全问题时，可以先组织幼儿讨论“如果你一个人在家，有陌生人敲门，你该怎么办?”，在幼儿充分发表见解的基础上，教师分析、总结幼儿的各种见解，引导幼儿学会应当采取的安全做法。

（2）谈话法

谈话法主要包括谈话与讨论，是指教师和幼儿双方围绕某一个问题或主题，自由地发表自己的想法和意见，表达自己的感受和体验，进行相互交流、相互学习的教与学的方法。

运用谈话法开展教学活动，教师应注意：第一，谈话必须在幼儿已经具有某一方面的知识和印象时才能进行。例如，教师计划与幼儿开展“春天的景象”的谈话，就要事先引导幼儿通过多种活动尤其是通过观察，积累有关春天的认识，否则幼儿会对教师的问题感到“一头雾水”，不知所云。第二，谈话必须有明确的要求和步骤，这就要求教师在组织谈话前，要根据教学任务制定谈话主题，围绕谈话主题设计基本的谈话环节，拟定具体明确、富有启发性的问题。第三，谈话过程中，教师应适时提出谈话问题，引导、鼓励幼儿大胆地说出自己的想法，允许幼儿之间的争论；既要面向全体幼儿，也要照顾到个别幼儿；既要引导幼儿围绕中心讨论，又可因势利导拓展谈话内容，开拓幼儿视野。第四，谈话结束，教师应针对谈话主题做出简短、明确的小结，帮助幼儿形成正确的概念。

第三节　幼儿园教学活动的设计、组织与指导策略

本节介绍幼儿园教学活动的设计，包括教学活动设计的类型和教学活动方案的结构与书写要求，以及组织与指导幼儿园教学活动应注意的策略。

一、幼儿园教学活动的设计

幼儿园教学活动的设计就是编写幼儿园教学活动方案或幼儿园教学活动计划，此处采用幼儿园教学活动方案的说法。习惯上，教学活动方案简称教案。

1. 教学活动设计的类型

开展一次完整的幼儿园教学活动，教师首先需要在活动开始之前对教学活动进行预先设计（也称预演设计），还需要在活动实际进程中观察幼儿活动的情况，根据幼儿的反应，灵活调整原有方案，及时进行现场设计。活动结束，教师要分析总结本次活动的实际效果，对活动进行反思和研究，然后对教学活动进行再设计，即所

谓反思设计。

（1）预演设计

预演设计是指教师根据教学目标的要求，结合幼儿当前的需要和认知能力特点，选择适宜的内容和方法，设计教学活动的进程、步骤、可能出现的问题及解决的办法，写出教案并预演的过程。其中，预演主要是指对教案中涉及的某项活动、某些问题、某种材料的具体执行进行预先操作。具体说来，就是教师对幼儿即将进行的活动、操作，预先设想或尝试，以便在实际的教学活动开展以前做到心中有数，在实际的教学活动开展过程中有针对性地指导幼儿，保证教学活动的顺利进行。

预演设计是教师在教学活动中必须做好的工作，对于缺乏经验的教师尤为重要。例如，有些教师组织幼儿参观动物园，往往设计了“为什么保护动物?”这个问题而又不进行预演。参观结束进行总结时，教师向幼儿提出这个问题，幼儿的答案五花八门。其实，有的教师如果不好好准备，自己也难以清楚地回答这个问题，当然也就很难将幼儿五花八门的答案进行科学的归纳，最终使幼儿对这个问题形成支离破碎的理解，这就是对教学设计不进行预演的后果。

（2）现场设计

对于动态的教学活动过程，尤其是幼儿作为学习主体的动态的教学活动过程，在实际的教学活动过程中总会出现这样或那样预演设计没有预料到的情况，这就需要教师进行现场设计。现场设计即教师在教学活动现场针对预演设计未预料到的问题、现象等所要进行的教学活动的临时设计，主要包括教学方法、教学环节甚至教学内容等的临时调整。

要做好现场设计，教师需要在短时间内对活动中出现的未预料到的问题、现象等的教育价值做出判断，如有需要，能够迅速联想到针对问题、现象而开展的临时活动，及时选择一个切入点，实现从当前活动向临时活动的自然过渡。临时活动结束，教师还要引导幼儿回归到预演设计的活动中来。可见，要做好临时设计，教师需要具备高水平的直觉能力，而且还要具备丰富的教学经验、扎实的专业知识、深厚的生活积累等多方面的素质。

（3）反思设计

总结教学活动开展的实际情况可见，即使教师在活动过程中“自我感觉良好”，活动结束后静下心来对活动过程进行回顾、分析，也会发现有的内容、环节、手段或方法还是可以改进的，如上面列举的参观动物园的教学活动，在活动过程中已经出现了不尽人意的现象，就更需要进行改进了。

所谓反思设计，是指教师在教学活动结束以后，根据教学活动过程中对幼儿的观察、分析以及自身在教学活动过程中的体验，对已经完成的教学活动方案进行检视、修改、补充。反思设计能够促使教师加强教学研究，不断积累经验，提升教育教学水平，从而不断提升教育教学质量。所以，反思设计是教师教学活动设计的重要一环。

2. 教学活动方案的结构与书写要求

这里以“中班健康活动‘圆溜溜的鸡蛋’教学设计”为例，说明幼儿园教学活动方案即教案的结构与书写要求。

（1）教案名称

教案名称也即教案题目，比较全面的教案名称格式为“××班××活动‘××（活动名称）’教学设计”，如“中班健康活动‘圆溜溜的鸡蛋’教学设计”。

（2）活动主题内容及基本设计思路

简要说明教学活动主题内容和开展教学活动的基本思路。例如，“中班健康活动‘圆溜溜的鸡蛋’教学设计”的活动内容及设计思路为：观察完整的生鸡蛋和打破的生鸡蛋，从而认识鸡蛋的外观特征及内部结构；现场演示煮鸡蛋；观察熟鸡蛋的组织结构并和生鸡蛋比较。

（3）活动目标

活动目标是指对活动提出的期望，具体地讲，是指通过一次具体活动，幼儿应当获得哪些情感体验与态度，掌握怎样的学习过程与方法，获得哪些方面的能力发展，增进哪些知识、技能与经验等。例如，“中班健康活动‘圆溜溜的鸡蛋’教学设计”的活动目标为：从外观形状、组织结构等方面全面认识鸡蛋，尤其是认识生鸡蛋和熟鸡蛋组织结构的变化；初步学会煮鸡蛋。

（4）活动准备

活动准备是指为保证活动顺利进行，在活动开展之前所做的精神和物质方面的有关准备。其中，精神准备是指幼儿参加该活动需要具备的知识经验和生活体验等，物质准备包括活动场地的选择与布置、活动材料（包括教具）的选用与调试等。例如，“中班健康活动‘圆溜溜的鸡蛋’教学设计”的活动准备主要为：生鸡蛋5~10个，电磁炉一只，与电磁炉配套的锅一只。

（5）活动过程

1）开始部分。这部分也称活动导入，主要任务就是创设情境、导入活动，并激发起幼儿参与活动的兴趣。

2）基本部分。这是活动的主体过程，是教师引导幼儿主动学习、积极探索，实现活动目标的过程。

3）结束部分。活动主体过程结束，教师要对幼儿参与活动的情况（如活动中的表现、活动的收获等）给予小结、评价。

设计活动过程时，既可以按照上述三个部分编写，也可以按照活动进行的先后顺序逐条编写。例如，“中班健康活动‘圆溜溜的鸡蛋’教学设计”的活动过程，按照活动进行的先后顺序逐条编写为：第一，现场调查，了解幼儿早餐吃鸡蛋的人数。第二，引导幼儿观察生鸡蛋的外观特征。第三，打破一个生鸡蛋，引导幼儿观察生鸡蛋的组织结构。第四，现场为幼儿演示煮鸡蛋，教幼儿学习煮鸡蛋的方法。第五，剥开煮熟的鸡蛋，请幼儿观察熟鸡蛋的组织结构，引导幼儿比较生鸡蛋和熟鸡蛋组织结构的变化。

（6）活动延伸

从根据计划进行的活动中得到启发，或者引申出需要解决的问题，从而派生出新的教学活动，使原有的教学活动得到延伸。

活动延伸是机动部分，不是每次教学活动都有的内容。

（7）活动反思

这一项内容要安排在活动结束以后，教师通过对上述各项尤其是活动过程的总结、回顾、分析，找出得失，不足之处，给出改进方案，然后进行编写。

思考与讨论

请根据自己的理解，对幼儿园课程方案与幼儿园教学活动方案进行比较。

二、组织与指导幼儿园教学活动的策略

思考与讨论

幼儿园教学活动的组织与指导方式包括哪些？

组织幼儿园教学活动的方式即集体活动、小组活动、个别活动，指导幼儿园教学活动的方式即直接教学和间接教学。此外，组织和指导幼儿园教学活动还要注意以下几个

方面的问题。

1. 注重指导幼儿自主学习

一般地说，自主学习主要是指学习者在对自己的学习过程进行调控的基础上开展学习活动。幼儿的自主学习主要是指幼儿在学习品质方面的表现，如强烈的学习兴趣、主动学习的积极性，以及善于发现问题、勇于解决问题的钻研能力等。

为了积极引导和鼓励幼儿自主学习，教师在开展教学活动时，首先要充分利用已有的活动环境，如有需要则主动创设更加积极的活动环境。例如，根据活动目标的要求，结合幼儿的兴趣和已有经验，提供足够的活动材料，鼓励幼儿主动操作材料，引导幼儿通过对材料的操作以及在活动中的探索实现活动目标。当然，在幼儿操作和探索的过程中，教师要深入细致地进行观察，引导活动向实现目标的方向发展，当幼儿遇到自己不能解决的困难时，要给予及时有效的支持，确保实现活动目标。

2. 注意教育内容的综合

幼儿成长所需要的知识、技能、经验是多方面的也即综合的，这就要求教师通过教学活动最好让幼儿学到相互联系的综合性的知识、技能、经验。要做到这一条，教师除了在整体上注意考虑一定时段内各领域、各方面活动内容的平衡安排，还要注意挖掘每个活动中所蕴含的各种教育因素，力争通过一个活动的开展促使幼儿得到多方面的学习和发展。例如，“利用彩笔绘画学习数字和颜色”活动中，通过用彩笔画出各种颜色的阿拉伯数字，幼儿既学习了颜色的辨别，又学习了数字的识别，还可以结合彩笔的形状进行有关物体形状的学习，中班或大班幼儿甚至可以结合相应颜色、数字进行英语单词或词组的学习，可谓一举多得。

3. 教育任务有机渗透在游戏和日常生活中

在幼儿平时的游戏和日常生活中有机渗入相关的教育内容，既可以复习巩固所学的知识、技能、经验，又可以让幼儿在轻松自如的潜移默化中学到新的知识、技能、经验。而且，能够通过平时的游戏和日常生活完成的学习任务，一般就不需要通过组织专门的教学活动来完成了。可见，将教育任务有机渗透在幼儿的游戏和日常生活中也是一举多得。

为了使幼儿通过平时的游戏和日常生活取得上述几个方面的效果，教师要重视对幼儿游戏和日常生活的指导，相应内容在本书第六、七两章具体介绍。

4. 重视家园合作，取得家长对教学活动的支持

幼儿成长所需要的知识、技能、经验是多方面的也即综合的。所以，教师除了要注

意教育内容的综合，还要注意调动各方面的教育因素。其中，幼儿所在家庭就是非常重要的方面。所以，教师要十分重视幼儿园和幼儿家庭的合作（即家园合作），取得家长对教学活动的积极支持。

思考与讨论

上面介绍的“组织与指导幼儿园教学活动的策略”总体包括哪几个大的方面？

内容拓展

幼儿教师的“说课”

1. 说课的几种定义

（1）定义一

说课是教师通过对教育目标本身的分析，表述具体课题的活动设想及其理论依据的教研活动。通俗地讲，就是要说清教什么、怎么教、为什么这么教。说课以说为主，是教师对教案本身的分析和说明，是一种以口头叙述为主的教案分析。

（2）定义二

说课是一种教研活动，它要求教师以教育理论、教学大纲、教材为依据，针对某一课题的自身特点，结合教育对象的实际情况，口头表述该课题教学的具体设想、设计及其理论依据。

（3）定义三

说课是指教师在备课基础上，于授课之前面对领导、同行或评委主要用口头语言讲解具体课题的活动设想及其依据的教研活动，是教师将教材理解、教法及学法设计转化为“具体活动”的一种课前预演，也是督促教师进行业务学习和教育教学研究、提高业务水平的重要途径，还是评估教学水平的有效手段。

2. 说课的内容

（1）说教材

说教材内容及在教学中的地位和作用，通过分析所选活动主题的内容特点，指明其在整体或主题体系教学中的地位。

（2）说幼儿

对幼儿现状进行简要分析，主要包括幼儿的年龄特点、身心发展状况、原有知识和基础技能的掌握情况、智力的发展情况，以及非智力因素（包括兴趣、动机、行为习惯、意志等）的发展状况。

（3）说目标

先说主题目标，再说本次活动目标，主要从情感、态度、能力、知识、技能等方面综合地表达出来，并能体现主题的教育要求，最后说确立此目标的依据。

（4）说重点难点

说所确定的活动的重点难点以及确定的依据，说重点难点的解决方案。

（5）说教法

主要说明教学方法及教学手段的选择和运用。要根据教材的特点、幼儿的实际、教师的特长以及教学设备情况等，说明选择某种方法或手段的依据。

（6）说活动准备

具体包括活动前的准备（资料收集、环境创设、家长工作、社区协调等）和活动中的准备（有关玩具、教具等材料，包括幼儿用书、教学挂图等）。

（7）说学法

说出要教给幼儿哪些学习方法，培养幼儿哪些能力，并结合活动目标、教材特点、幼儿年龄特点具体地说出设计依据，主要说明幼儿要“怎样学”的问题和“为什么这样学”的道理。要讲清教师是如何激发幼儿学习兴趣，引导幼儿主动、积极探索的；要讲出教师是怎样根据班级特点和幼儿的年龄、心理特征，运用哪些教育教学规律指导幼儿进行学习的（根据活动内容和采取的方法及手段，教给幼儿一些学习的方法，做到“授之以渔”）。

（8）说活动过程

这是说课的重点部分。说活动过程就是说明整个活动的流程，即各个活动环节的实施过程。按照活动的先后顺序说明每一环节所用的大体时间，重点说明主要环节的双边活动，要致力于活动难点和重点的突破。具体内容只需要概括介绍，只要听者能听清楚“教的是什么、怎样教的”就行了，不能按教案像组织幼儿活动那样讲。

注意，在介绍活动过程时不仅要讲活动内容的安排，还要讲清“这样安排”的理论依据（包括“纲要”依据、课程标准依据、教学法依据等）。

（9）展示辅助课件

所制作的课件要起到突出本次活动重点、降低难度以突破难点的作用。展示课件时还要简述自己设计、制作的思路和过程。

3. 实施说课需要注意的几个问题

（1）认真拟定说课稿

根据前文内容撰写说课稿时，一定要注意，“说课稿”不同于“教案”，“教案”的重点是“怎样教”，而“说课稿”则重点说清“为什么要这样教”。

（2）使用普通话

全社会都在大力推广使用普通话，教师要积极使用普通话进行说课。

（3）充满激情，大方自然

说课时不但要精神饱满，而且要充满激情，要使听者首先从表象上感到说课者对说课的决心与自信，从而感染听者，引起共鸣。

（4）紧凑连贯，简练准确

说课的语言应具有较强的针对性，语言表达要简练干脆，要有声有色，灵活多变，前后连贯紧凑，过渡流畅自然。

（5）自然而有效地使用多媒体

在说课时，要注意将现代化的电教手段（多媒体）组合在说课的主体里，使说课更加生动，从而取得最佳效果。

作　业

一、简答题

1. 如何正确理解幼儿在教学活动中的主体地位？

2. 简要回答什么是多媒体教学。

3. 教师利用操作练习法开展教学活动，应注意哪些方面的问题？

4. 教师利用观察法开展教学活动，应当注意哪几个方面的问题？

5. 幼儿园教学活动方案包括哪几个项目？

6. 说说你对直接经验、直观教学法、直接教学方式的理解。

二、实践题

走访幼儿园，选择一个中等难度的幼儿园小班教学活动，设计并编写该活动的教学方案，借鉴说课的方式，先以小组为单位开展一次教学活动方案展示活动，然后每个小组推荐一名学生，以班级为单位开展一次教学活动方案展示活动，展示结束，将全班学生设计的教学方案出一次黑板报专栏，供大家相互观摩、借鉴。

第六章 幼儿园游戏活动

本章除介绍有关幼儿园游戏活动（简称幼儿游戏）基础知识外，主要介绍幼儿游戏的组织实施，包括幼儿游戏的准备、观察、指导、评价。此外，鉴于幼儿游戏材料在幼儿游戏中的重要作用，本章对有关内容进行专门介绍，以期帮助大家更好地选择、使用、制作幼儿游戏材料。

组织学习《规程》第二十九条。

第一节　幼儿游戏概述

一、幼儿游戏的性质及其特点

1. 幼儿游戏的性质

如果实地考察幼儿在园一日生活，就会看到，幼儿游戏占据了幼儿保育和教育生活的大部分时间。可以说，幼儿一日在园生活是以游戏为中心的，即使吃饭、睡觉，有些幼儿也会以游戏的形式进行，有的幼儿带上布娃娃一起午休，就是活生生的例子。可见，幼儿游戏是幼儿最喜爱的活动，是幼儿生活的主要内容。究其原因，幼儿成长的过程中会产生各种需要，如认知的需要、运动的需要、操作和探索的需要、交往的需要等，但是，由于年龄、心智、表达和行为能力等各种限制，幼儿又不能像成年人那样在现实生活中做自己想做的有关事情，解决自己想解决的有关问题。于是，幼儿就会通过各种游戏活动满足自身身心发展的需要。观察幼儿在游戏过程中的表现，不难看出，幼儿在游戏过程中会用大脑思考，通过语言表达和肢体活动与人交往、与环境接触，甚至发现问题、解决问题。因此，幼儿游戏是幼儿不自觉的学习过程，是幼儿特有的一种学习方式。

综上所述，幼儿游戏是幼儿最喜爱的活动，是幼儿生活的主要内容，是幼儿不自觉的学习过程，是幼儿特有的一种学习方式。幼儿通过各种游戏活动满足自身身心发展的需要。

2. 幼儿游戏的特点

（1）幼儿的自主活动

幼儿游戏是出自幼儿自己的兴趣和愿望，是幼儿自发自愿的活动。幼儿“玩”游戏，是幼儿在没有外在压力的情况下，自主、自由地做自己想做、喜欢做的事情，玩什么、和谁玩、怎么玩、用什么玩（即游戏的内容、参与对象、方式、材料）都由幼儿积极主动地把握、决定。幼儿游戏是幼儿的自主活动。

（2）幼儿有趣味的活动

游戏能够愉悦参与者身心，其中很重要的原因就是游戏形式和内容的趣味性。而且，幼儿的身心特点也决定了幼儿游戏对幼儿更是趣味无穷。例如，幼儿在游戏中把玩具“扔”了一地，成年人感到乱而不高兴，有时甚至去制止，可幼儿却振振有词地解释“这是我的小房子”“这是我修的桥”等，甚至受到训斥还是乐此不疲、照玩不误。这其中的原因，很大程度上是游戏中形象的角色、丰富的内容、好玩的玩具等对幼儿产生极大的吸引力，从而对玩游戏产生浓厚的兴趣，有时甚至反复玩同一种游戏。

（3）虚构与现实相统一的活动

首先，幼儿游戏是幼儿充满想象的活动，它是幼儿在假想的情景下进行的，是虚构的，可以不受时间、地点、材料等客观条件的限制。他们可以用布娃娃组织一场“真人秀”，可以让玩具汽车表演一场汽车拉力赛；他们可以把自己装扮成生活中希望成为的角色，可以把狭小的场地当成开展各种各样活动的广阔天地。总之，幼儿可以利用相对于成人来说幼稚甚至简陋的条件创造出丰富的情景。但是，幼儿虚构的游戏情景一般就是其周围现实生活的写照，游戏中的人物、事件、情节、游戏规则，以及人物在游戏中的行为方式，都具有社会性特征，是幼儿根据自己的知识、技能、经验对社会生活的再创造。从这一角度出发，有人将幼儿游戏定义为“幼儿在假想的情景下反映社会生活的活动”是有道理的。

二、幼儿游戏的分类

幼儿游戏有多种分类方法。本教材依据幼儿游戏的形式、内容以及游戏对幼儿的教育功能，对幼儿游戏进行归纳分类。这种分类方法将幼儿游戏分为创造性幼儿游戏和规则性幼儿游戏。

1. 创造性幼儿游戏

创造性幼儿游戏是指教师在一定的环境中设置多个主题，幼儿根据自己的爱好自主选择、自由玩耍的游戏，或者是从游戏发起、主题确定、人员分工、材料准备、游戏进行等各个环节均由幼儿自主选择、自由玩耍的游戏。

创造性幼儿游戏又分为角色游戏、表演游戏、结构游戏。

（1）角色游戏

角色游戏是指幼儿通过想象、模仿，扮演生活中的角色，创造性地反映日常生活的游戏。角色游戏往往都有一个主题，如娃娃家、医院、超市、公交车等，所以也称为主题角色游戏。

在角色游戏中，一方面，幼儿大多是根据自己的生活经验再现成人的各种活动，游戏的主题、情节、角色、材料及其使用，一般都与幼儿的社会生活经验有关。教师的孩子喜欢演教师、医生的孩子喜欢演医生、警察的孩子喜欢演警察等，都说明幼儿对社会现实生活的印象是角色游戏的源泉。另一方面，幼儿又不会生搬硬套现实生活，有可能发挥自己的想象力对游戏的主题、情节、角色、材料进行再创造。所以说，角色游戏过程又是创造性想象过程，有人甚至认为想象活动是角色游戏的支柱。例如，某幼儿园大班幼儿在玩“超市”游戏的过程中，当“导购（售货员）”发现超市没有“顾客”要买的东西时，提出让“顾客”留下联系方式，等“进货”后通知“顾客”再来选购。“顾客”也很客气，表示不麻烦“导购”了，自己可以网购。这样的情节既有幼儿生活经验的基础，也有幼儿对一般超市购物情节的再创造。

（2）表演游戏

表演游戏是幼儿根据文艺作品的内容、情节、角色，通过自己的语言、动作、表情进行表演的游戏。“拔萝卜”“三只羊”和“小蝌蚪找妈妈”等都是幼儿很感兴趣的表演游戏。

在表演游戏中，幼儿根据自己对文艺作品的理解，依据文艺作品的情节，分角色出演不同的人物，对作品中角色的语言、动作、表情等进行创造性扮演。

表演游戏与角色游戏都是幼儿扮演角色的游戏，但是，表演游戏的素材来自文艺作品，幼儿扮演的是文艺作品中的角色，而角色游戏的素材来自现实生活，幼儿扮演的是现实生活中的角色。

表演游戏与文艺表演都是以文艺作品为表演内容，但是，在表演游戏中，幼儿可以根据自己的想象对作品增减对话、动作甚至情节、角色，是幼儿在进行创造性表演，而文艺表演则是表演者在教师组织下，比较严格地按照作品的情节、对话、动作、表情的要求进行表演，是表演者对作品进行诠释。此外，表演游戏不是以观看为目的的，即使没有观众，幼儿也会兴致勃勃、全神贯注地进行表演，而文艺表演是为了向观众表达一个主题，愉悦甚至教化观众。

思考与讨论

你是否发现过这样一种现象：当有人走近正在玩表演游戏的幼儿时，幼儿好像旁若无人，仍然聚精会神地自娱自乐。

（3）结构游戏

结构游戏是指幼儿利用各种适用的结构材料进行建造的游戏。常用的结构材料包括积木、积竹、积塑、金属材料，纸板等板类材料，塑料管等管棒类材料，沙、土、水、雪等自然材料。有的结构游戏使用一种材料，有的结构游戏则使用几种材料才能完成。

2. 规则性幼儿游戏

规则性幼儿游戏是指为了达到一定的教育目的而设计，按照一定的游戏规则才能进行的幼儿游戏。这类游戏一般由教师组织幼儿开展，也可以由幼儿在理解规则的基础上自主进行。

规则性幼儿游戏分为智力游戏、体育游戏、音乐游戏等。

（1）智力游戏

智力游戏是以生动有趣的游戏形式，使幼儿在积极愉快的情绪中增进知识、发展智力的游戏。智力游戏内容丰富，种类繁多，而且从不同的角度分类，游戏所包括的类别也不一样。从游戏训练幼儿智力的作用类型来看，智力游戏包括感官游戏（如辨别声音类游戏和识别图形类游戏）、语言游戏（如猜谜语游戏和绕口令游戏）、计算游戏（如数字比较游戏和计算速度比较游戏）、记忆游戏（如记忆数量多少的游戏和记忆时间长短的游戏）、综合智力训练类游戏（如训练事物推理游戏和纸牌与棋类游戏）等。

（2）体育游戏

体育游戏是指以发展幼儿基本动作和身体协调能力为主要目的的游戏，有的体育游戏还能训练幼儿的反应能力。很多幼儿体育游戏都是沿袭多年的传统游戏甚至是民间流传下来的，如“跳皮筋”“踢毽子”“滚铁环”“老鹰捉小鸡”“丢手绢”和“捉迷藏”等，也有不少是教师在教育实践过程中创编的，如“吹泡泡”“小青蛙跳田埂”“小蜜蜂采蜜”“投彩球”和“正说反做”等。

（3）音乐游戏

音乐游戏是在音乐伴奏或歌曲伴唱过程中进行的游戏，游戏时的动作和表情要求符合音乐的节拍和音乐所表达的内涵。许多音乐游戏如“问候舞”“抢椅子”“许多小鱼游来了”“听音找朋友”和“老猫睡觉醒不了”等，对发展幼儿的音乐感知能力、大脑反应能力、动作协调能力等都有非常积极的作用，而且生动有趣，深受幼儿欢迎。

应当注意的是，从对幼儿教育的角度出发，将幼儿游戏分为创造性幼儿游戏和规则性幼儿游戏，其实也是相对的，事实上，创造性幼儿游戏中也包含规则，否则有些游戏尤其是集体游戏就无法进行下去，同样，规则性幼儿游戏中照样可以发挥幼儿的创造性，智力游戏和音乐游戏更是如此。

思考与讨论

由于分类依据的交叉，同一种游戏可能属于不同的游戏类别。你能从上述内容或者自己的经验积累中找出典型的例子吗？

三、幼儿游戏对幼儿发展的作用

各类幼儿游戏对幼儿的发展都具有多方面的促进作用，幼儿通过游戏，玩中做、做中学、学中成长，在德、智、体、美、劳各方面得到全面发展。

1. 对幼儿身体素质发展的作用

各种不同的游戏活动量大小不同，参与游戏的幼儿身体活动部位不同，但是，总的来看，游戏中，幼儿身体各器官都处于不同程度的积极活动的状态，都会得到不同程度的锻炼，并由此促进幼儿身体的总体发展。有些游戏在户外进行，还可以使幼儿呼吸新鲜空气，增强对于环境的适应能力。同时，游戏中幼儿需要经常使用自己身体各部位以及五官，也有助于幼儿认识自己的身体机能。

思考与讨论

你能列举三种以上训练幼儿不同身体机能的游戏吗？

2. 对幼儿语言能力发展的作用

观察幼儿在游戏中的表现，可以发现，幼儿在游戏中有多种形式的语言学习、表达和交流的过程。例如，幼儿可以通过音乐、语言类游戏直接学习语言；幼儿在玩游戏的过程中，会和角色进行交流；集体游戏中，幼儿之间、幼儿在游戏中扮演的不同角色之间需要通过语言进行交流；幼儿和游戏的指导者甚至观众也会进行语言交流。各种形式的语言学习、表达和交流过程促进了幼儿语言能力的发展。

3. 对幼儿感知、思维、想象等发展的作用

幼儿完成一个游戏，往往要使用各种游戏材料，扮演各种游戏角色，完成各种游戏动作，演绎各种游戏情节。幼儿通过观察、感知、思考、想象等，通过已有知识、技能、经验，完成游戏过程的同时，学到了新的知识、技能，实现了对已有知识和技能的更新，对过去经验的重组，形成新的经验。伴随着上述过程，幼儿的感知、思维、想象等能力得到明显提升。游戏过程中出现的问题会激发幼儿的思考，使幼儿在可能的前提下，根据需要将已有的知识、技能、经验重新加以组合，找到解决问题的方法，这一过程极大地促进了幼儿创造性能力的提高。

4. 对幼儿兴趣、情感、意志等发展的作用

（1）对幼儿兴趣发展的作用

幼儿对身边的一切事物都充满了好奇，他们非常渴望参与其中。幼儿游戏既满足了幼儿的好奇心，又适合幼儿参与其中，是培养幼儿兴趣最好的活动方式。游戏中，幼儿在好奇心驱使下，充分发挥自己的自主性、想象力，探索游戏中的奥秘，一旦有所收

获，内悦于心，喜形于外。成就感和自信心极大地促进了幼儿对探索新鲜事物的兴趣。

（2）对幼儿情感发展的作用

幼儿在自我游戏中没有了来自外界的强迫和压力，其真实情感能得到自然流露和充分表达，而且表现出来的一般都是积极情绪。例如，游戏满足了幼儿的需要和愿望，幼儿在游戏中享受到自由选择权和自主决策权，通过自我努力获得成功，从而体验到快乐、自信、成就感，促进幼儿积极情感的形成与发展。此外，幼儿在玩游戏的过程中没有来自外界的强迫和压力，情绪得到放松，还有机会释放直至消除由于某些原因淤积的迷惑、不安、紧张、恐惧等消极情绪。例如，不少幼儿都害怕打针，但是，通过玩角色游戏“医院”，在教师积极鼓励引导下，幼儿成功表演了给娃娃打针的情节，从而大大舒缓了真实环境中打针产生的心理压力，在以后的打针经历中表现如常，终于战胜了参与“医院”游戏以前的自我。

（3）对幼儿意志发展的作用

有些幼儿游戏，成年人觉得对幼儿来说过于复杂，幼儿玩起来过于费时或者过于吃力，但是，幼儿却能克服各种困难，持之以恒地做下去，不达目的决不罢休。坚持的过程、克服困难的过程就是很好的锻炼幼儿意志的过程。当然，在幼儿克服困难的过程中，有时需要成年人积极地鼓励、引导，这种鼓励、引导的过程，其实也是锻炼幼儿意志的过程。

思考与讨论

你是否见过幼儿在游戏过程中表现出消极情绪？请举例说明。

5. 对幼儿社会化发展的作用

很多幼儿游戏需要参加游戏的幼儿在共同遵守游戏规则的前提下，相互协作才能完成。在这类游戏中，作为集体中的一员，幼儿学到了遵守规则及协商、合作等社会化生存的知识和技能。在学习这些知识和技能的过程中，幼儿知道了如何认识自己、如何认识同伴、如何认识集体，以及如何处理自己和同伴、个人和集体的关系等。游戏使幼儿从自我为中心发展到能够服从集体的规定、接纳他人的观点、协调彼此的行为，一旦发生困难，能够创造积极的氛围去克服，一旦发生矛盾，也能够在公平、友好的氛围中去化解。可见，幼儿游戏有助于幼儿克服自我中心、树立规矩意识、培养合群行为、提高交往能力、增强集体荣誉感，促进幼儿的社会化发展进程。

语言、兴趣、情感、感知、思维、意志、想象，哪些属于智力因素？哪些属于非智力因素？

第二节　幼儿游戏的组织实施

一、幼儿游戏的准备

1. 保障幼儿充足的游戏时间

教师要保证幼儿在园一日生活中有一定的游戏时间。例如，小班创造性游戏时间一般为 30~40 分钟，中班一般为 40~50 分钟，大班一般为 50~60 分钟。再如，小班户外体育游戏时间一般为 20~30 分钟，中班一般为 30~40 分钟，大班一般为 40~50 分钟。

教师可以根据幼儿一日生活的安排，尽量将部分零散的游戏时间整合成比较完整的游戏时间段，供幼儿充分自由地玩耍。晨间、起床后和离园前可以安排一些户外体育游戏、室内安静的游戏，上午集体教学活动后和下午可以安排一些创造性游戏。

2. 选编适宜不同幼儿的游戏

小班幼儿游戏的目的性较差，主题和内容也不稳定，喜欢模仿成人的简单活动。此外，小班幼儿常常喜欢玩平行游戏，虽然彼此玩的游戏相同，但是各人玩各人的。因此，对于小班幼儿，教师要引导、帮助其寻找、确定游戏主题，学习合作性游戏。中班幼儿开始进入创造性游戏的高峰期，有一定的游戏目的，游戏中有分工也能合作，但是计划性和组织能力较差。教师要尽量多地为中班幼儿提供条件，引导其有计划有组织地开展多种游戏。大班幼儿创造性游戏的水平较高，并开始对复杂的有规则游戏感兴趣，教师可以适当增加棋类等竞争性规则游戏的内容。

总之，教师应当根据教育任务的要求，结合幼儿的实际水平选择、创编适宜的幼儿游戏。例如，锻炼幼儿运动能力的体育游戏很多，不同的游戏难度不同，规则不同，适用于不同年龄段的幼儿。当然，有些游戏如“过障碍”“摘果子”等可以创造性地分别用于大、中、小班幼儿，但是，在游戏过程中设置的游戏难度应当有针对性，例如，“过障碍”游戏在大、中、小班幼儿中设置的障碍是不同的，规则也不一样。

思考与讨论

“过障碍”“摘果子”“小猴子走平衡木”“跳绳”和“呼啦圈”等游戏，哪些适合大班幼儿？哪些适合中班幼儿？哪些适合小班幼儿？

3. 创设良好的室内外游戏环境

室外的游戏场地要平坦，有遮阴措施，保证安全。场地中一般以放置体育游戏的大型器械和玩具等大型设备和用具为主，布置要合理，尤其不能妨碍幼儿奔跑等活动。

教师要根据场地大小、幼儿人数、教学活动的任务等创设室内游戏区。各个游戏区之间尤其是安静的游戏区和喧闹的游戏区之间，最好适当隔离，但是要注意留出通道。情节或材料等有关联的游戏例如“娃娃家”和“超市”，游戏区最好相邻。应注意定期更换游戏区。

教师要鼓励、引导幼儿参与设计、布置游戏区。

4. 提供充足适用的游戏材料

教师要尽量为幼儿提供形状逼真、色彩明快、品种适宜、数量充足且易于区分的游戏材料。对于小班幼儿，教师一般要为其提供成品游戏材料；对于中班幼儿，教师除了为其提供种类较为丰富、数量较多的各类玩具，还可以为其提供部分半成品游戏材料、可塑性游戏材料（如油泥和纸类）等，引导幼儿在游戏中进行创造；对于大班幼儿，游戏场地和材料的提供可以比中班更加灵活。例如，教师可为大班幼儿提供具有多种选择的材料区，其中除了包括反映物体细节特征的玩具等，还可以包括丰富多彩的半成品和废旧物品。

二、幼儿游戏的观察

1. 游戏观察的内容和作用

幼儿教师对幼儿游戏的观察是教师介入游戏的前提。游戏观察的内容主要包括：游戏主题和内容在对幼儿的教育作用、符合幼儿身心特点、激发幼儿游戏兴趣等方面是否适合幼儿，幼儿在游戏中的表现如精神面貌、语言、动作、与同伴之间的交往合作等是否处于积极状态，游戏材料的种类、数量、形式和功能是否适用，游戏环境是否适合游戏的开展，设计的游戏时间是否够用等。通过观察，教师能够了解游戏进展过程中的即时状况，根据实际需要及时进行有针对性的指导，同时，还能积累游戏活动的一手资料，有助于今后更好地开展工作。

2. 游戏观察的方法

目前幼儿园使用较多的游戏观察方法是扫描观察、定点观察、跟踪观察。

（1）扫描观察

扫描观察也叫分时段定人观察，具体做法是对班级参加游戏的幼儿平均分配时间，在相等的时间内对每名幼儿轮流进行观察。教师如果想了解幼儿开展了哪些主题的游戏，每名幼儿选择了什么主题、扮演了什么角色、使用了什么材料、在游戏中的表现等项内容，可以使用扫描观察法，并采用表格的形式进行记录。

表 6–1~ 表 6–3 分别列出了幼儿对各种主题游戏爱好程度、幼儿参与区域活动情况、幼儿在游戏中表现出的社会性发展水平观察记录参考样表。

表 6–1　幼儿对各种主题游戏爱好程度观察记录表

主题 姓名	娃娃家	医院	超市	跳绳	过障碍	小蝌蚪找妈妈	…
张 ××							
王 ××							
…							

表 6–2　幼儿参与区域活动情况观察记录表

班级		记录人		记录时间		
姓名	性别	表演区	构建区	体育区	音乐区	备注
张 ××						
王 ××						
…						

表 6–3　幼儿在游戏中表现出的社会性发展水平观察记录表

班级		记录人		记录时间		
姓名	性别	非游戏行为	旁观	无所事事	独自游戏	合作游戏
张 ××						
王 ××						
…						

（2）定点观察

定点观察的具体做法是教师固定游戏中的某一地点，对在此点活动的一名或多名幼儿进行观察。这种观察适合于了解一个区域或一个主题幼儿游戏的情况，一般多在游戏过程中使用。

内容拓展

游戏定点观察记录示例

大一班的“娃娃家”区域里有锅、碗、杯子和勺子。周五上午九点，大一班幼儿开始进行分组游戏时，欣欣和云云来到“娃娃家”区域。欣欣拿起杯子和勺子，用勺子在杯子里搅拌，一边搅拌一边喊道：“卖豆浆了！卖豆浆了！谁喝热豆浆？”云云走近她，问道：“你在干什么？”欣欣回答：“我在熬豆浆呢。”云云说：“豆浆也不好喝啊？”欣欣说：“豆浆可有营养了，小朋友都得喝。”云云说：“你别熬豆浆了，做火锅吧。火锅里有肉、有菜，也有营养。”欣欣说：“好吧，那我给你做火锅。”欣欣于是拿起锅放在炊具台上，“可是没有菜啊！我去买菜去。”欣欣说完就离开了“娃娃家”区域。

这时宁宁走过来，看见炊具台上有锅，就问：“这是谁做的菜呀？”云云回答说：“我们在做火锅呢。”“哦，那我来拌调料吧。”宁宁高兴地拿起一个小碗拌起了调料。

一会儿，欣欣拿了些蔬菜（绿色的玩具）回来了，她将这些蔬菜倒进了锅里，云云又找来了肉片（红色的纸片）放到锅里，还对两个同伴说：“这是羊肉片，可好吃了。”说着就要捞起来吃。欣欣这时拦住了她，说：“还不行，水还没开呢。”又过了大约两分钟，宁宁说：“可以吃了，我都闻到香味了。”于是，三个幼儿就“吃”了起来。小玉和鹏鹏也闻声来到了“娃娃家”区域，欣欣、云云和宁宁热情地邀请他俩参加，五名幼儿一起像模像样地涮起了火锅。

（3）追踪观察

教师事先确定观察对象，一般为一到两人，紧跟被观察者活动轨迹进行观察。这种观察方法适合于观察了解个别幼儿在游戏某一过程或全部过程中的情况，对特定对象获得更为全面详尽的信息。

无论是定点观察还是追踪观察，其结果既可以用文字描述也可以用表格形式记录，不论采用哪种形式，一般都包括观察记录名称、观察目的、观察时间、观察地点、观察对象、观察人或记录人、观察内容等项目，最好还要有针对观察内容的分析。其中，观察内容是观察记录最核心的部分，教师应在认真、仔细观察的基础上做好翔实描述。

除以上方法，还可以根据观察需要采取其他相应的观察方法。

三、幼儿游戏的指导

幼儿游戏的指导贯穿在游戏从准备到结束的整个过程中。

1. 幼儿游戏的指导途径

（1）尊重与激发

教师对幼儿游戏的指导要以尊重幼儿游戏的自主性为前提。教师必须从内心深处重视幼儿游戏，在实际工作中有意识地主动采用游戏的手段、游戏的方法开展保教活动，尽力满足幼儿对游戏的需求。教师在游戏开展过程中充分尊重幼儿游戏的自主性，满足幼儿对游戏的倾向性，保障幼儿在游戏中快乐成长。此外，教师对幼儿游戏的重视、对幼儿游戏自主性的尊重，会极大促进幼儿参与游戏的积极性、游戏过程中的创造性。而且，当幼儿体验到教师对幼儿游戏的重视、对幼儿游戏自主性的尊重，会加深对教师的感情，从而更加亲近教师、尊重教师，自然也就更加遵从教师的指导，所谓“亲其师，信其道”就是这个道理。

除了对幼儿游戏的重视、对幼儿游戏自主性的尊重，教师平时还要注意丰富幼儿的生活经验、创设适宜的游戏环境。当幼儿游戏取得积极进展时，教师要表扬鼓励；当幼儿游戏出现困难时，除了技术上的指导，教师要加油鼓劲，激励幼儿坚持将游戏进行下去。如果确有必要，教师还可以通过巧妙介入游戏中扮演游戏角色等多种途径，进一步激发幼儿的游戏兴趣、积极性、创造性，以及幼儿在游戏过程中战胜困难的自信心和顽强意志。

（2）参与

不少教师认为，教师是幼儿游戏的指导者，应当从旁观察并指导甚至指挥幼儿游戏。其实，教师要想充分发挥自己在幼儿游戏中的指导作用，其中一条重要途径就是积极参与到幼儿游戏当中。有人把这种教师利用参与幼儿游戏过程对幼儿游戏开展指导的方式称为交叉式介入。

无论是教师在幼儿的邀请下，以某个角色参与到幼儿的游戏中，还是教师通过对幼儿游戏的观察，选择适当的时机，以某个角色的身份主动参与到游戏中。只要教师认为时机适合，参与到幼儿游戏中，成为幼儿普通伙伴中的一员，让幼儿感受到教师对自己的支持，就能大大提高幼儿参与游戏的积极性，促进游戏的开展。教师也能在游戏的过程中更加深入地了解幼儿及幼儿游戏的开展情况，更好地掌握游戏指导的主动权，更加自如地指导幼儿游戏。而且，这种通过角色参与引导游戏开展的指导方式润物无声，幼儿在不知不觉中就接受了，比教师只在一旁说教、指挥具有更加积极的作用。

内容拓展

教师参与幼儿游戏技巧案例

幼儿常常喜欢扮演自己熟悉而又处于主动地位的角色，以满足自己在游戏中支配别人、让其他角色听从自己指挥的愿望，这时，教师可以以客人、顾客、司机等属于从属地位的角色参与到游戏当中，并注意适时采取适当的方式方法策动和引导幼儿，使游戏积极地开展下去。

（3）引导、干预

由于幼儿知识、技能、经验比较贫乏，思维能力、行为能力、辨别是非能力和规则意识较差，游戏过程中会出现困难甚至波折。例如，在游戏过程中，有的幼儿不能正确使用玩具而将玩具损坏，有的幼儿故意破坏玩具，有的幼儿不遵守游戏规则甚至乱丢玩具、乱动剪刀、打骂争斗。教师要注意跟踪幼儿游戏过程，观察幼儿在游戏中的表现，一旦发现消极现象，要积极向正确的方向加以引导。确有必要时，教师应理性科学地进行干预，矫正幼儿不正确的想法和做法，保障游戏沿着正确的方向进行，直至取得成功。有人把教师直接介入幼儿游戏、直接干预幼儿表现而开展游戏的指导称为垂直式介入。

教师引导、干预幼儿游戏技巧案例

幼儿无意损坏了玩具，教师可以扮成修理工上门修理，并启发幼儿学会正确使用玩具；幼儿有意损坏玩具，教师可以以玩具的视角和语气求救，让幼儿知道玩具被损坏后的坏处，明白玩具损坏后对幼儿游戏的损失；幼儿不遵守游戏规则甚至乱丢玩具、乱动剪刀、打骂争斗，教师可以理性地加以制止，然后告诉幼儿这样做的危险、危害，以及作为游戏中的一员，应当有的正确态度、言行，并告诉幼儿正确的态度和言行对游戏、对其他幼儿、对个人的积极效果。

2. 幼儿游戏的指导形式

教师指导幼儿游戏的形式包括语言指导和行为指导。

（1）语言指导

语言指导包括发问、鼓励和赞扬、建议等。

1）发问。当教师需要了解幼儿游戏准备或开展的具体情况、幼儿对游戏的想法，或者教师想对幼儿进行启发、提示时，可采用发问的形式对幼儿游戏进行指导。教师用平和亲切、启发式的语气如“小朋友的游戏准备得怎么样了?”“你对游戏还有什么好的建议吗?”“你有什么好的办法解决这个问题吗?”“你想一想（看一看），这个办法怎么样?”向幼儿发问可以调动幼儿思考和行动的积极性，使其全身心地投入到游戏当中，保证游戏的顺利开展。

2）鼓励和赞扬。鼓励和赞扬主要是指教师针对幼儿在游戏中表现出的积极行为尤其是创造性行为进行肯定、激励。教师可以根据具体情况在游戏过程中适时进行鼓励和赞扬，或者游戏结束后总结讲评时进行鼓励和赞扬；可以针对游戏集体集中给予鼓励和赞扬，也可以针对某一名幼儿单独给予鼓励和赞扬。

3）建议。建议是指教师通过语言给幼儿暗示、和幼儿协商、要求幼儿做什么或如何做。这种指导形式适合当幼儿遇到疑惑时使用。当幼儿在游戏中出现不恰当的行为时，教师也要给幼儿提建议。

（2）行为指导

行为指导是指教师利用自己的表情、眼神、动作等指导幼儿游戏的进行。由于幼儿身心特点所致，教师的语言有时不能被幼儿透彻理解和接受，而教师的行为相比语言来说，一般容易被幼儿理解、学习。所以，就幼儿游戏而言，行为指导有时比语言指导效果可能更好一些，如果教师能够在指导幼儿游戏的过程中将二者有机结合起来，效果会更加完美。

从玩具等游戏材料提供、场地布置，到动作示范，教师对幼儿游戏的行为指导包括了幼儿游戏的全过程。例如，游戏材料提供方面，教师给幼儿提供需要多人合作才能进行游戏的综合型材料，鼓励幼儿寻找同伴一起玩游戏，可以发展幼儿的社会性行为，给幼儿提供一物多用的游戏材料，可以促进幼儿想象力和创造力水平的提高。又如，场地布置方面，在同一个游戏室开展不同类型的游戏时，为了不相互干扰，教师最好将游戏场地分割开来；场地允许的情况下，对于情节比较复杂的游戏，可以通过变换场地完成不同的游戏情节，不仅更符合游戏情节的背景，而且更加吸引幼儿。再如，动作示范方面，进行创造性游戏时，如有必要，教师可以进行示范性表演，将表演技巧展现给幼儿，指导幼儿模仿的同时也激发了幼儿的表演欲望；进行规则性游戏时，教师通过讲解、示范，能够指导幼儿理解并掌握规则、学会动作要领。对于道具复杂、动作复杂、情节复杂的游戏，教师在示范以后，如果认为幼儿不能较好地掌握要领，为了方便幼儿模仿，可在幼儿游戏过程中，在附近玩相同的游戏，有人将这种指导方式称为平行介入。

思考与讨论

有人说，人的表情、眼神、动作也属于人的语言，你知道这是从哪门学科角度出发进行定义的吗？它们属于哪类语言？和通常说的语言有什么区别？

3. 创造性幼儿游戏的指导

（1）角色游戏的指导

1）丰富幼儿的生活经验。角色游戏反映了幼儿现实生活的经验，幼儿的生活内容越丰富，经验积累越多，创作游戏的第一手资料就越多，为幼儿发展想象力、创造力提供的条件就越充分，游戏内容就越充实。

幼儿的生活经验主要来自家庭、幼儿园、社会以及幼儿平时听、读、看到的资料。为了丰富幼儿的生活经验，教师应当有计划、经常地组织幼儿调查了解，最好是实地参观成年人的各种活动，参观过程中有意识地引导幼儿细心观察，并在参观结束后组织他们讨论、总结，帮助幼儿巩固参观成果。教师还要建议家长尽可能地创造条件带领幼儿多参加社会活动，如旅游、参观、看电影、看演出，即使在居家生活过程中，也要注意利用零碎时间多给幼儿讲讲发生在自己身上以及自己看到和听到的有意义、有趣味的故事，或者和幼儿一起看看有意义有趣味的故事类图画书。教师应提醒家长，在丰富幼儿阅历的同时要注意鼓励幼儿总结自己的阅历。例如，每次活动结束时，家长可以让幼儿口述自己的见闻，巩固见闻成果。

2）科学引导角色分配及扮演。在幼儿角色游戏中，重要的两项工作是角色的分配和扮演。幼儿年龄段不同，这两项工作也各有侧重。小班幼儿在游戏过程中时常忘记自己的角色，因此需要教师对幼儿加强角色意识培养，以便帮助他们扮演好自己的角色，做好角色之间的相互配合。中班幼儿角色意识已经比较明确，但是相互之间往往会竞争大家都喜欢的同一个角色，因此需要教师及时科学引导，例如采用自我报名、小组评议、组员推选、轮换甚至教师建议的方法完成角色分配，并引导角色之间做好相互配合。教师要利用这一过程教育引导幼儿学会处理矛盾、化解冲突。大班幼儿在角色分配和扮演方面往往都有自己的主张。对于角色分配，教师应引导大班幼儿根据角色要求结合自身特点协商安排，如有冲突，鼓励谦让；对于角色扮演，教师应引导大班幼儿在角色特点和游戏情节基础上进行创造，并鼓励角色之间做好相互配合。

角色游戏指导案例

游戏情节：小班幼儿在玩“娃娃家”。“主人”和“客人”们都在津津有味地品尝着“爸爸”为他们准备的美味佳肴，并且聊着什么。忽然，只听“砰”的一声响动，原来娃娃家“爸爸”和有些“客人”不让林林坐下吃饭，他生气地把自己的小狗熊玩具扔到了地板上。

原因分析：林林被其他同伴所冷落，就用扔东西的方式宣泄自己的不良情绪，小班幼儿尤其如此。原因可能是这一年龄阶段的幼儿缺乏一定的交往能力，在得不到同伴的友情时，也不会表达自己的想法和情感，以至于产生了不良的情绪和行为。

指导方法：教师参与游戏，用巧妙的方法把林林介绍给娃娃家的“主人”和“客人”，告诉大家林林是娃娃家的“客人”，引导幼儿用招待客人的方式来接纳新朋友。教师等林林坐下安静下来，再简单告诉林林，把这些不开心的事情告诉老师和同伴，就会得到帮助，生气还扔东西的做法不对。这个穿插的情节过去以后，游戏继续。

（2）表演游戏的指导

1）指导幼儿选择作品。用来表演的游戏作品既要适合幼儿自身特点，又要适合幼儿表演。作品内容要健康，有利于幼儿形成积极的认知观点、良好的行为习惯，不宜选择反面角色过多、打斗情节和场面过多的作品。作品要具备一定的表演性，情节有起伏但按一定主线发展且重点突出，节奏速度较快且变化明显，引人入胜又易于表演；角色的动作要适合表演，角色的对话要生动有趣且易于用动作表演；要有集中的场景且易于布置；道具要简单，最好是现有的材料或者现有材料加以改进就能满足。

2）指导幼儿理解、熟悉作品。可以通过让幼儿看、听等多种方式帮助幼儿熟悉作品，让幼儿掌握作品的主题，明确情节的发展过程，揣摩人物的表情、语言、动作，适应作品的场景，练习道具的使用。在这个过程中，教师要切记幼儿在游戏中具有自主性，自己的任务是协助、启发、引导；切记不能让自己成为导演，让幼儿成为演员，让理解作品成为作品排练，让熟悉作品成为作品彩排。

3）引导幼儿创造性地表演。当幼儿熟悉作品后，教师要引导幼儿创造性地完成表演游戏。当然，教师要针对不同年龄、不同类型幼儿进行具体指导。例如，小班幼儿不容易完成表演游戏，更难以进行创造性表演，教师要多进行讲解尤其是示范，激发幼儿表演兴趣的同时引导幼儿完成游戏，但是，也要注意不能自己指令幼儿如何演出，而是要鼓励幼儿根据自己的理解主动表演，一旦幼儿有创造性发挥，要及时表扬；中班幼儿表演欲望往往比较强烈，对于作品情节的变化，作品中人物的对话以及动作，教师要鼓励幼儿在勇于表演的基础上，根据自己对作品的理解大胆想象、勇于创造，表演出自己的特色；大班幼儿对于作品内容、故事情节、人物对话及动作往往有独到的见解，自己也能表现出一定的创造性，教师的任务除了协助幼儿更好地完成游戏，主要是引导幼儿从作品给人的启示、从人物的内心情感、从对话和动作的表情等细节向更深层次挖掘作品，向更高层次创造作品。不论是对哪个年龄段的幼儿，教师都要注意鼓励其加强相互交流、相互配合、相互促进，通过共同努力提升游戏的整体水平。

比较表演游戏的指导和角色游戏的指导，可以看出，二者有可以相互借鉴的地方，尤其是角色分配的指导方法方面，当然，由于生活角色的扮演和文学作品的表演各有不同的要求，所以，二者的指导方法也各有特色。

表演游戏指导案例

很多幼儿都喜欢看动画片《大头儿子和小头爸爸》，看得多了，就自然而然地相约玩“大头儿子和小头爸爸”的游戏，可是，大家看的进度不一样，游戏的主题很难统一。教师通过调查，统计出想玩这个游戏的幼儿看到的动画片的各个故事情节，衔接这些情节串编了“大头儿子和小头爸爸”系列游戏，每个游戏都通过让幼儿复述动画片故事情节的做法，选出小编剧、小导演，在教师帮助下，每天至少玩一个，终于满足了多数幼儿的愿望。

（3）结构游戏的指导

1）丰富和加深幼儿对结构物的印象。教师在日常生活中要引导幼儿注意观察周围物体尤其是建筑物，感知其总体形状、色泽特点、各部位名称、结构特征、组合关系等，形成基本的空间概念。

2）引导幼儿对结构造型的构思、设计、制作能力。第一，识别与使用材料的技能。引导幼儿认识结构玩具，识别结构元件的形状、颜色、大小等特征，会选用结构元件构造物体。第二，结构操作技能。引导幼儿学会积木的排列组合如平铺、延长、对称、加宽、加长、加高、围合、盖顶、搭台阶等，积塑的插接、交叉连接、端点连接、围合连接等，以及穿套编织、黏合造型等技能。第三，设计构思能力。引导幼儿整体构思构造计划，启发幼儿有目的、有计划、有步骤地进行构造活动，并能在构造实践中根据需要修改、补充，直至取得成功。第四，学习结构分析技能。引导幼儿学会看平面造型，锻炼幼儿把平面造型变成立体造型的能力，初步建立评议结构物体的能力。第五，集体构造的技能。引导幼儿在集体构造中学会分工合作，共同完成任务。

3）针对不同年龄幼儿进行具体指导。小班幼儿由于认知特点和空间想象能力以及动手能力的限制，往往没有明确的结构目的，也难以完成稍微复杂的结构任务，只是对结构材料更感兴趣。应引导小班幼儿在认识结构材料的基础上，学习初步的结构技能，努力稳定结构主体，学会整理和保管玩具材料的简单方法，养成爱护玩具材料的习惯。

中班幼儿除了对结构材料、动作过程感兴趣，结构目的已经比较明确，所以也关心结构的成果。应引导中班幼儿在掌握结构技能的基础上，大胆想象，开展共同构造，并能相互评议结构成果。

大班幼儿除了结构目的明确，技能较强，游戏的计划性也比中班幼儿和小班幼儿明显进步，为了完成比较复杂的结构游戏，能够自觉进行合作。应引导大班幼儿侧重参加结构较复杂、持续时间较长，尤其是需要较多幼儿参加才能完成的结构游戏，并引导大班幼儿对结构进行美化，能从审美的角度对结构物进行评议。

4. 规则性幼儿游戏的指导

规则性游戏（尤其是体育游戏和音乐游戏）的指导方法相似之处较多，不再分别学习，按照游戏实施一般过程介绍。

（1）做好游戏准备

在选编适合的游戏并准备好游戏场地和材料的基础上，教师必须明确游戏的重点和难点，对组织游戏的方式方法做到心中有数，尤其是要熟悉游戏的玩法和规则，事先试玩几次，验证游戏的玩法和规则是否合理，如不合理，则应弃选或进行科学修正。

（2）指导幼儿学会玩游戏

教师要用符合游戏要求又适合幼儿理解水平的语言和动作，向幼儿讲解游戏的玩法和规则并进行示范。对小班幼儿，最好采取边讲边示范的做法，讲解要注意简明、形象、有趣味，游戏的玩法可以分解练习，游戏规则可以逐步提出；对中班幼儿，游戏的玩法和规则需要进行讲解和示范，游戏玩法的练习和游戏规则的训练应根据幼儿的实际接受能力探索分段实施还是整体进行；对大班幼儿，游戏玩法和规则可以侧重讲解，鼓励幼儿主要通过自己的理解和练习学会玩游戏。

教师可以直接面对全体参加游戏的幼儿进行讲解和示范，也可以先针对选出的幼儿代表进行讲解示范，再让幼儿之间相互学习，直到全体幼儿都会玩选定的游戏。

（3）组织幼儿积极参加游戏

在幼儿自主游戏过程中，教师要注意巡回观察，要注意掌握游戏进行的时间，使每个幼儿都有玩游戏的机会。对小班幼儿，要侧重游戏玩法的指导，一旦出现不遵守游戏规则的现象，也要注意着重于指导，鼓励小班幼儿在基本遵守游戏规则的前提下，将游戏进行下去，可以提出“看看谁遵守规则”的问题。对于中班幼儿，要侧重游戏玩法的熟练程度指导和游戏规则遵守情况的检查，可以提出“看看谁规则遵守得好”的问题；对于大班幼儿，尽可能要求他们独立玩游戏并自觉遵守游戏规则，鼓励他们相互之间开展游戏竞赛，不仅努力争取最好的游戏结果，而且最好是能对游戏结果进行自我评价。

无论是小班还是中班、大班幼儿，教师都要注意根据需要，有针对性地对个别幼儿及时给予具体关心、指导。

（4）做好游戏结束工作

除了引导幼儿对参加游戏的成员及游戏整体开展自评、互评，教师还要对幼儿、对游戏从准备到结束的整个过程进行点评，对游戏中的积极因素进行表扬、鼓励，对需要改进的地方引导幼儿找到可行的改进方法，还要引导幼儿积极归整游戏材料、整理游戏场地。

内容拓展

规则性幼儿游戏指导案例

游戏课上，中班幼儿亮亮和月月在棋类游戏区玩五子棋，几盘下来，都是月月取胜，亮亮急了，在接下来的一盘较量中移动了一颗已经走好的棋子——悔棋了。这下月月不干了，说已经放好的棋子不能再移动。亮亮也不示弱，说自己本来就不想按原来的路子走，是放错了。月月理直气壮，坚持放好了的棋子就不能再动。亮亮就开始辩解，事先并没有说好放好了的棋子不能再动。月月生气了，不和亮亮玩了，找老师去说理。

一直站在一旁观察的老师问亮亮，事先有没有说好走过的棋子不能动，月月和亮亮都摇头，但是亮亮解释上次和阳阳玩五子棋时，走过的棋子可以动。老师就问亮亮，上次是怎么说好的“走过的棋子可以动”，亮亮倒是诚恳地告诉老师，是他和阳阳下棋前就说好的。老师步步跟进，既然这次没有在下棋之前就说好“走过的棋子可以动”，假如月月把走过的棋子撤回来再走一次，亮亮是不是愿意，亮亮慢吞吞地说自己也不愿意。老师感觉解决问题的火候已到，就问有什么办法使他们都满意呢？月月想了想，和亮亮商议，从现在说好，“走过的棋子谁也不能动，”亮亮见有了台阶，便同意了月月的意见，两个人还几乎同时抬头看着老师，老师微笑着赞许他们：“这就对了！”两人又高兴地玩了起来。

四、幼儿游戏的评价

对幼儿游戏活动进行评价，是促进幼儿游戏质量不断提高的重要手段。幼儿游戏活动评价主要包括游戏对幼儿教育作用的评价、幼儿在游戏过程中发展水平的评价、教师在游戏组织实施过程中指导水平的评价、游戏环境创设的评价。其中，游戏对幼儿教育作用的评价要素可以参照本章第一节。

思考与讨论

幼儿游戏对幼儿发展的作用包括哪些方面？

1. 幼儿发展水平评价

评价幼儿在游戏中的发展水平，可以通过评价幼儿的一般性发展即身心发展的一般状况来实现，主要包括幼儿个性和社会性发展水平两个方面。例如，教师要想了解本班幼儿通过一学期游戏取得的一般性发展水平，可以在学期初和学期末分别对本班幼儿进行一次“幼儿游戏一般性发展评价”，材料汇总统计后，相互进行对照分析。幼儿游戏一般性发展评价可参照表 6-4，结合自身评价活动实际完善后实施。

表 6-4　幼儿游戏一般性发展评价参照表

项目（分值）		评价标准	得分
自选情况（10 分）		不能自选（0 分）	
		自选游戏玩具（5 分）	
		自选活动及玩具（10 分）	
主题的目的性（10 分）		无意识行为（0 分）	
		主题不确定，易受他人影响而变换（4 分）	
		自定主题，能较快进入某些情境（7 分）	
		共商确定主题，主题稳定（10 分）	
材料使用（10 分）		不会使用或者简单重复（0 分）	
		常规玩法，正确熟练（5 分）	
		材料运用充分，玩法多样复杂（10 分）	
常规（30 分）	遵守规则情况（10 分）	行为混乱，不遵守规则（0 分）	
		基本遵守规则（5 分）	
		自觉遵守规则，行为有序（10 分）	

续表

项目（分值）		评价标准	得分
常规（30分）	玩具使用与整理（20分）	不爱护甚至乱丢玩具（0分）	
		基本爱护玩具（5分）	
		轻拿轻放，自觉爱护玩具（10分）	
		不能整理（0分）	
		部分整理（5分）	
		及时收放，认真整理（10分）	
社会参与性（20分）	游戏方式（10分）	独自玩（0分）	
		平行游戏（4分）	
		联合游戏（7分）	
		协作游戏（10分）	
	交往层次（10分）	消极：独占、排斥、干扰、破坏、对抗、攻击（0分）	
		一般：模仿、交谈、询问、请求（5分）	
		积极：逗趣、谦让、合作、协商（10分）	
持续情况（10分）		变换频繁（0分）	
		有一定持续性（5分）	
		始终持续（10分）	
其他（10分）		是否参与环境创设、与教师交往情况、能否正确评价游戏（按具体表现评分，满分10分）	
总体评价			

下面要介绍的“教师指导水平评价”和“游戏环境创设评价”，具体实施过程中一般也是将评价要素设计成表格的形式。

2. 教师指导水平评价

对教师在幼儿游戏中的指导水平进行评价，既要注重教师作为教育者的主导作用发挥的程度，又要强调教师对幼儿游戏主体地位的尊重，可以从以下几个方面着手。

（1）游戏进程的引导

通过介绍材料、建议活动方式、提出行为要求等，引导幼儿选择活动开始游戏；参与幼儿游戏过程，激励启发幼儿大胆操作、积极合作，促进幼儿与周围环境的相互作用；依照幼儿的不同需要给予适当帮助；游戏结束，引导幼儿、评价游戏、整理环境。

（2）多样化指导方法的探索

注意探索多样化的指导方法。例如，及时给出适宜的材料、建议，提供范例、示范，参与、启发幼儿互教互学等，根据具体情况，采用适当方法，并注意综合运用，促进游戏不断深入，全面指导幼儿行为，促进幼儿和谐发展。

（3）激励性指导方式的应用

尊重幼儿游戏自主性，创造民主平等的环境和气氛，激励幼儿积极活动，培养幼儿自主精神，鼓励幼儿探索创造。例如，设置问题情境、提供机会，引导幼儿主动克服困难、解决问题。再如，态度积极，表现出对幼儿活动的浓厚兴趣，及时表扬幼儿的良好行为，切忌强制包办和随意放任，尽量避免强行控制、制止、批评等。

（4）指导方式的针对性

在指导过程中，既照顾全体幼儿，又注意对幼儿个体的指导，针对幼儿的不同特点，给予具体帮助，尽量避免单一性的指导和整齐划一的要求。同时，逐渐增加对幼儿活动小组的指导，激发小组内幼儿之间积极的相互作用和影响。

（5）常规的建立与应用

依据幼儿不同年龄段，引导幼儿在活动中学会建立必要的游戏常规，注意发挥常规的作用，使幼儿通过执行游戏常规，逐渐形成行为自律和自我管理的能力。

3. 游戏环境创设评价

游戏环境创设评价主要是指对室内外游戏整体场地及各活动区、玩具等方面进行评估。

（1）活动区设置

活动区类型和数量是否满足游戏活动的基本需求，是否适合幼儿年龄特点和实际水平，是否有利于促进幼儿身心全面发展；活动区本身位置是否合理；各活动区之间是否协调，是否具有开放的隔断的空间搭配；活动角的布局是否合理，是否因地制宜，充分利用场地；幼儿是否有机会参与环境创设；环境中是否有自治因素。

（2）游戏材料提供

活动区内提供材料的种类和数量是否适当，搭配是否合理，是否适合幼儿年龄及身心特点；针对不同游戏的需要，同一种材料是否具有多种功能，是否对幼儿具有多种潜在的发展作用；户外场地中是否具有练习各种较大动作的设备，是否具有组合性的运动器械，是否具有可移动的游戏活动设施；材料的摆放是否方便幼儿取放；是否依照计划投放和更换材料，变换玩法。

（3）游戏时间安排

幼儿是否有足够的自由游戏时间，是否做到自选游戏和集体教学游戏的相互结合，是否有多种类型游戏时间的安排，是否有多种时段的游戏安排，是否有室内外游戏的搭配。

实际评价过程中，可以先对每类或每个活动区域分别进行评价，再对整体游戏环境进行综合评价。

第三节　幼儿游戏的材料

在幼儿园里，凡是供幼儿进行游戏的物品都可称为幼儿游戏材料，习惯上称为幼儿玩具。本节介绍幼儿玩具的特征、幼儿玩具的分类、幼儿玩具的选择与利用、幼儿玩具的制作。

一、幼儿玩具的特征

幼儿玩具具有娱乐性、教育性、安全性三个基本特征。

1. 娱乐性

幼儿玩具的娱乐性包括两个方面，一个方面是玩具本身为幼儿带来的娱乐性。玩具的色彩比较鲜明且具有多样性，充分利用单色系和多色系的结合，搭配比较和谐；玩具的造型要么是具有幽默感甚至比较夸张地反映事物典型特征的卡通造型，要么是与自然对象基本相似或极为相似的具象造型；玩具的功能种类繁多，而且很多玩具的功能比较新颖，但相对来说都便于幼儿操作，这些因素都让幼儿觉得玩具好玩。另一个方面是幼儿在玩玩具过程中给自己带来的娱乐性。幼儿通过玩玩具，进一步发现甚至掌握了玩具的好玩之处，觉得玩具真的好玩。例如“摇马”玩具除了本身让幼儿觉得好玩外，幼儿骑在上面后，上下摇晃、前后摆动，真的体验到非常好玩，有时甚至高兴得手舞足蹈、旁若无人，久玩不厌。

2. 教育性

玩具是幼儿的一部无文字教科书，在促进幼儿全面发展过程中具有不可替代的作用。玩具对幼儿具有多方面的教育作用，如在幼儿身体、语言、感知、思维、想象、兴趣、情感、意志以及社会化发展中的作用等，一般是幼儿在游戏中通过玩玩具体现出来的，这方面的具体内容可以参考本章第一节。

思考与讨论

幼儿玩具优美的造型、协调的色彩、悦耳的声音、有趣的动作等方面的特点，可以促进幼儿哪些方面能力的发展？

3. 安全性

所有幼儿玩具在材料、结构、功能等方面必须符合规定的安全卫生要求，产品上必须注明标记。

目前，各国大多采用国际玩具工业委员会制定的《国际玩具安全标准》。我国作为世界玩具生产、销售、消费大国，对玩具安全卫生要求十分严格，规定了严格的玩具使用说明及标识的标准要求，必须标明生产厂家名称、厂址、商标、使用年龄段、安全警示语、维护保养方法、执行标准号、产品合格证等十几项内容。最新的国家标准《玩具安全》（GB 6675—2014）于 2016 年 1 月 1 日起强制实施。

思考与讨论

你能说出几种不需要玩具的幼儿游戏吗？

二、幼儿玩具的分类

幼儿玩具的分类标准很多，如按照玩具所使用的原材料分类、按照玩具的功能分类等。分类标准不同，玩具所包含的类别数量不同。这里根据玩具的功能特点，结合本教材中幼儿游戏的分类方法，对幼儿玩具进行分类。

思考与讨论

本教材中，幼儿游戏分为哪些类别？

1. 形象玩具

形象玩具又称主题玩具，是模仿人物、动植物、物品等原型制作的玩具，常见的形象玩具有娃娃玩具、动物玩具、植物玩具、生活日用品玩具、交通用具玩具、劳动工具玩具等。形象玩具的显著特点是逼真，它们能丰富幼儿的多种知识，激发幼儿模仿的兴趣，让幼儿扮演各种角色，在游戏活动中得到锻炼和发展。

2. 结构造型玩具

结构造型玩具指的是各种结构材料如积木、积竹、积塑、土、泥、沙、雪、接插构造玩具、穿编玩具、螺旋玩具等。

幼儿可以利用这类玩具构造各类立体形象，如房屋、桥梁、车辆等，从而挖掘幼儿的想象力和创造力，锻炼幼儿动作的协调性和准确性。

3. 智力玩具

智力玩具是指主要用以发展幼儿智力的玩具。例如，拼图玩具可以培养幼儿的想象力、记忆力、反应能力，计算盘可以锻炼幼儿对数字的理解、记忆等能力，穿线板、七巧板、魔方、棋类可以锻炼幼儿的思维、反应能力。

4. 体育玩具

体育玩具是幼儿进行体育游戏使用的玩具，主要用来发展幼儿的基本动作如走、跑、跳、平衡、钻爬、投掷等，以及幼儿的体力。大型体育玩具包括滑梯、攀登架、秋千、转椅等，中型体育玩具包括木马、摇船、平衡木等，小型体育玩具包括球类、铁环、跳绳、沙袋等。

5. 音乐玩具

音乐玩具是指能够发出乐音的玩具，常见的音乐玩具包括各种模拟乐器如串铃、响板、铃鼓、喇叭、木琴等，以及能够发出乐曲声或者歌声的娃娃和动植物模型等。音乐玩具有助于幼儿辨别声音的强弱和远近、辨别不同的乐器、学习简单的儿歌，在这些活动中发展听觉和乐感。

三、幼儿玩具的选择及利用

1. 选择幼儿玩具的原则

（1）玩具应符合安全卫生要求

这是选择玩具最基本的标准。在选购、选用玩具时，首先要注意查看玩具所注明的标记、所附的说明是否符合国家规定的安全卫生标准，然后要查看玩具本身，是否与标记、说明一致。只有符合国家安全卫生标准，实物与标记、说明一致的玩具才能选购、使用。一般地说，玩具所使用的材料应当无毒、无异味、容易洗晒，玩具的外形及功能应当无危险性，有声响的玩具应当无噪声。

（2）玩具应具有教育性

玩具应具有一定的内涵，即包含一定的文化、科学、技术要素或者价值取向等，不论哪种类型的玩具，都应当在某一个或几个方面对幼儿具有某种程度的教育促进作用。

（3）玩具应激发幼儿的兴趣

兴趣是最好的老师，所以，选择玩具时，要从造型、色彩、功能等方面考虑是否能激发幼儿玩的兴趣。否则，不论玩具设计得多么有意义，如果幼儿不喜欢，那么它就是一个摆设。

（4）玩具应符合幼儿发展水平

不同年龄段幼儿的生理和心理发展水平不同，所需要的玩具也不同。例如，3~4 岁幼儿处于形象思维形成和发展的时期，应注意多为他们提供形象玩具；5~6 岁幼儿的抽象思维能力开始发展，应注意多为他们提供结构玩具和智力玩具。

（5）玩具的种类和数量应适当且搭配科学

玩具的种类和数量影响幼儿游戏的类型和数量，不同种类和数量的玩具相互搭配，影响幼儿游戏的性质和主题。为幼儿选择玩具时，除了注意玩具种类和数量要适当，还要注意玩具种类和数量的搭配要科学合理。例如，注意玩具之间的联系性，玩具搭配的系列化，使所选择的玩具能够成套且大小比例恰当。

（6）玩具应经济适用

选择玩具，不要以价格高低作为判断玩具“档次”的主要标准甚至唯一标准，如果一味追求玩具的高档次，不仅会造成经济上的浪费，还容易导致幼儿产生虚荣心，相互攀比，不利于形成正确的价值观。

思考与讨论

下面的做法可能会启发幼儿玩哪些游戏？第一，只给幼儿提供一个娃娃；第二，给幼儿提供多个娃娃；第三，只给幼儿提供餐具、炊具等玩具；第四，除了给幼儿提供餐具、炊具等玩具，再给幼儿提供娃娃。

2. 幼儿玩具的利用

要充分利用幼儿玩具，除了上述玩具选择的原则，关键在于教师对幼儿进行积极引导、科学指导。

教师在对幼儿进行玩法引导、指导前，自己先要掌握玩具的结构、功能、玩法，明确玩具及其玩法所蕴含的教育价值。

教师可采用提问、建议、示范、平行游戏等方式适时介入幼儿的玩具玩法指导，形成合作探究式的师幼互动。指导过程中，教师应注意密切联系幼儿的生活经验和知识经验，促进幼儿更快地掌握玩具玩法。通过研学玩具自身功能和玩具之间的相互搭配，最大限度地挖掘玩具的使用价值。充分利用玩具的教育价值，引导幼儿接受有针对性的教育。

幼儿掌握玩具玩法后，教师要引导幼儿对玩具玩法进行效果评价，进一步提升幼儿使用玩具的能力，尝试引导幼儿对操作玩具的经验及时进行总结和提升，将零散的经验上升到概念的层次，使经验得到巩固、升华和拓展。

在引导、指导幼儿的同时，教师要细心观察幼儿的特长，虚心学习幼儿的长处，完善自己的教育活动。

除了以上做法，教师还要引导、指导幼儿定期对玩具进行安全卫生检查，保证玩具的安全卫生，对不完善、不适合的玩具进行改造，直至更换。

四、幼儿玩具的制作

玩具制作是指根据客观条件自制某些幼儿游戏玩具。自制玩具能够充分利用现有资源甚至废物利用，满足游戏某些需要，降低游戏成本，培养幼儿的节约意识、环保意识，还能从某些方面对幼儿游戏进行创新、创造。如果教师引导幼儿参与玩具的制作，还能锻炼幼儿动手、动脑的能力。但是，无论教师独自制作玩具，还是引导幼儿参与制作玩具，都要注意制作过程的安全问题，确保不发生安全事故。

1. 自制玩具的一般过程

一件玩具要经过几个工序才能制作完成。具体到每种玩具，又因其设计、选材等因素的不同，制作过程也会有所区别。这里只能对玩具的一般制作过程加以介绍。

（1）立意和构思

当游戏中需要某种玩具，现有玩具不能满足需求，而原材料、加工工具、加工能力又基本具备时，如果某种原材料经过加工，可以制作成某种玩具，还可以利用其开展某种游戏，游戏组织者往往会产生创造玩具的欲望，这就是创作的立意和构思。

在已有立意和构思的基础上，根据游戏需要、客观条件等因素，对玩具的结构、造型、色彩、功能等进行进一步设计，为制作玩具做好准备。

（2）制作和检验

按照一定步骤，采用适当方法，对原材料进行加工，完成立意和构思。

制作好的玩具要经过检查、试用，符合游戏要求，安全卫生。

2. 几类玩具的制作

（1）废物利用制作玩具

根据游戏需要或者材料的用途，可以将安全卫生又能循环利用的废弃物进行加工后制作成玩具。

1）利用废旧纸质材料制作玩具。废旧纸质材料既有纸张、纸板，也有纸盒、纸筒等，灵活利用，可以制成多种幼儿玩具。

头饰、面具是幼儿园角色游戏、表演游戏等活动中常用的道具。纸质头饰、面具的设计、制作形式多种多样，有平面、有立体，可剪、可画、可折，形象生动、可爱、富有情趣。

纸塑玩具也具有多种类型。纸筒玩偶是利用废旧纸筒或者选择质地较硬的纸张围合造型做各种纸筒，在纸筒上装饰图案，可画、可剪贴甚至组合粘贴，塑成人物、动物、植物、建筑等；剪折纸立体玩偶集剪纸、折纸优点于一体，一般采取对称结构，能直立，空间感强；插结纸玩具也称插接纸玩具，利用插结（插接）技术将纸的切口互相嵌入，两个或多个面互插，获得立体造型效果，使形象更加逼真；纸袋玩具是一种套在手上的纸偶，它主要用于集体表演和分组表演；纸质拉线玩偶根据民间拉线木偶的制作原理，把线和动物的四肢连接在一起，通过拉动牵引线，使玩偶手舞足蹈，非常有趣。

纸雕塑的特点是塑造立体空间形态，舒展于表层，只要选择韧性较大的纸张，使用剪切、圈曲、扭转、折叠及撕贴等技巧，就能创造出新颖的玩具作品。例如，先在素描纸上画出形象的基本造型，依照线稿分解剪切出各个部分的形状，分别用笔杆压凸、卷曲、粘贴组合，就可制成纸浮雕装饰画。

2）利用空塑料瓶制作玩具。利用空的塑料饮料瓶，可以制作多种游戏玩具，玩各种不同游戏。在饮料瓶的一端扎许多孔，就可以当作喷水壶；把数个饮料瓶竖直排放，用皮球投掷，可以玩保龄球游戏；把大号饮料瓶一切为二，取顶端的一半做成捉球器，气球充气到比捉球器口径稍小的大小，用长度适中的线绳拴紧，线绳的另一端缠在瓶口螺纹上，用瓶盖旋紧，让幼儿手持捉球器捕捉气球，使气球刚好落进捉球器内。

（2）乡土材料制作玩具

乡土材料的选用可因地制宜、因时而异，如南方的竹子、北方的冰雪，山区的奇石、沿海的贝壳，夏天的花草、秋天的树叶等，除了可直接做游戏中的替代物，如一些植物、石头、贝壳可作为游戏中的饭、菜以及餐具等，也可直接作为玩具，如种类、大小不同的贝壳可用来玩事物分类、大小比较与排序及数字等游戏，还可经过加工制作成种类繁多的玩具，如树枝可以制成弓箭、树叶可以制成粘贴画、石子可以盖成房子、沙子可以做成沙袋，有的水果可以雕刻成各种小动物等。

思考与讨论

蛋壳外形圆滑，质地坚硬，防水防潮，内部又有一定空间，可以做成很多玩具，如小碗、小船、不倒翁等。蛋壳玩具属于上述“几类玩具的制作”中的哪类玩具？

作　业

一、简答题

1. 给出下列概念的含义

（1）幼儿游戏

（2）创造性幼儿游戏

（3）规则性幼儿游戏

（4）交叉式介入指导幼儿游戏

（5）垂直式介入指导幼儿游戏

（6）平行式介入指导幼儿游戏

2. 经典幼儿游戏“老狼老狼几点了？”和“娃娃家”分别锻炼了幼儿哪些方面的能力？

3. 为什么教师要注意定期更换幼儿游戏区？

4. 教师参与到幼儿游戏中，对幼儿游戏指导有什么意义？

5. 在角色游戏中，对于小班、中班、大班幼儿，应如何做好角色分配与扮演的指导工作？

6. 幼儿游戏环境主要包括哪些方面？

7. 选择幼儿玩具应遵循哪些原则？

二、实践题

根据玩具的分类，结合自己的经验，以学习小组为单位搜集废旧或乡土游戏材料，每组至少自制两种幼儿玩具。其中，一种事先确定，各小组相同，另一种由各小组自行创意设计并制作。全班开展一次自制幼儿玩具展评，对各小组制作的同种玩具评出制作优胜奖，对各小组自行创意设计制作的玩具评出创意设计优胜奖。各获奖小组推荐代表介绍本组制作和创意设计方面的体会。

第七章 幼儿园其他活动

幼儿园其他活动包括日常生活活动、劳动活动、节日活动和娱乐活动。这些活动与幼儿园教学活动、游戏活动一样，都是丰富幼儿知识，锻炼幼儿技能，培养幼儿良好习惯及个性品质的重要途径，都是幼儿园重要的教育活动。有关劳动活动的内容已在“幼儿园全面发展教育”中介绍过，本章介绍幼儿园日常生活活动、节日活动和娱乐活动。

第一节　幼儿园日常生活活动

本节介绍幼儿园日常生活活动的性质及特点、幼儿园日常生活活动对幼儿的教育作用、幼儿园日常生活活动的内容和要求、组织指导幼儿园日常生活活动应当注意的问题。

一、日常生活活动的性质及特点

幼儿园日常生活活动是指幼儿一日在园活动中的生活环节和一些每天都要进行的日常活动，包括入园和离园、盥洗、进餐、饮水、如厕、睡眠、过渡活动和自由活动以及散步等。

幼儿一日在园生活中，日常生活活动时间较长、内容丰富、形式多样，其中，盥洗、进餐、饮水、如厕具有重复性和随机性，过渡活动、自由活动具有灵活性，因此，幼儿园日常生活活动具有重复性、随机性、灵活性。另外，在这些日常生活活动中，幼儿要从学习最具体的生活技能开始，解决自己生活的实际需要，如使用勺子吃饭、使用牙刷刷牙、穿脱衣服、系解鞋带等。幼儿每学会一种自我服务的技能，不仅能享受到成功的喜悦，也树立起了自立、自强的意识。可见，幼儿园日常生活活动是保育和教育结合得最紧密的幼儿园活动形式。

二、日常生活活动对幼儿的教育作用

幼儿园日常生活活动对幼儿的全面发展起着重要的促进作用。

1. 日常生活活动与幼儿体育密切相关

首先，日常生活活动保证了幼儿得到合理的营养、充足的睡眠。其次，幼儿在活动中通过教师的引导、指导，经过反复训练，形成良好的生活和卫生习惯。这些都是促进幼儿健康从而完成体育任务不可缺少的手段。

2. 日常生活活动中渗透着幼儿的智育

幼儿日常生活活动中需要学习的粗浅知识包括了与他们衣食住行相关的具体的生活知识、卫生保健知识、安全知识等。结合各个生活环节的特点，可以让幼儿运用感官感知、认识生活用品的性能和用途、使用方法，并对幼儿进行观察、思考等方面的智力训练。

3. 日常生活活动对幼儿良好品德的形成有多方面的影响

幼儿通过学习必要的生活技能，做到自己的事情自己做，提高了幼儿的自理能力，培养了幼儿的自主性、独立性，有利于幼儿优良个性的形成。

生活常规的训练以及生活活动中的待人、接物、处事等，为幼儿与同伴的交往提供了机会，使幼儿得到规范自己行为、适应集体生活的教育，促进了幼儿的社会化。

4. 日常生活活动是幼儿美育的开始

生活的环境美、人们的形象美和言谈举止美，是幼儿最熟悉、最容易感受的美，是幼儿的启蒙美育，可发展幼儿对美的感受力和表现力，引导幼儿逐步形成对生活的积极态度。

5. 日常生活活动能使幼儿得到充分的劳动教育

日常生活活动与幼儿的自我服务劳动紧密相连，另外，日常生活活动中也组织开展一些集体性劳动，如绿化和美化环境、饲养动物、帮厨等。通过参加各种形式的劳动，幼儿能够懂得劳动最光荣、劳动最崇高、劳动最伟大、劳动最美丽的道理，培养爱劳动的品质和习惯，逐步树立崇尚劳动、尊重劳动的观念。

思考与讨论

请列举日常生活活动开发幼儿智力的实例，并具体说明该项活动开发了幼儿哪方面的智力。

三、日常生活活动的内容和要求

1. 入园和离园

入园和离园是幼儿一天集体生活的开始和结束，也是教师对幼儿进行个别教育和开展家长工作的有利时机。

（1）入园

入园前，教师要对活动室的卫生、安全进行检查，准备图书或供幼儿自选的玩具及其他有关材料。

入园时，教师要以亲切和蔼的态度接待幼儿和家长，按要求进行晨检，做好与家长的交接工作。如有家长和教师交流，教师要认真听取家长的陈述，耐心答复家长的问题，可对家长进行必要的科学指导。教师要及时组织入园的幼儿在室内进行分散、自由活动，也可以为他们安排一些值日工作或委托任务。

在整个入园过程中，教师应注意抓住机会主动进行随机教育。例如，培养幼儿保持仪容仪表整洁入园、有礼貌地向教师问好和向家长道别、积极参加活动和值日生工作、认真完成教师的委托任务等方面的良好习惯。

思考与讨论

幼儿入园时，家长告诉教师幼儿有点发烧？教师该如何处理？

（2）离园

离园时，教师要组织、指导幼儿参加离园前的整理活动，包括整理活动室环境和个人用品、检查个人的仪容仪表是否整洁等。整理结束，教师可简要评定幼儿在园一日的表现，安排集体性或者分散性的安静活动，让幼儿在自由放松的环境中等待家长。家长来园，教师可视具体情况简要向家长介绍幼儿在园一日重点情况，与家长交流教育幼儿的意见，指导幼儿向家长问好、向教师告别。

教师要严格执行幼儿接送制度，保证幼儿的安全，照顾好不能按时离园的幼儿并与家长协调好幼儿的交接。

思考与讨论

幼儿和小伙伴因为争抢玩具打架，鼻子碰出血了，教师已经及时进行了处理，还需要在家长来园接孩子时告诉家长吗？

2. 盥洗、进餐、饮水、如厕、睡眠

（1）盥洗

盥洗是幼儿在园一日比较频繁的活动。幼儿园要因地制宜设立科学、合理、适用的盥洗设施，实行流动水洗手、洗脸。教师要指导幼儿学会洗手、洗脸和刷牙等的技能，养成饭前、便后、参加活动结束、手脏时主动洗手，早、晚刷牙，临睡前洗脸、洗脚，定期或根据需要洗头、洗澡、剪指（趾）甲，根据需要随时使用纸巾保持清洁等良好习惯。

指导幼儿盥洗，不仅要指导幼儿学会盥洗的方式方法，还要指导幼儿认识并学会使用盥洗用具，例如教幼儿认识水龙头、肥皂和洗手液、毛巾等，教幼儿学会开、关水龙头，涂抹肥皂或洗手液，使用、叠放毛巾等。

思考与讨论

请说出六步洗手法和七步洗手法的区别。

（2）进餐

进餐是幼儿在园一日重要的生活活动，教师要为幼儿正确、安全地进餐做好以下主要工作。

1）为幼儿创造整洁安静、轻松愉快的进餐环境。禁止在就餐时批评、训斥、体罚和变相体罚幼儿，要掌握每个幼儿的进食量和进食速度，不能强迫幼儿进食，不能盲目地采用比赛的方式催促幼儿进食。

2）培养幼儿文明卫生的进餐习惯。教会幼儿正确使用餐具的技巧并做到个人餐具

个人专用，懂得初步的进餐礼仪，养成饭前洗手、细嚼慢咽、不口含食物说话、不大声谈笑、定时定量、不无故剩饭菜、饭后漱口擦嘴、平时少吃零食、饭前和睡前不吃零食，以及保持自身、桌面、地面整洁等良好的饮食卫生习惯。

3）对幼儿进行初步的营养卫生教育。多数幼儿对吃什么是很关心的，不少幼儿还有挑食的问题，教师要结合当日当餐膳食菜肴，指导幼儿认识人体所需要的基本营养素，大致知道从哪些食物中可以获取这些营养素，指导幼儿认识偏食挑食、暴饮暴食对身体健康的不利影响。此外，教师要注意对幼儿进行饮食卫生教育，指导幼儿初步了解“病从口入”的道理。例如，尽管有些食物可以生吃，但是如果食物已经不新鲜，或者未洗净、未消毒，都是不能吃的，还要注意不吃霉变的食物和被有毒物质污染的食物。

除了以上几个方面，教师还要注意照顾到有特殊情况的幼儿的饮食。例如，有的幼儿肠胃不好，有的幼儿出现轻微发烧症状，他们的饮食都需要教师格外留心。

思考与讨论

吃饭时，双唇随着咀嚼食物的节奏不断开合，是好习惯吗？为什么？

（3）饮水

保证幼儿每天喝足够的清洁开水，是教师重要但又容易被忽视的职责。教师应明确水对幼儿健康的重要性，还要教育幼儿知道水是人体不可缺少的营养素之一，幼儿在园一日生活日程中要安排集体饮水的时间并建立饮水常规。此外，教师要允许幼儿根据自己的需要随机喝水，指导幼儿学会自己使用饮水器具取水、喝水，讲究饮水卫生如不喝生水、少喝冷饮等，养成喝水的好习惯。

思考与讨论

幼儿对水的需求量高于成人，这是针对哪方面因素而言？

（4）如厕

如厕是对幼儿尤其是小班幼儿而言难度比较大的日常生活活动。

幼儿园要保持厕所清洁，对幼儿进行潜移默化的文明教育。教师要告诉幼儿憋尿、憋便对身体的危害，教育幼儿明白随地大小便是不文明的行为，指导幼儿学会使用便器、厕坑、手纸，对低龄及特殊幼儿要给予具体帮助。教师要建立幼儿如厕常规，培养幼儿定时大、小便的习惯，也要注意在集体如厕时间之外，允许有需要的幼儿随时如厕。

（5）睡眠

睡眠是幼儿养成良好睡眠习惯及锻炼自我服务能力的最佳时机。教师要保证幼儿一日在园的睡眠时间，为幼儿创设舒适的睡眠环境；要指导幼儿学会穿脱衣物、鞋袜，整理衣物、被褥，学会正确的睡眠姿势；要建立寝室常规，如睡前如厕、衣物摆放在指定位置、躺卧时不玩玩具、不口含玩具、睡醒即起床、寝室内轻轻走路和说话、不妨碍他人睡眠等。

思考与讨论

睡眠时用嘴呼吸有什么坏处？

3. 过渡活动和自由活动

（1）过渡活动

过渡活动是指幼儿从一个活动到另一个活动之间的转换活动。两次教学活动之间的活动，以及进餐前、入睡前、如厕后的生活环节都属于过渡活动。这种活动时间短暂、形式灵活，不仅使教学和生活等活动环节转换自然，避免了不必要的排队、静坐甚至散乱等消极等待现象的出现，而且丰富了幼儿的教学、生活等内容。

过渡活动的安排要根据上下两次活动的内容、形式、活动量，以及上下两次活动之间的时间长短进行确定。例如，幼儿刚刚进行了活动量比较大的体育游戏，或者下次活动是活动量比较大的劳动活动，中间一般就要安排比较舒缓的放松性的过渡活动；幼儿吃饭前、睡觉前、离园前，都不能安排活动量过大的过渡活动；两次室内活动之间，最好安排室外过渡活动。

（2）自由活动

自由活动是让幼儿自己选择活动内容、活动材料的活动。需要说明的是，有的自由活动是根据幼儿在园一日活动计划安排的，有的自由活动是结合幼儿在园一日发生的随机事件临时相应安排的。例如，下雪天引导幼儿玩雪，一般就是随机安排的自由活动。

开展幼儿的自由活动，要处理好幼儿的自由和教师的组织指导之间的关系。教师要在充分尊重幼儿自主性的基础上，做好活动的保障和引导工作，为幼儿提供比较充分的自由活动的时间、有安全保障的活动空间、比较充足的活动材料，尽量满足幼儿的兴趣需求；注意观察幼儿的表现，鼓励、支持幼儿自发的探索活动，尤其要注意引导、鼓励性格内向的幼儿积极参与自由活动特别是集体性自由活动；指导幼儿遵守活动常规、服从安全管理、学会和同伴合作、活动结束积极整理场地等。例如，下雪天引导幼儿玩雪时，教师可以鼓励幼儿走向户外，观赏雪花的漫天飞舞，观察雪花的颜色、形状，体验雪花的形状、味道、温度，引导幼儿将雪花与棉花、白糖、食盐进行比较，还可以鼓励幼儿在雪地里堆雪人、打雪仗。这样的活动既能激发幼儿的兴趣，又能让幼儿学到很多知识、技能、经验，还能让幼儿锻炼身体、增强意志，可谓一举多得。

4. 散步

从形式上看，幼儿园的散步活动是一种相对自由、轻松愉快的集体活动，其意义在于锻炼幼儿身体，培养幼儿耐力、毅力、组织性，扩大幼儿眼界，增长幼儿知识，增加幼儿美的体验和热爱家乡、热爱生活的情感，加深师幼之间的交往，为教师提供随机教育和个别教育的机会。

散步可以在本幼儿园内进行，也可以在附近公园、社区公共活动场所甚至宽敞的人行道等进行。教师事先要明确沿途的安全卫生状况，在保证安全的前提下开展散步活动，制定并向全体幼儿明确散步常规。散步时，幼儿虽然是集体活动，但可以从队列中相对自由地活动（如走走停停、玩玩讲讲）。教师在保证幼儿安全的前提下，要引导幼儿注意观察环境，启发幼儿寻找谈话主题，引导幼儿围绕主题发表谈话内容等。

思考与讨论

马路边的人行道可以作为幼儿散步的场所吗？为什么？

四、组织指导日常生活活动应当注意的问题

《规程》第二十六条、第二十七条指出，幼儿一日活动的组织应当动静交替，注重幼儿的直接感知、实际操作和亲身体验，保证幼儿愉快的、有益的自由活动；幼儿园日常生活组织应当从实际出发，建立必要、合理的常规，坚持一贯性和灵活性相结合，培养幼儿的良好习惯和初步的生活自理能力。为了贯彻上述要求，组织指导幼儿日常生活活动应当注意以下几点问题。

1. 加强幼儿生活技能的练习

任何一种生活技能都是在经常性的要求和长时间的练习中形成的。生活技能的练习过程是幼儿多种感官和身体动作参与活动的过程。幼儿通过模仿和练习，边学边做，在实践活动中养成生活自理能力、卫生行为习惯和独立精神。

生活技能的训练方法要根据幼儿的年龄特点、个别差异和班级的实际情况选用。教师要为幼儿提供动手操作的机会，引起幼儿的兴趣，让幼儿愿意重复地去做，在做中学，可提供一些幼儿不会操作或者操作有困难的材料让幼儿练习。例如，教幼儿学习使用筷子，可以提供筷子、棉花球、豆子、花生米等；教幼儿学习穿、脱衣服和系鞋带，可以提供布娃娃的衣服和带鞋带的鞋子等。引导幼儿反复练习操作技术，可以使其在较短时间内掌握一项生活技能。

有些对幼儿来说相对复杂的生活技能，例如穿脱衣服（尤其是扣纽扣和穿脱套头类衣服）、提裤子、穿袜子、穿鞋子（尤其是系鞋带）、洗手、洗脸、刷牙等，可以采用分解动作的方法，让幼儿按步骤练习操作。如目前幼儿园提倡的“七步洗手法”这样的生活技能，教师可按照步骤指导幼儿练习。为了便于幼儿记忆，教师还可以把各个步骤的要领编成儿歌或者顺口溜，教幼儿学唱、记忆。

2. 建立并引导幼儿学会遵守科学合理的日常生活活动常规

日常生活活动常规对幼儿提出了具体的规范化要求，是幼儿必须遵守的日常生活行为规则，它使幼儿知道什么时候做什么、应该怎么做，有利于幼儿自制行为能力和行为习惯的养成。建立并引导幼儿学会遵守科学合理的日常生活活动常规，是教师组织管理幼儿日常生活行为行之有效的方法。

日常生活活动常规必须符合幼儿身心发展的特点，与各种日常生活活动的内容及幼儿自理能力、行为习惯培养的要求紧密结合。常规应当是可操作的，有助于幼儿进行活动，切忌规定过细、限制过多。常规还要渗透安全管理和安全教育的因素，培养幼儿的自我保护意识和能力。

常规教育是教师帮助幼儿理解、掌握、熟悉行为规范的过程，要从少到多、从易到难地逐步提出要求，要针对幼儿的理解接受能力，通过形象化的讲解、示范，让幼儿掌握要领。引导幼儿执行常规的过程中，教师不能操之过急，要允许幼儿出现反复，要注意持之以恒，既不能朝令夕改，也不能半途而废。

3. 注意保育和教育相结合

幼儿园日常生活活动是对幼儿进行保育的途径，也是对幼儿进行教育的机会。教师在开展日常生活活动，对幼儿进行保育的过程中，要充分发挥日常生活活动在幼儿全面发展教育中的积极作用，抓住一切可以利用的机会，丰富幼儿的生活卫生常识，培养幼儿良好的生活卫生习惯，锻炼幼儿的生活自理能力和社会化行为，引导幼儿热爱生活、热爱劳动，从而做好幼儿教育工作，实现日常生活活动的课程目标。

你认为对大多数幼儿来说，穿袜子和穿鞋子两种生活技能哪种更难掌握？为什么？

第二节　幼儿园节日活动和娱乐活动

本节介绍幼儿园节日活动的含义及教育作用、组织幼儿园节日活动的基本要求、几种幼儿园节日活动及其组织，幼儿园娱乐活动的含义及教育作用、幼儿园娱乐活动的组织。

一、幼儿园节日活动

1. 幼儿园节日活动的含义及教育作用

（1）幼儿园节日活动的含义

本课程所指的幼儿园节日活动，包括为庆祝党和国家纪念性节日如国庆节、建党日等开展的节日活动，为庆祝传统的民俗节日如端午节、清明节、中秋节、春节及少数民族地区庆祝本民族重大节日等开展的节日活动，为庆祝国际性节日如三八妇女节、五一劳动节、六一儿童节、公历新年（即元旦）等开展的节日活动，为庆祝幼儿生日和迎接新生、欢送毕业生等开展的活动。

（2）幼儿园节日活动的教育作用

每次节日活动都是对幼儿进行全面发展教育的一次很好的机会。从迎接节日活动的到来到庆祝节日活动的举行，幼儿自始至终都沉浸在节日的欢乐气氛中，这种发自内心的愉快情绪非常有利于幼儿的身心健康。节日到来之前，幼儿亲身参加排练节目、活动环境布置等一系列节日活动的准备工作，不仅是对幼儿学习成果的检验，也提升了幼儿很多方面的知识、技能，培养了幼儿兴趣、情感、团结协作等多方面的良好个性品质。节日到来时，五彩缤纷的节日盛装、丰富多彩的欢庆活动，尤其是家长的参与等，浓厚的节日氛围会给幼儿带来难以忘怀的美的感受。

各个节日具有不同的思想内涵和不同的纪念意义，每次节日活动都会以不同的形式进行，可以对幼儿进行有针对性的教育。例如，在欢庆国庆节活动中，幼儿不仅加深了对我国国旗、国徽、国歌的印象，还在情感上自然地把自己与国家、民族联系起来，受到了最直接、最生动的爱国主义教育。在庆祝传统民族节日活动中，幼儿初步了解了一些我国民间习俗和风土人情，感受到民族传统文化的内涵，增强了民族自尊心。一年一度的六一儿童节是幼儿期盼的自己的节日，从活动的准备到活动的开展，他们都表现出很高的积极性，参加这次活动，对幼儿释放天性、塑造个性、提升自信、学会创造、学会欣赏、丰富内心，具有非常积极的促进作用。

思考与讨论

你对自己幼儿时期的儿童节还有印象吗？你觉得过儿童节给自己留下的最深刻的印象是什么？

2. 组织幼儿园节日活动的基本要求

（1）活动要有计划、有准备地进行

要加强节日活动的计划性，将节日活动的安排纳入全园和各班保育和教育工作计划当中，将节日活动的准备与平日的保育和教育工作结合起来。例如，在语言课、音乐课的时间，利用故事、诗歌、歌曲、图片等介绍与节日有关的知识；在音乐课的时间内排练表演类节目；在美工活动和劳动活动的时间内组织幼儿布置活动场地等。这样一来，不会因为节日活动的开展打乱原来的保育和教育秩序，不会增加教师和幼儿的负担。教师引导幼儿在轻松愉快的气氛中开展节日活动，不仅保证了节日活动的效果，而且使节日活动与日常保育和教育活动相互促进。

（2）活动内容和形式要突出节日的特色

不同节日具有不同的特色，幼儿园要按照节日的内涵和意义，开展形式多样又能表现节日特色的活动。例如，除了上面已经讲过的国庆节、六一儿童节，三八妇女节时，教师可组织幼儿开展“我爱妈妈”教育活动，鼓励幼儿为妈妈制作节日小礼物；七一建党日、八一建军节时，教师可以邀请当地有影响的党员模范代表、军人英模代表来园和幼儿一起联欢，请他们对幼儿进行革命传统、爱党爱国、拥军爱民教育，大班幼儿还可以走访当地的英模代表人物、部队驻地、荣军医院，参观革命展览馆等；教师节时，教师可以组织幼儿自制小红花，开展“平时老师奖我小红花，节日我送老师小红花”活

动；元宵节时，教师可以组织幼儿参加制作灯笼、挂灯笼的游戏活动；端午节时，教师可以组织幼儿一起吃粽子、开展讲学屈原故事会；中秋节时，教师可以组织幼儿一起吃月饼、赏月亮、开展中秋故事会；元旦时，教师可以组织幼儿一起联欢等。

（3）活动内容和时间安排要符合幼儿特点

节日活动的内容既要有积极的意义，又要适合幼儿的特点，能被幼儿理解和接受。通常的做法是把成人在节日中常做的事有选择地加以简化，变成幼儿能做也喜欢做的内容和形式。例如，端午节期间，教师可以将幼儿分组，各组幼儿的板凳以组为单位排成一只龙船，各组选出一名幼儿喊节拍，指挥本组其他幼儿搬动板凳一起向前移动，开展赛龙舟游戏。

节日活动的时间既要够用又不宜过长，不能让幼儿感到时间紧张，不能尽兴，也不能让幼儿感到松散或疲劳，从而失去对活动的兴趣。

（4）活动的开展要尊重幼儿主体地位，面向全体幼儿

教师组织节日活动，从活动的准备过程到节日活动的正式进行，都要注意以幼儿为主体，要让每个幼儿都有参与的机会。活动的计划要与幼儿协商确定，活动的准备要让幼儿广泛参与，活动的开展要让幼儿当主角。要根据幼儿的不同特点设计多种形式、安排多种角色、分配多种任务，使不同特点的幼儿都有机会参与到活动中去，展示自我的同时得到锻炼和提高。例如，组织节日表演活动，可以先让幼儿报名，确定节目单以后，没有表演任务的幼儿可以参与布置场地、迎接观众、保管和发放纪念品，甚至可以为个别幼儿临时性委派具体任务，不能只让少数某一方面有特长的幼儿充当某一活动的“演员”，其余幼儿都做观众。

（5）活动结束要注意总结和巩固活动效果

活动结束后，教师要注意组织幼儿通过谈话、绘画等方式对活动加以总结，让幼儿回忆自己对节日活动的印象和感受。如有可能，教师可以把节日活动的环境布置保留一段时间，这样更能加深幼儿对节日活动的认识，巩固节日活动的教育效果。

思考与讨论

某教师针对本班幼儿特点，一个学期举行几次唱歌、跳舞、绘画、体育、手工、讲故事等专项活动，分别组织有相应特长和爱好的幼儿参加。这样的方式算不算是面向全体幼儿开展活动？

3. 幼儿园几种节日活动及其组织

（1）全园庆祝会

六一国际儿童节、国庆节、元旦等重大节日，幼儿园可以组织全园庆祝会，各个班级都要组织幼儿参与表演节目，有时还会从各班级中选拔相应特长突出的幼儿组团表演节目或参与庆祝会相应工作。

全园庆祝会演出的节目要内容丰富、形式多样、安排紧凑，小班幼儿的节目一般要靠前安排，要以幼儿节目为主，可以穿插个别的成年人节目，而且成年人节目要符合幼儿身心特点，最好有幼儿节目的特点。

全园庆祝会一般会有简短的开始仪式，如领导、教师、家长、来宾、幼儿代表发表讲话或祝词。无论是讲话还是祝词，都要注意内容紧扣主题、积极向上、简要精练，语言生动有趣，符合幼儿特点。

结合演出进行或者在演出以后庆祝会结束以前，根据节日特点或活动内容，可安排赠送奖品、纪念品环节，活跃庆祝会气氛，让幼儿高高兴兴地结束活动。

全园庆祝会的时间一般不宜超过一个小时，在此期间要注意观察幼儿表现，可视情况需要，安排小班幼儿及有特殊情况的中、大班幼儿安静地提前离场。

（2）全园联欢、游艺活动

全园性的庆祝活动除了全园庆祝会，还可以组织全园联欢、游艺活动，这类活动娱乐性强，而且方便每个幼儿参与活动，如果组织得好，会带给幼儿很大的快乐和满足，给幼儿留下美好的印象。组织全园联欢或游艺活动，可以分别利用各班活动室，或在室外划分活动区域并根据活动性质对各个区域有针对性地具体布置。活动可以分班级进行，也可以打破班级界限组织不同班级幼儿混合在一起进行，要注意调控联欢或游艺活动的节奏。活动开始最好有简短仪式；活动的中间环节做到热闹有序，可以结合一些竞赛性项目的进行，颁发一些幼儿喜爱的小奖品，为了调动幼儿参与活动的积极性，还可以赠送一些小礼物；设置多个活动场地时，要设法避免出现有的场地拥挤、有的场地冷清的情况；要把握好活动结束的时机，如参加活动的幼儿大都参加了项目、奖品或礼品基本发放完毕等，避免出现虎头蛇尾，甚至活动还没有结束就已经冷场的现象。

（3）慰问活动

在妇女节、劳动节、建党日、建军节、教师节等节日，幼儿园可以组织幼儿对有关单位和人员开展相应的慰问活动。慰问时，既可以到慰问对象所在地开展慰问，也可以邀请慰问对象来园接受慰问，一般是教师带领幼儿对慰问对象开展慰问，如有可能，邀请家长一起参加慰问是一种积极的做法。为了充分发挥慰问活动对幼儿的教育作用，不论采取哪种形式，从组织幼儿排演慰问节目、准备慰问品，到慰问活动的全过程，都要围绕慰问的主题开展活动。

（4）班级庆祝活动

班级庆祝活动范围小，形式灵活，便于组织。教师组织班级庆祝活动时，内容和形式要注意突出主题、体现特色，除了师生，还可以邀请家长参与到活动中。这里以班级生日聚会为例，介绍班级庆祝活动的开展。

幼儿园的班级生日聚会使幼儿深切感受到教师的关爱、其他幼儿的祝福、班级集体大家庭的温暖，使幼儿体验到童年的快乐和幸福，是幼儿特别喜爱的活动之一。

班级一般是为同一月份出生的幼儿集体举行生日聚会，特殊情况下也可以为某一名幼儿单独举行生日聚会。

生日聚会前，教师要和幼儿尤其是过生日的幼儿一起讨论商定活动的日期、内容和形式，当然，有时也会有意“留一手”，现场给过生日的幼儿一个惊喜。最好是邀请过生日的幼儿的家长参加生日聚会，并希望家长为自己的孩子和同月份出生的幼儿准备简单而有意义的生日礼物。日期、内容和形式确定以后，教师要邀请家长，准备好节目、送给过生日幼儿的礼物、布置场地的材料等其他物品；要选派好聚会主持人，而且要让主持人熟悉聚会程序，如有必要，可以事先简单排练，要将有关事项通知有关幼儿；布置场地时，可以制作有幼儿情趣的图卡，画上幼儿生肖属相的动物卡通形象或者过生日的幼儿的形象，注明幼儿的生日，装点活动场地或者送给幼儿。具体开展活动过程中，教师可为过生日的幼儿戴上花环或头饰，祝贺幼儿生日；其他幼儿可以为过生日的同伴送上一句话或者一件自制小礼物等表示生日祝福；可以表演准备好的节目，还可以有现场随机性节目；家长可以给幼儿带来生日蛋糕或糖果，在过生日的幼儿发表生日聚会感言、许下美好愿望后，请全班幼儿合唱歌曲《祝你生日快乐》。

思考与讨论

你的幼儿园生日聚会给你留下的最深刻的印象是什么？

4. 幼儿园迎新活动和毕业欢送活动

幼儿园新生开学和在园幼儿毕业是幼儿园的重要节日，相应的活动是幼儿园重要的节日活动。

（1）迎新活动

幼儿园迎新活动的目的是让家长和幼儿了解幼儿园、信任幼儿园，并让新入园幼儿初步适应幼儿园环境。迎新活动不仅仅体现在家长带幼儿来园报到的那一天，而是一个阶段性的工作，其内容和形式可在一段时间内视情况而定，其组织工作一般包括以下几个环节。

幼儿正式入园以前，幼儿园可以举办“幼儿园开放日”活动，请家长带幼儿来园参观。教师要和家长及幼儿互相认识、初步了解，要引导家长和幼儿参观幼儿园大环境和活动室、盥洗室、厕所、寝室，在采取卫生安全措施的基础上，参观幼儿园食堂（厨房）。教师要向家长和幼儿介绍作息时间、课程安排等教育活动概况，最好组织家长和幼儿参观在园幼儿的保育和教育现场情况。在整个参观接待过程中，教师要态度热情、服务周到，客观介绍幼儿园情况、耐心解答家长和幼儿的问题。

幼儿入园第一天即报到，教师可以请家长陪同幼儿参加几项日常活动，如晨检、室内自由活动、早餐、如厕、盥洗，组织一次幼儿、家长以及教师共同参加的集体活动尤其是娱乐性活动，增强教师和幼儿以及家长之间的交流，放松幼儿心情，促进幼儿对新环境的适应。

幼儿入园第一周，幼儿园可以有组织地开展几次教师自我介绍、点名、幼儿自我介绍并相互认识的活动，可以有准备地安排在园幼儿的迎新活动如迎新演出等。新入园幼儿的活动以娱乐性活动、游戏活动、生活活动为主，时间要短、形式要灵活、活动材料要充足。

在整个迎新活动中，教师要加强巡视、观察，尽早记住幼儿的名字，引导幼儿及时、大胆和教师交流尤其是提出自己的问题，引导幼儿主动相互认识、交流、交往，及时发现幼儿的特殊情况并随时做好相应处理，尽最大努力帮助、引导幼儿尽早适应幼儿园环境。

（2）毕业欢送活动

幼儿结束在幼儿园的生活，进入小学学习，对幼儿、幼儿家庭、幼儿园都是一件大事、好事、喜事。所以，幼儿离园前，幼儿园都要组织全园或班级范围的毕业欢送活动，祝贺幼儿顺利结束幼儿园阶段的生活，激发幼儿对小学生活的向往，唤起幼儿即将成为一名小学生的责任感。

全园性的毕业欢送活动可邀请家长、小学教师代表、小学生代表、在园幼儿参加。

除了即将离园的幼儿代表演讲，幼儿园领导、教师致毕业贺词，可以请参加活动的各方代表做简短讲话。园长要向毕业班幼儿颁发毕业证书，向幼儿赠送毕业纪念品或小学学习用具等礼物。欢送演出也是即将离园幼儿的毕业汇报演出，教师要通过灵活多样的形式，尽最大努力安排每个毕业的幼儿参加。幼儿园有时还组织在园幼儿参加欢送活动。欢送会前后，教师要组织家长、幼儿等拍摄毕业纪念照。

毕业欢送活动时间尤其是欢送会中讲话和节目演出时间不宜过长，欢送活动过程中，往往会出现感情要好的幼儿之间、有些幼儿和教师之间恋恋不舍的情境，教师要理性、耐心地处理好这种情况，如提醒幼儿以后可以保持联系，相互交流、相互学习、相互促进，保持并加深同学、师生情谊。教育幼儿把眼光放得更加长远，不仅舒缓了幼儿的情绪，也有利于幼儿今后的发展。总之，教师要努力营造良好的欢送活动气氛，让幼儿带着对幼儿园生活的美好记忆开始新的生活。

思考与讨论

你在幼儿园毕业时得到过毕业证书吗？如果你得到过毕业证书，你还能回忆起你的毕业证书的样子吗？你还能回忆起你拿到毕业证书那一刻的心情吗？你还能找到你的毕业证书吗？

二、幼儿园娱乐活动

1. 幼儿园娱乐活动的含义及教育作用

（1）幼儿园娱乐活动的含义

幼儿园娱乐活动是指通过幼儿喜闻乐见的文艺形式或者带有游戏性质的手段，以丰富幼儿生活、给幼儿带来快乐为主要目的的活动，包括观看电影、电视、网络视频，开展歌舞等表演活动，举行娱乐性游戏、小型游艺会等。

（2）幼儿园娱乐活动的教育作用

幼儿园积极向上、情趣盎然的娱乐活动富有吸引力、创造性，幼儿非常愿意观赏甚至参与其中。这些娱乐活动在给幼儿增添乐趣的同时，还能增强幼儿体质、启迪幼儿智慧、陶冶幼儿情操，使幼儿在欢声笑语中得到多方面潜移默化的教育。

2. 幼儿园娱乐活动的组织

幼儿园娱乐活动分全园性娱乐活动和班级性娱乐活动。不论开展哪类娱乐活动，都要注意艺术性和思想性相结合，还要注意符合幼儿身心特点，即遵循教育性、艺术性、可接受性的原则。

（1）全园性娱乐活动的组织

全园性娱乐活动不仅在内容和组织形式等方面要兼顾各年龄班的幼儿，而且参与人数多，组织难度大，安全问题更加突出，所以，组织次数不宜太多。这里以郊游为例，介绍全园性娱乐活动的组织开展。

幼儿园可以根据学年或学期计划，分别组织小班后期、中班、大班幼儿开展春季、秋季郊游活动。组织幼儿郊游活动，首先要确定郊游的具体时间、目的地、内容，三者一般都是结合起来考虑的。郊游目的地一般不宜离幼儿园太远，多数选在市区近郊的公园或距离社区不太远的河滩、树林、湿地、田野等，郊游内容一般根据所选择的目的地、确定的郊游时间、参加郊游的幼儿年龄段、教育计划的要求等选定。确定了以上三者后，还要规划好来回路线和出行方式，来回路线都要确保畅通、安全，出行方式一般都是校车，也有幼儿园根据具体情况采用灵活的出行方式，例如近途郊游时，大班幼儿、体力好的幼儿组织步行，小班幼儿、体力差的幼儿组织使用交通工具。第三，做好以上计划后，教师要通知幼儿和家长，还要告知幼儿和家长有关安全要求、需要做好的准备，诸如幼儿需要的衣物、食物和饮用水等，教师则要带领幼儿准备好拍照和绘画工具、计划开展的活动所需要的材料等物品，幼儿园还要组织教师做好针对可能出现的意外事故的应急预案。集合出行前要注意点名和检查准备情况，出行过程中要注意安全，到达目的地后要再次集合点名，说明活动安排和提出有关要求，做好准备后才正式开始散步、绘画、拍照、游戏、歌舞等郊游活动。不少郊游活动还要组织幼儿用餐。活动结束，教师要注意组织幼儿收拾垃圾、清理场地、整理物品，布置好活动结束后的作业，最后安排返程，将幼儿安全带回。有的郊游活动有家长参加，教师在整个郊游过程中要协调、发挥好家长的作用，但是要提醒家长协助幼儿郊游，而不是带领幼儿郊游，更不要在幼儿郊游过程中做幼儿的保姆。

（2）班级性娱乐活动的组织

幼儿园娱乐活动多以班级为单位组织开展。

1）小班幼儿娱乐活动的组织。小班幼儿的娱乐活动一般时间较短，在15~20分钟，内容也相对简单，可以欣赏中、大班或者成年人表演，由教师演示各种娱乐玩具，由教师引导幼儿自己玩娱乐玩具，观看一些有趣味的幼儿动画片等。小班后期，教师可以组织幼儿表演学唱过的儿歌、讲故事猜道理、玩一些有趣味的简单游戏尤其是集体游戏。

2）中班幼儿娱乐活动的组织。中班幼儿的娱乐活动时间可以相对延长一点，在 30 分钟左右，内容也要相对丰富。例如，欣赏、表演的范围都可以有所扩大，游戏的难度也可以增加，活动中可以增加语言表达的成分，还可以增加竞赛的成分。如果条件允许，教师可以组织本班幼儿和小班幼儿开展联欢性娱乐活动。不论开展哪种形式的娱乐活动，教师都要掌握幼儿思维形象化的特点，让活动材料如玩具形象、表演动作、语言表达、音乐效果等几种因素相结合，使娱乐活动既生动有趣，又有一定教育因素，以增强活动效果。

3）大班幼儿娱乐活动的组织。大班幼儿的娱乐活动时间可以达到 40~50 分钟，娱乐活动的内容不仅要有趣味性，还应该有一定的知识性、技能性，有些娱乐活动还可以增加比赛成分。活动的选择、准备和开展都要尽可能发挥幼儿的自主性、积极性、创造性。除了自己班级进行的娱乐活动，教师还可以组织大班幼儿为小、中班幼儿开展力所能及的表演活动或者联欢性娱乐活动。

思考与讨论

请列举出自己参加过而且感到有意义的幼儿全园性娱乐活动和班级性娱乐活动的例子，并谈谈活动的意义。

作　业

一、简答题

1. 请谈谈你对幼儿饭前饮水和饭后饮水的看法。

2. 组织指导幼儿日常生活活动应当注意哪些问题？

3. 幼儿园的节日活动形式包括哪几类？

4. 组织幼儿园节日活动应遵循哪些要求？

5. 有人说，学前教育不属于学历教育，颁发毕业证书没有意义。你对此有什么看法？

6. 如果你是幼儿园教师，你认为小班、中班、大班最好分别开展哪些娱乐活动？如果你是幼儿园园长，你认为幼儿园最好开展哪些全园性娱乐活动？

二、实践题

1. 根据学校食堂菜谱，开展一次班级“编谜语、猜菜谱”活动，评出优胜者，在班级宣传栏出一期“学谜语、猜菜谱”专栏。

2. 选取幼儿园日常生活中幼儿某项生活技能的练习过程，编写顺口溜（口诀）或儿歌，组织一次训练幼儿生活技能的顺口溜或儿歌比赛。先以学习小组为单位初选，各组推选出代表，参加班级比赛，将获奖作品张贴到班级宣传栏中，供大家学习、借鉴。

第八章
幼儿园与小学、家庭、社区的衔接与合作

帮助幼儿做好进入小学的准备，是幼儿园教育的重要内容。幼儿园应将入学准备教育有机渗透于对幼儿三年尤其是大班保育教育的全过程，帮助幼儿做好身心各方面准备，实现从幼儿园到小学的顺利过渡。

为了促进幼儿教育质量的提高，幼儿园除了自身努力，还应当综合利用多种教育资源，尤其是按照《规程》等的要求，与小学密切联系与配合，与幼儿家庭主动沟通与合作，与社区加强联系与合作。

思考与讨论

学习《规程》第三十三条、第五十二条、第五十五条。

第一节　幼儿园与小学的衔接

幼儿园与小学的衔接简称幼小衔接。本节对幼儿园教育与小学教育的差异进行比较，对幼儿升入小学后面临的主要困难进行分析，探讨幼小衔接的任务、方法及应该注

意的问题。

一、幼儿园教育与小学教育的差异比较

幼儿园教育与小学教育的差异是多方面的。

1. 教育教学的任务与形式不同

幼儿园教育阶段属于非义务教育阶段，幼儿主要通过各种形式的主题实践活动获得各种感性经验和知识、技能。幼儿的主导活动是丰富多彩的游戏，幼儿教师的工作主要是根据幼儿的兴趣和需要，创设各种条件，使幼儿在活动中获得德智体美劳各方面的发展。幼儿园没有考试，没有严格意义的家庭作业。

小学教育阶段属于义务教育阶段，小学生有明确的学习任务，学生的主导活动是上课，学生主要通过课堂教学，掌握比较系统的科学文化知识和技术，获得德智体美劳各方面的发展。小学生有严格的考试，有一定的家庭作业。

2. 作息方式与管理模式不同

幼儿园阶段，幼儿作息时间比较灵活，生活节奏比较宽松，没有严格的约束力。教师的职责是在对幼儿做好保育基础上开展教育活动。

小学阶段，学生作息制度较为严格，生活节奏快速而紧张，学校对学生的纪律和行为规范方面的要求带有强制性。教师对学生生活方面的照料较少，学生生活主要靠自理。

思考与讨论

在幼儿园开展活动的过程中，某幼儿对活动中的某一环节产生了特殊的兴趣，在其他幼儿进入活动的下一个环节时，该幼儿还在继续该环节的活动。这种现象在幼儿园教育中允许吗？如果你在幼儿园教育过程中遇到了这种现象，如何处理？

3. 师生关系的广度和深度不同

幼儿园阶段，每个班都有固定的教师整日与幼儿生活在一起，教师与幼儿接触的时间长、机会多、涉及面广，关系非常密切。

小学阶段，虽然每个班都有固定的班主任，每门课都有一位任课教师，但是，多数教师都是一人带几个班级的课程，与学生的接触主要是在课堂上。相对于幼儿园阶段，小学教师与学生之间接触时间短、接触机会少、涉及面窄。

4. 教学环境布置方式不同

幼儿园阶段，幼儿生活与学习环境的布置生动、活泼，充满情趣，环境布置往往还会随着教育活动内容的变化而变化。环境中摆放了丰富的玩具等设备材料供幼儿选择、操作，摆放方式以有利于幼儿活动为原则。

小学阶段，教室的环境布置相对比较严肃，课桌椅成套固定摆放，教室内自由活动空间较小，基本没有玩具等设备材料可供选择。

5. 家长及社会的期望和要求不同

幼儿园阶段，随着现代教育观念的普及，家长和社会都认识到幼儿教育是初识教育、快乐教育。家长、幼儿园、社会对幼儿的要求相对宽松，幼儿没有非完成不可的学习任务，压力小、自由时间多。

小学阶段，家长、学校及社会对学生的要求则变得比较严格。学生在学校里要学习各门规定的课程，回家要完成各种规定的作业，定期或不定期地要接受各种各样的考试、考核，任务重、自由时间少，压力大。

从上述比较可以看出，从幼儿园的幼儿变成小学的学生，儿童的生活、学习都会发生巨大的变化，面临各种新的挑战，做好幼儿园教育和小学教育的衔接，具有重要意义。

二、幼儿升入小学后面临的主要困难

根据调查统计，幼儿入小学后面临的困难主要包括以下几个方面。

1. 生理和心理适应方面

刚入学的一个阶段，原有的生活规律被打乱了，不少小学生不习惯连续上课的方式，不习惯晚上做家庭作业，感到比较疲劳，食欲不振、睡眠不足、体重下降，有的小学生甚至短期内出现这样或那样的疾病。这种生理上的不适应现象被形象地称为“水土不服”。当然，是否会出现“水土不服”以及出现时间长短，也因人而异。

除了生理方面的“水土不服”，有的小学生还出现了学习及人际关系等方面的障碍，这样一来，除了个别本来就对上小学有畏难情绪的儿童，甚至原来对上小学向往的儿童也有人出现了心理上的不适应，出现了想“打退堂鼓”的现象。

2. 社会适应方面

（1）缺乏主动性、任务意识、坚持独立完成任务的能力

幼儿园阶段，家长和教师往往考虑幼儿的自理能力不足，对幼儿的生活和学习给予尽可能多的照顾，有时甚至直接包办，幼儿失去了不少独立完成任务、锻炼生活和学习

能力的机会。久而久之，有些幼儿对生活和学习产生依赖，主观上任务意识薄弱，完成任务的主动性、克服困难的意志力薄弱，客观上坚持独立完成任务的能力表现出不足。有的幼儿甚至连自己应当做而且能做的事情也不做。例如，有的幼儿完全依赖家长帮助自己整理书包，自己却做“甩手掌柜”，就是很典型的例子。

（2）缺乏规则意识和遵守规则的能力

幼儿园阶段，家长和教师考虑到幼儿由年龄决定的身心特点，为了幼儿的快乐成长、个性化成长，非常重视快乐教育、个性化教育。这种观点是正确的，做法是积极的，但是，在教育实践中，有的家长和教师对快乐教育和个性化教育的“度”把握不好，不注重培养幼儿的规则意识，久而久之，导致有些幼儿缺乏规则意识，遵守规则的能力表现出不足。例如，有的幼儿刚入小学时上课随便说话、搞小动作，在公共场合乱扔垃圾、大声喧哗等。

（3）缺乏群体意识和人际交往能力

现代家庭中，子女往往是家庭的中心，加上随着经济社会发展带来的生活质量提高等因素，家长往往超前、超标准满足子女生活、学习、娱乐等各方面的需求。在这样的环境中成长起来的幼儿，尽管在幼儿园里教师也同样会对他们进行群体意识培养、集体主义教育，但是，到了小学的集体生活中他们往往仍然表现出群体意识的缺乏和人际交往能力的不足。例如，有的小学生不敢和他人交往，有的不喜欢和他人交往，有的不知道怎么和他人交往等。

3. 学习适应方面

幼儿升入小学后，学习适应方面的困难主要表现在学习习惯、基本学习能力、感知经验、对小学学习模式的适应等方面。例如，学习习惯方面，有的小学生作业不细心又不检查，总是出错，甚至老是完不成作业；基本学习能力方面，有的小学生看书、写作业的姿势不正确，早早就戴上了近视眼镜，有的甚至书写时总是不能正确地拿笔；感知经验方面，有的小学生难以清楚地讲述学过的简短课文，有的不能明确地辨别简单的图形变化；对于绝大多数小学生来说，更多体现在对小学学习模式的不适应，智力因素反而在其次。

思考与讨论

有的小学新生常常忘记写家庭作业，回家后不知道该做什么，出现这种现象，说明小学生面临上述哪些方面的不足？

三、幼小衔接的任务与方法

2021 年 3 月 30 日，教育部发布了《关于大力推进幼儿园与小学科学衔接的指导意见》，附件中的《幼儿园入学准备教育指导要点》提出了围绕幼儿入学需做好的四个方面的准备，即身心准备、生活准备、社会准备和学习准备，每个方面的准备都给出了发展目标，以及相应的具体表现和教育建议。发展目标部分明确了与幼儿入学准备关系最密切的关键方面；具体表现部分提出了对幼儿实现入学准备的合理期望；教育建议部分明确了发展目标的价值，列举了有效帮助幼儿做好入学准备的一些教育途径和方法，具体内容见表 8-1~ 表 8-4。限于篇幅，教育建议部分只列出教育途径和方法的有关纲目。

表 8-1　幼儿入小学身心准备的发展目标、具体表现、教育途径和方法

<table>
<tr><th>发展目标</th><th>具体表现</th><th>教育途径和方法</th></tr>
<tr><td>向往入学</td><td>1. 初步了解小学，对小学生活充满期待
2. 希望成为一名小学生，愿意为入学做准备</td><td>1. 建立积极的入学期待
2. 帮助幼儿初步了解小学生活</td></tr>
<tr><td>情绪良好</td><td>1. 能经常保持积极、稳定的情绪
2. 遇到困难和不开心的事情，不乱发脾气，不迁怒于他人</td><td>1. 帮助幼儿获得积极的情绪体验
2. 帮助幼儿学会恰当表达和调控情绪</td></tr>
<tr><td>喜欢运动</td><td>1. 积极参加多种形式的户外活动
2. 能连续参加体育活动半小时以上</td><td rowspan="2">1. 鼓励幼儿积极参加户外活动
2. 发展大肌肉动作
3. 锻炼精细动作</td></tr>
<tr><td>动作协调</td><td>手部动作协调，能使用简单的工具和材料</td></tr>
</table>

表 8-2　幼儿入小学生活准备的发展目标、具体表现、教育途径和方法

发展目标	具体表现	教育途径和方法
生活习惯	1. 保持规律作息，坚持早睡早起、睡眠充足 2. 保持良好的个人卫生，有自觉洗手的习惯，有保护视力的意识	1. 逐步调整一日作息 2. 帮助幼儿养成良好的卫生习惯
生活自理	1. 能按需喝水、如厕、增减衣服 2. 坚持自己的事情自己做，能分类整理和保管好自己的物品 3. 有初步的时间观念，做事不拖沓	1. 指导幼儿做好个人生活管理 2. 引导幼儿学会分类整理和存放个人物品 3. 引导幼儿逐步树立时间观念
安全防护	1. 能自觉遵守基本的安全规则和交通规则，有自我保护的意识 2. 知道基本的安全知识，遇到危险会求助	1. 增强幼儿自我保护的意识和能力 2. 指导幼儿学会求救的方法

续表

发展目标	具体表现	教育途径和方法
参与劳动	1. 能主动承担并完成分餐、清洁、整理等班级劳动 2. 能做一些力所能及的家务劳动	1. 引导幼儿承担适当的劳动任务 2. 鼓励幼儿参与力所能及的家务劳动 3. 引导幼儿尊重身边的劳动者，珍惜劳动成果

表 8-3　幼儿入小学社会准备的发展目标、具体表现、教育途径和方法

发展目标	具体表现	教育途径和方法
交往合作	1. 能和同伴友好相处，乐于结交新朋友 2. 能与同伴分工合作共同完成任务，遇到困难互帮互助，发生冲突时尝试协商解决 3. 能主动向教师表达自己的想法和需求	1. 扩展幼儿的交往范围 2. 丰富幼儿分工合作的经验 3. 营造宽容接纳的师幼交往氛围
诚实守规	1. 能遵守游戏和日常生活中的规则 2. 知道要做诚实的人，说话算数	1. 增强规则意识，提高自觉守规的能力 2. 培养诚实守信的品质
任务意识	1. 理解教师的任务要求，能向家长清晰地转述并主动去做 2. 能自觉、独立完成教师安排的任务	1. 任务意识的强化 2. 培养独立完成任务的能力
热爱集体	1. 喜爱自己的班级和幼儿园 2. 愿意为集体出主意、想办法、做事情 3. 初步形成爱家乡、爱祖国的情感	1. 培养集体荣誉感 2. 激发爱家乡、爱祖国的情感

表 8-4　幼儿入小学学习准备的发展目标、具体表现、教育途径和方法

发展目标	具体表现	教育建议
好奇好问	1. 对身边的新事物感兴趣，有好奇心和探究欲 2. 喜欢刨根问底，乐于动手动脑	1. 保护幼儿的好奇心和主动性 2. 支持幼儿持续的探究行为
学习习惯	1. 能专注地做事，分心时能在成年人提醒下调整注意力 2. 能坚持做完一件事，遇到困难不放弃 3. 乐于独立思考并敢于表达 4. 做事有一定的计划性	1. 支持幼儿专注、持续地完成任务 2. 鼓励幼儿独立思考 3. 引导幼儿有计划地做事

续表

<table>
<tr><th>发展目标</th><th>具体表现</th><th>教育建议</th></tr>
<tr><td>学习兴趣</td><td>1. 对大自然和身边的事物有广泛的兴趣，努力寻找答案
2. 喜欢阅读，乐于和他人一起看书讲故事，遇到问题经常通过图书寻找答案
3. 对生活情境中的文字符号感兴趣，愿意用图画、符号等方式记录自己的想法和发现
4. 愿意用数学的方法尝试解决生活和游戏中的问题，体验解决问题的乐趣</td><td rowspan="2">1. 为幼儿提供广泛接触自然和社会的机会
2. 培养幼儿的倾听和表达能力
3. 培养幼儿的阅读兴趣和能力
4. 保护幼儿的前书写兴趣
5. 做好必要的书写准备
6. 引导幼儿尝试用数学的方法解决日常生活中的问题</td></tr>
<tr><td>学习能力</td><td>1. 在集体情境中能认真听并能听懂他人说话，有疑问时能主动提问
2. 能较清楚地讲述一件事情
3. 能说出图画书的主要情节，并有自己的理解和想法
4. 在绘画、拼图等活动中，能识别上下、左右等方位
5. 能认识并书写自己的名字
6. 能在教师指导下，尝试运用数数、排序、简单的统计和测量等数学方法解决日常生活中的问题</td></tr>
</table>

四、幼小衔接工作应该注意的问题

要做好幼小衔接，除了从思想上明确认识到幼小衔接是幼儿园教育的重要任务并切实加以重视，在实际开展衔接工作过程中还要注意以下几个方面。

1. 幼小衔接工作应贯穿到整个幼儿教育过程

幼儿升入小学所需要的身心准备、生活准备、社会准备和学习准备，都需要经过长期、系统的努力才能完成，而且这种准备是一个循序渐进的过程。幼儿园应从小班开始逐步培养幼儿健康的体魄、积极的态度和良好的习惯等身心基本素质，应根据大班幼儿即将进入小学的特殊需要，围绕社会交往、自我调控、规则意识、专注坚持等进入小学所需的关键素质，提出科学有效的途径和方法，实施有针对性的入学准备教育。

2. 幼小衔接过程中应注意全面培养幼儿素质

在幼儿教育阶段，幼儿园应根据幼儿生理和心理特点，从德智体美劳全面培养幼儿素质，注重身心准备、生活准备、社会准备和学习准备几方面的有机融合和渗透，并使其得到和谐发展，才能为在小学阶段实施的德智体美劳继续全面发展教育奠定坚实的基础。幼儿园应充分理解和尊重幼儿的学习方式和特点，把入学准备教育目标和内容要求融入幼儿园游戏活动和一日生活，支持幼儿通过直接感知、实际操作和亲身体验等方式积累经验，逐步做好身心各方面的准备。

3. 协调各方力量共同做好幼小衔接

幼儿园要注意协调好小学、家庭、社区各方面的力量，综合利用各种资源，共同做好幼小衔接工作。

幼儿园在与小学衔接的过程中，除了组织好前面介绍的与小学的共建活动，还要着重做好以下三个方面的工作：一是主动了解小学教育教学情况。例如，熟悉小学教学计划的基本精神、各科大纲、教材基本内容，了解小学教育教学活动常规等。二是了解以往幼儿升入小学后的表现，共同探索改进幼儿园工作的重点和措施。三是帮助小学教师了解幼儿园教育工作特点和幼儿身心发展水平。

幼儿园要及时了解家长在入学准备和入学适应方面的困惑问题及意见建议，积极宣传国家和地方的有关政策要求，宣传展示幼小衔接的科学理念和做法，帮助家长认识过度强化知识准备、提前学习小学课程内容的危害，缓解家长的压力和焦虑，营造良好的家庭教育氛围，积极配合幼儿园做好衔接。在临近小学报名之前，除了提醒家长做好准备，幼儿园还要尽可能提前和社区尤其是社区小学联系、协调，指导、帮助家长办理好幼儿升入社区小学的手续，将大班幼儿顺利送入小学。

4. 避免幼儿园教育小学化

幼儿园不得提前教授小学教育内容，不应用小学知识技能的提前学习和强化训练替代全面准备。那种在幼儿园大班就开始以小学教学模式为主，提前将小学一年级教学内容体系化地完整教给幼儿的做法，是片面的、急功近利的做法，属于典型的幼儿园小学化倾向，是不科学的、不可取的，也是不允许的。

第二节　幼儿园与家庭的合作

本节在比较幼儿园教育与家庭教育差异的基础上，学习、探讨幼儿园与家庭合作的内容及意义、幼儿园与家庭合作的途径和方法。

一、幼儿园教育与家庭教育的差异比较

幼儿园与家庭同是幼儿阶段最重要的生活、成长环境，共同承担着培养幼儿全面发展的任务，二者在教育目标上是一致的，但是，二者毕竟是两种不同的教育，具有多个方面的差异。

1. 教育者与受教育者关系的差异

幼儿园教育中，教师和幼儿之间的关系具有选择性。幼儿入哪个幼儿园接受教育、到哪个班级接受教育，从某种角度讲，是可以选择的；幼儿从小班升入中班再升入大班，也有更换教师的机会。幼儿升入小学后，教师和幼儿之间的师幼关系从形式上讲也就结束了。

家庭教育中，教育者（即家长）和被教育者（即幼儿）之间的关系是不可选择的，这是由家长和幼儿之间天然的血缘关系决定的，所谓“出身是无法选择的”。这种天然的血缘关系决定了家庭教育有其优势，如亲情性、随机性、连贯性等，但是，如果处理不好，也会产生消极作用。例如，家长的溺爱、子女的逆反、多种教育因素的分歧甚至冲突给家庭教育带来消极影响等。

思考与讨论

你还记得自己在幼儿园时期的老师吗？如果记得，请说出你对老师最深刻的印象是什么？

2. 教育内容的差异

幼儿园教育的教育内容是国家根据一定的培养目标，按照幼儿园的性质、任务，以及幼儿不同年龄段的生理和心理发展水平确定的，由国家教育主管部门制定具体的教学大纲加以指导，具有系统性、科学性、相对稳定性。

家庭教育的内容具有随机性，比幼儿园教育较为灵活机动，除了以生活内容为主，其他方面比较广泛。

3. 教育形式的差异

幼儿园的教育活动包括教学活动、游戏活动、日常生活活动、劳动活动、节日活动、娱乐活动等，都是有目的、有计划、有组织、有检查甚至考核的，而且一般是集体

性活动。

家庭教育一般是家庭对子女随机进行的个别教育、个别指导、个别训练，就像本书第一章所讲的那样，家庭教育具有随机性、个别性。

4. 教育方法的差异

幼儿园教育在尊重幼儿身心发展规律、遵循幼儿教育规律的基础上，通过专业、科学的方法将知识、技能、经验等传授给幼儿，具有显著的专业性。例如，教师一般通过讲解、示范、提问、练习等，让幼儿掌握知识、形成技能、发展智力，一般通过说服教育、树立榜样、适当奖惩等，培养幼儿道德认知，训练幼儿行为习惯。

家庭教育主要通过家庭环境的熏陶、家长言行的示范和教育等，培养和塑造幼儿的个性品质。此外，家庭的亲情关系使得家长的情绪和言谈举止对幼儿有明显的感染作用，家长的态度很容易引起幼儿的共鸣。可见，家庭教育主要是通过渗透和感染来培养和影响幼儿。

思考与讨论

你的幼儿时期，家长都是怎么教育你的？请举例说明。

5. 教育时间的差异

从幼儿在园接受教育的时间来看，幼儿园教育的时间是集中的。例如，除了国家规定的假期，幼儿每周五天在园，每天又要按照规定的时间在园。而从幼儿接受教育的整个过程来看，幼儿园教育又具有阶段性，即幼儿接受幼儿园教育的年龄段为3~6周岁，其中又分为3~4周岁的小班、4~5周岁的中班和5~6周岁的大班。

从家长教育活动实施的频次来看，家庭教育具有随机性，而从家长教育活动实施的周期来看，家庭教育的显著特点就是具有连贯性。一般地，一个人从自己出生一直到家长去世，可能都要接受家长的教育，中国人尤其如此。

二、幼儿园与家庭合作的任务及意义

幼儿园在发挥好自身作为专业教育机构教育作用的同时，协调好幼儿园教育和家庭教育的关系，开展全面、积极的家园合作，具有多方面的积极意义。

1. 全面了解幼儿及家庭情况，为开展针对性教育打下基础

了解入园幼儿的出生情况、成长状况（如环境与经历）和幼儿的个性特征，是幼儿

园和家庭合作的基础内容。

幼儿出生时的特殊情况会对幼儿以后的成长产生影响。例如，早产儿相对来说身体素质可能差一些，免疫力可能要弱一些；母亲为高龄产妇的婴幼儿除了身体素质，性格方面可能也有些特殊；出生时就带有某种身体缺陷的婴幼儿，生活方面、性格方面可能都有其特殊性。

幼儿入园前所处的家庭状况对幼儿的成长发育影响很大。例如，祖辈带养的幼儿、单亲家庭的幼儿、问题家庭的幼儿，可能会出现溺爱、父爱或母爱缺失、暴力倾向等问题，其实，不同职业的父母教养的幼儿，发育和成长状况也各不相同。

每名幼儿从出生到入园的几年间，由于先天气质和后天家庭教育的关系，往往会表现出一定的个性差异。有的性格平和，有的性格急躁；有的做事利索，有的做事拖沓；有的生活自理能力强一些，有的表现出生活自理能力以外的某些特长等。

幼儿园在协调与幼儿家庭合作的过程中，更加全面深入地了解了幼儿入园前的基本情况，才能有针对性地对幼儿进行保育和教育，尤其是针对家庭教育的短板对幼儿进行教育。当然，家长应该全面客观地向幼儿园提供幼儿的基本信息，协助幼儿园尽快形成对幼儿客观正确的评价，便于幼儿园教育的顺利开展。

思考与讨论

有人说，父母是孩子的镜子，孩子是父母的影子。请说说你对这句话的理解。

2. 让家长了解幼儿园及幼儿在园情况，促进家长积极配合

《规程》指出，“幼儿园可采取多种形式，指导家长正确了解幼儿园保育和教育的内容、方法。”首先，幼儿园要通过多种途径向家长宣传幼儿园的办学理念和办学模式、幼儿园领导和教师的辛勤付出，以及幼儿园的办学成绩和实际困难等。其次，幼儿园还要积极开拓渠道，通过多种方式让家长充分了解幼儿在园一日饮食情况、起居状况和教育教学过程与结果，尤其是当幼儿出现特殊情况时，更要及时、全面、客观地告知家长，最大限度地争取家长的理解和支持。

幼儿园只有积极主动地向家庭包括社区宣传幼儿园的办学，实行“开门办学”，使幼儿园的办学得到外界广泛深入的了解，才会使外界消除对幼儿园的陌生感，形成对幼儿园的接纳态度，自觉在多个方面支持幼儿园办学，从而为幼儿园开展工作创造良好条件，促进幼儿园教育质量的提高。

3. 帮助家长提高养育幼儿水平，创建良好家教环境

由于经历、文化、职业等因素的限制，家长养育子女方面往往有这样那样的欠缺。幼儿园作为正规的专业教育机构，对家长养育子女水平的提高有引导之责，应当发挥自身在专业方面的优势，积极主动地向家长传递科学的养育理念，有针对性地向家长宣传科学育儿知识，帮助家长提高养育水平和能力。

当然，幼儿园还应当引导幼儿清楚认识自己与家长的血缘特征、亲密关系，从而树立自我意识、归属感和尊老爱幼的积极情感，正确认识、自觉接受所在家庭的积极教育。

幼儿园通过帮助家长提高养育幼儿水平、引导幼儿自觉接受所在家庭的积极教育，从而协调好家长和幼儿的关系，形成良好的家庭教育氛围，也促使幼儿园教育的效果得到巩固和加强。

正如《规程》中指出的那样，“为家长提供科学育儿宣传指导，帮助家长创设良好的家庭教育环境”是幼儿园的首要任务，是幼儿园和幼儿家庭合作的重要内容。

4. 让家长参与幼儿园管理，促进幼儿园工作的开展

《规程》要求：幼儿园应当认真分析、吸收家长对幼儿园教育与管理工作的意见与建议；充分利用家庭和社区的有利条件，丰富和拓展幼儿园的教育资源。根据上述要求，幼儿园除了保障家长的知情权，还要保障家长的参与权，鼓励和引导家长直接或间接地参与幼儿园的管理。

家长参与幼儿园的管理，主要体现在决策与监督两个层面。

从决策层面讲，家长的参与有利于实现幼儿园决策的科学化、规范化、制度化。例如，幼儿园通常都会根据有关政策，向家长收取一定的保教费用，对于收取费用的依据和费用的使用，家长有知情权和使用方面的决策参与权，从而可以保障保教费用的使用（尤其是在幼儿教育的直接投入方面）符合有关规定和幼儿园实际。

从监督层面讲，家长的参与不仅保障了幼儿园的决策得到认真落实，而且能够促进幼儿园管理的人性化、高效率。例如，幼儿园制定了比较完备的设备维护责任制，要求定期对幼儿园内的活动设施进行检查、维护。但是，因各种因素的影响，设施有时可能得不到及时完善的检修。这时，家长的监督很可能会促使这一现象得到改进。

幼儿园与家庭之间的合作，使幼儿园与家长在幼儿教育思想、教育原则、教育模式等方面取得统一认识、形成合力，使幼儿接受的来自幼儿园和家庭两方面的学习经验更具有一致性、互补性、连续性。这样，既能提高幼儿参与幼儿园教育活动的积极性，又

能促进幼儿在家庭中的表现向积极的方向发展。可以说，幼儿园和家庭之间良好的合作，为幼儿身心健康发展创造了良好的条件，从而促进了幼儿全面和谐发展，这是幼儿园与家庭合作的最终目的。

三、幼儿园与家庭合作的途径和方法

这里将幼儿园与家庭的合作分为个体合作和集体合作两个大类，分别介绍两类合作中的合作形式和每种合作形式的具体方法。

1. 个体合作

幼儿园和家庭最常见的个体合作方式就是幼儿教师利用幼儿入园和离园时当面与家长开展的个别交流，除此以外，还有以下几种方式。

（1）利用现代通信手段联系

当教师需要和家长联系但又不能及时见面的时候，现代通信手段如电话、短信、电子邮件、QQ、微信等就成了最方便的联系方式。

在上述联系方式中，首选电话包括 QQ 和微信等形式的通话，尤其是急需联系时更是如此。如有必要，最好的方式是视频通话。采用其他方式如文字留言、语音留言、图片和视频，对方不一定能及时收听、收看。

教师需要注意的是，不论采取哪种方式，都要注意自己的态度和方法，在和家长联系以前，应对联系内容加以斟酌。

思考与讨论

教师采用现代通信手段或网络平台与家长联系，如果方法不当，照样会给自身造成被动。你是否能设想出这样的一些情形？请举例说明。

（2）通过家园联系手册联系

家园联系手册是幼儿园编制的与幼儿家庭联系的小册子，内容一般包括幼儿园简介、园历、教师名单和简历、作息制度、幼儿园主要活动安排、幼儿在园表现、幼儿园对家庭教育的意见和建议、家庭基本情况、幼儿在家表现、家长教育幼儿情况、家长意见和建议等。教师使用家园联系手册，可以采用书面形式与家长进行联系，向家长报告幼儿在园情况，征求家长的意见和建议。家长除了填写幼儿在家情况、家长教育幼儿情况，还需要填写对幼儿园的意见和建议等。幼儿园和家长通过家园联系手册可以建立常规性联系。

(3)家庭访问

家庭访问简称家访，是教师直接走进幼儿家庭开展合作的形式。教师通过家访，可以实地、详细、深入了解幼儿家庭、幼儿在家表现、家庭教育等方面的情况，还有助于教师和家长进行深入的情感交流。

家访一般分为新生家访、学期开始或结束家访、假期家访、突发事件家访、特殊家庭幼儿定期家访、问题幼儿家访、生病幼儿慰问等。

家访过程中，教师可以介绍幼儿在园表现、取得的成绩、需要改进的方面，根据需要，有针对性地了解幼儿及幼儿家庭需要帮助的问题，尽力拿出解决方案，与家长共同努力，促进幼儿健康快乐成长。

家访过程中，教师要以关心爱护幼儿为出发点，针对不同家长的特点，以诚恳的态度与家长交流，注意倾听家长的意见和建议，切忌向家长告状，切忌向家长推脱教育责任甚至训导家长。教师对一些特殊家庭包括特殊家长、特殊幼儿尤其要格外尊重，格外讲究方法。

思考与讨论

为什么有的幼儿害怕教师家访？

2.集体合作

幼儿园与家庭之间的集体合作方式很多，这里主要介绍以下几种。

(1)网络信息平台

目前，幼儿园与家长开展集体合作的网络信息平台主要有短信平台、QQ群、微信群等。幼儿园与家长通过网络信息平台进行合作，多以宣传幼儿园开展活动情况、推送幼儿学习目标和学习内容、发布与幼儿有关的具体通知、指导家长开展家庭教育等内容为主。例如，有的幼儿园开通了网络短信平台，把每天幼儿在园的学习目标和内容发给家长；有的幼儿园建立微信平台，家长连幼儿在园的进餐都可以通过视频连线具体了解；有的教师建立了班级QQ群，随时与家长保持随时联系。

(2)家园联系园地

很多幼儿园都会在入园大门一侧墙壁、活动室外的走廊等方便家长观看的空间设置专栏，公示幼儿园作息时间表、入园收费标准，展示幼儿园介绍资料、活动开展情况资料，推送家庭教育、幼儿保健、疾病预防等资料，供家长等来园人员观看、了解。有的班级还在教室外墙等方便家长观看的地方设置专栏，介绍本班近期教育情况、幼儿发展情况、家园合作教育内容、家教指导资料等。上述两类专栏都属于家园联系园地。

（3）家长会

家长会是幼儿园在幼儿教育过程的某个阶段（如学期初、中、末等）集中与家长交流幼儿教育问题的一种集体合作形式。召开家长会前，幼儿园应当事先准备关于幼儿近期发展状况的详尽资料，包括平时收集、记录的幼儿的各种作品和典型表现等，并做出科学、客观的评价，让家长尽可能详尽地了解幼儿在园表现，便于家长有针对性地开展家庭教育。同时，幼儿园要向家长提供科学、可行的建议，让家长学到科学适用的家庭教育方法与手段，提高家长的教育能力，推动家庭教育质量的提高。幼儿园还要注意为家长提供充分的发言与讨论的机会，允许家长对幼儿园教育提出意见和建议，并耐心听取，认真做好答复。

家长会时间尤其是幼儿园单项传达的时间不宜过长，要保障与家长交流的时间，要尽量照顾到所有需要交流的家长。对于特殊情况尤其是问题幼儿的问题，教师要注意和家长单独交流、协商。

思考与讨论

有的教师将幼儿在园表现分成上、中、下或好、中、差等级别，并且在家长会上集中公布名单和具体表现，你认为这种做法妥当吗？为什么？

（4）家长开放日

家长开放日也称幼儿园开放日，是指幼儿园在指定的日期向家长开放，邀请家长来园实地参观，了解幼儿园办学环境、办学水平及办学成绩，现场观摩幼儿园保育和教育活动具体开展情况，深入观察幼儿在园生活和学习等各方面实际情况。

在家长开放日，幼儿园应当以坦诚的态度、开放的胸怀迎接家长，欢迎家长在参观和观摩过程中发现和指出幼儿园在硬件、软件等方面存在的各种不足。幼儿园对客观存在的问题要做出整改承诺，耐心解释并争取家长的理解。

有的幼儿园还制度性地规定具体日期并向家长公开，开展家长咨询日活动，允许家长在活动日来园，针对家庭教育中需要解决的问题等事项进行咨询。负责咨询的可以是幼儿园领导、有经验的教师或专业咨询人员，也可以是园外专家。

根据来园家长的数量多少以及咨询问题的类型，幼儿园可以对家长分别开展单独咨询或集中咨询，所以，这种合作方式既有个体合作的性质，也有集体合作的成分。不论以哪种方式开展咨询，咨询人员都要以热情的态度给予家长以科学而有针对性的解答、指导。如有必要，咨询人员可以与家长协商制订阶段性甚至长期指导计划，直到双方都感觉效果满意为止。

（5）家长委员会

家长委员会简称家委会，在幼儿园协调下，由全体家长推选部分家长作为委员组成，也可由家长自愿组织产生。家委会是幼儿园和家庭之间的一座桥梁。《规程》指出，家长委员会在幼儿园园长指导下，对幼儿园重要决策和事关幼儿切身利益的事项提出意见和建议；发挥家长的专业和资源优势，支持幼儿园保育教育工作；帮助家长了解幼儿园工作计划和要求，协助幼儿园开展家庭教育指导和交流。

（6）家长学校

家长学校是幼儿园内部附设机构，一般采用专家讲座、教师报告会、家园对话会、家长论坛等形式，面向家长普及幼儿家庭教育知识、技能、经验，幼儿园和家长相互沟通、协调，家长之间分享经验，互相借鉴，取长补短。每次活动时，一般是先根据幼儿发展状况、家庭教育需要、幼儿园工作计划等拟定一个主题，再根据主题展开活动。为了巩固活动效果，还可以在活动后续过程中预留任务，甚至跟踪服务，采用适当方式搜集调查活动效果，为拟定下次活动主题提供参考，便于家长学校的活动保持内容的实用性和系统性。家长学校可以促进家长家庭教育水平不断提高，使幼儿园与家庭的合作不断深入。

（7）亲子活动

亲子活动是幼儿园为促进家长与幼儿之间的情感联系，增进家长与幼儿园之间的交流、沟通与合作而组织的一类教育活动。亲子活动既可以作为一种正式的活动纳入课程计划中，也可以作为课外活动利用课余时间或节假日时间开展；既可以在园内进行，也可以在园外进行；既可以集体组织进行，也可以在幼儿园指导下以幼儿家庭为单位开展。

作为课程活动，亲子活动有明确的教学目标，主要在教师指导下进行。例如，幼儿园开展体育活动时，邀请家长到幼儿园与幼儿一起参加亲子运动会。作为课外活动，亲子活动可以利用节假日等业余时间进行，还可以在幼儿园指导下，以幼儿家庭为单位开展。例如，幼儿园请家长利用节假日时间带领幼儿到广场、社区等地，以散发幼儿园集中印制的环保宣传材料、现场向人们讲解环保知识、捡拾公共场所垃圾等方式开展的

"争做环保小卫士"活动，就是一种以幼儿家庭为单位、在园外开展的亲子活动。

思考与讨论

幼儿园开展的迎新活动、毕业欢送活动是否具有亲子活动的成分？是否属于亲子活动？

第三节　幼儿园与社区的合作

本节在社区与社区教育特点的基础上，介绍幼儿园与社区合作的任务及意义、途径与方法。

一、社区及社区教育的特点

1. 社区的特点

社区是人们在一定地域范围内以生活为主要内涵所组成的社会共同体。目前我国的社区主要包括农村村民委员会辖区所组成的社区和城镇居民委员会辖区所组成的社区。

就目前我国社区的现状来看，一个成熟的社区就是一个微型社会，在受外界大环境影响的同时，有着自身的价值判断与行为标准。即使是一些新建社区，社区中的居民虽然个别交往不多，但是总体上也会认同并遵守基本的道德准则与行为规范。

2. 社区教育的特点

社区是与幼儿园关系最密切、对幼儿影响最大的社会大环境，社区教育具有以下特点。

（1）社区教育具有广泛性

同一个社区中，居住着不同成长经历、不同文化背景、不同职业的形形色色的人们，具有吃、穿、住、行和健身、娱乐等各种服务设置和服务网络。幼儿在社区中能够观察甚至接触到形形色色的居民，能够感知甚至体验到方方面面的生活，并对自身社会认知、社会情感、社会行为等许多方面产生影响。所以说，社区教育具有广泛性。

（2）社区教育具有随机性

社区教育一般没有专职的教育工作者，也没有系统的教育内容，基本是通过社区创建的生活和人文环境以及社区中发生的不确定性事件作为教育契机来实现的，这就是社区教育的随机性。

（3）社区教育具有渗透性

社区内人为创建的如宣传栏等宣传教育环境、组织开展的社区活动以及生活在社区中的人们有意无意间形成的社区舆论环境，所承载和体现的诸如价值观念、道德观念等因素，必然会对幼儿的认知、情感、行为等产生影响，使幼儿在潜移默化中接受和内化其中的某些观念。可见，社区是通过渗透性形式对幼儿进行教育的。

（4）社区教育具有复杂性

社区教育之所以具有复杂性，除了因为社区教育具有上面所说的广泛性、随机性、渗透性，还因为下面种种原因，导致社区教育既具有积极因素，也可能产生消极倾向。例如，虽然社区有着自身基本的道德准则与行为规范，但不一定被所有的社区成员认可，社区成员之间遵守这些道德准则与行为规范的自觉性往往也不一样。此外，社区舆论的主流是积极的，可是往往也有消极的倾向。

二、幼儿园与社区合作的任务及意义

幼儿园是为社区服务的幼儿教育机构，本身就存在于社区当中，是社区生活必不可少的部分，与社区合作是幼儿园的必然选择，开展好与社区之间的合作，对幼儿园良性运转具有多方面的积极意义。

1. 向社区宣传幼儿园，使社区了解、支持幼儿园

幼儿园应主动向社区宣传幼儿教育的重要性，宣传本社区幼儿园办学理念和办学模式，让社区居民充分了解幼儿园教育的重要性，了解本社区幼儿园办学实际情况，尤其是办学特色及发展规划等办学优势。

当社区居民充分认识到幼儿教育的重要性，深入了解了幼儿园，全面接纳了幼儿园，幼儿园便真正融入了当地社区生活，并与当地社区实现和谐相处，更好地发挥作为专业幼儿教育机构对社区幼儿教育的积极引导作用。

当社区居民通过幼儿园的宣传引导，对幼儿教育的认识和理解程度提高以后，反过来又会关注和关心幼儿园，从各方面积极支持幼儿园，这样一来，又促进了社区与幼儿

园的合作。

2. 向社区普及幼儿教育知识、提高居民幼儿教育水平

幼儿园要发挥正规、系统的学前教育机构的辐射功能，利用一切可能的机会，采取各种方式，积极主动地向社区广泛宣传科学的幼儿教育观念和方式方法，使社区居民在重视幼儿教育的基础上，树立科学的幼儿教育观念，学习科学的幼儿教育方式方法，为社区幼儿健康成长创造正确的社会舆论导向和良好的社会氛围。

事实上，当社区居民的幼儿教育水平提高以后，也会更加重视幼儿教育，更加积极支持幼儿园工作。

3. 挖掘社区丰富资源，为幼儿园建设与发展服务

无论是城市社区还是乡镇甚至农村社区，社区内和社区附近都有着丰富的自然资源和社会资源，如山水、绿地、交通网络、公园、超市、医院、物业公司、健身广场、文艺大舞台等，幼儿园与社区合作，可以为幼儿提供更大的活动空间，同时也节约了幼儿园在硬件方面的投入。

社区内有着丰富的人文教育资源。例如，社区内居民的年龄段众多，往往又具有不同的文化背景、职业类型、人生经历，幼儿园可以通过和社区合作，调动蕴藏在社区居民身上的积极因素，为幼儿园教育服务。此外，社区内还存在社区服务机构创建的宣传专栏等文化教育园地，都可以作为幼儿园教育的人文教育资源。

通过与社区合作，幼儿园可以利用社区的教育资源，引导幼儿认识社会、了解社会，并初步理解人与人、人与环境的共生关系，激发幼儿对社会公共生活的兴趣，萌发幼儿的社会意识、公民意识，培养幼儿爱家乡和爱祖国的情操、爱护环境和关心社会的责任感，以及良好的道德行为习惯。

做好上述几方面的工作，既可拓展幼儿园教育空间和教育资源，为幼儿园自身建设与发展提供很好的服务，又节省了幼儿园自身办学成本。

4. 参与社区文化建设，与社区发展相互促进

幼儿园作为社区内专门的教育机构，具有得天独厚的文化优势。幼儿园应当积极发挥这种优势，主动参与甚至引领社区文化建设，向社区居民宣传我国的优秀传统文化、中国特色社会主义文化，引领社区居民确立社会主义文化自信，树立积极向上的生活态度，培养良好的生活方式，在促进社区精神文明建设的同时，也为幼儿健康成长创造良好的社会生态环境。

幼儿园参与社区文化建设，不仅能够活跃社区文化生活，促进社区精神文明建设，而且能够促进幼儿园和社区的深入了解，促进幼儿园和社区的进一步和谐相处。此外，幼儿园参加社区文化建设，也是对自身水平和能力的检验甚至挑战，有助于幼儿园检视自身办园过程中存在的不足，从而促进幼儿园管理水平和教育质量的提高。

三、幼儿园与社区合作的途径和方法

1. 发挥幼儿园自身优势，为社区教育服务

（1）幼儿园利用自身人力资源优势为社区服务

幼儿园可以加入社区“三优”（优生、优育、优教）工作网络中，发挥自身优势，协同社区力量，向社区居民宣传“优生、优育、优教”知识；幼儿园可以定期或不定期地面向社区开办教育和文化宣传专栏，发放宣传材料，向社区居民宣传科学的育儿理念、知识、方法；幼儿园可以开办幼儿教育等专题讲座、专家咨询，提高社区居民的育儿水平，为社区居民在育儿等方面的问题释疑解惑；幼儿园可以帮助社区策划和组织各种文化宣传活动，也可以组织幼儿排演相关节目，参与社区文化宣传活动。

（2）幼儿园利用自身设施资源优势为社区服务

幼儿园可以利用自身设施资源优势，通过与社区共享为社区服务。例如，幼儿园利用周末和节假日向社区开放幼儿园，提供玩具、教具、图书等供社区家长、幼儿使用。

（3）幼儿园通过提升自身形象加强对社区的影响

幼儿园美化自身环境、提高教师和工作人员的素质、培养幼儿文明习惯等积极做法，都可以对社区精神文明建设起到示范、促进作用。例如，幼儿园向幼儿开展环保教育，家长往往会在幼儿的监督下改变自己乱扔垃圾、随地吐痰、在公共场合吸烟等不良习惯。

（4）开办亲子园、亲子班

亲子园或亲子班是指幼儿园利用现有教育资源，为社区三岁以下婴幼儿或个别未接受幼儿园教育的三岁以上幼儿提供非正规学前教育的教育模式。

亲子园在幼儿园内有固定的场所和时间安排，参加的家长按时带幼儿前来，幼儿园会配备教师并给予专业指导，有的还会配备教材。亲子园主要采取亲子游戏的方式让家长与幼儿互动，在幼儿获得有益经验的同时，促进家长教育观念的转变和教育水平的提高。亲子班相对亲子园来说，组织比较松散，主要在周末和节假日等业余时间举办，参与的家长和幼儿并不固定，教师介入也较少，主要利用幼儿园的场地、玩具等教具开展

随机教育活动。

2. 利用社区多种资源，为幼儿园教育服务

（1）利用社区自然资源为幼儿园教育服务

幼儿园可以利用社区内和社区附近有特色的自然资源，引导幼儿亲近大自然，以幼儿喜闻乐见的方式组织幼儿开展保护自然和探索自然等活动。

（2）利用社区社会资源为幼儿园教育服务

幼儿园可以利用社区社会资源开展许多教育活动。例如，在做超市游戏以前，可以组织幼儿到超市参观，认识超市的各类商品、了解商品的摆放、观摩购物过程；根据需要，在社区专门的宣传栏中宣传幼儿园教育、展示幼儿园成绩、推介幼儿园特色、推广幼儿教育知识和方法等；利用社区水电设施，组织幼儿开展以认识水、电为主题的科学教育活动，并开展以节约水电、爱护社区水电设置为主题的“争做社区小主人”活动；参观社区小学，引导大班幼儿认识社区小学并积极准备升入小学。

（3）利用社区人力资源为幼儿园教育服务

社区具有丰富的人力资源，可以为幼儿园提供多方面的服务。例如，邀请社区居委会领导或者社区居民代表参加幼儿园管理，积极争取社区对幼儿园硬件和软件建设方面的支持；请社区居委会有关人员用浅显易懂的语言向幼儿做社区历史、现状、未来发展等方面的报告；请社区医院的医生、护士等有关人员到幼儿园开展幼儿预防疾病、健康生活等方面的讲座；利用重阳节的机会，组织幼儿看望本社区内的老人，培养幼儿尊老爱幼的美德等。

作　业

一、简答题

1. 有的家长认为，幼儿园教育非义务教育，可以不让幼儿进幼儿园，在家养育至上小学，还省了一笔“入托费”。请根据幼儿园教育的目的、幼儿园教育和家庭教育的差异，说说自己对这种观点、做法的认识。

2. 有的幼儿教师认为，现在小学 1~3 年级都不提倡布置家庭作业，所以，幼儿园不应当采取为幼儿布置家庭活动任务的方式培养幼儿的学习习惯。说说你对这种观点的态度。

3. 有的教师认为，现在的通信手段很发达，与家长联系很方便，幼儿入园、离园时还有机会和家长见面，还有家园联系手册这一联系纽带，所以，没有必要再进行家访了。你对这种观点持什么态度？为什么？

4. 为什么说社区教育具有复杂性？

5. 有的幼儿教育工作者认为，作为专业幼儿教育机构，幼儿园参与社区文化建设会影响幼儿园自身的工作。你如何看待这种观点？

二、实践题

将全班学生分成三个调研小组，在教师指导下各组分别联系一所小学、一所幼儿园、一个社区，各自深入联系点专题调查“幼儿园与小学的衔接”“幼儿园与家庭的合作”“幼儿园与社区的合作”。调查内容主要包括幼儿园教育与小学教育的差异、幼儿升入小学后面临的困难、为小学输送生源的幼儿园是如何与小学衔接的，以及幼儿园与家庭及社区合作的内容、途径、方法、取得的成效和存在的问题。

调查结束后，各小组在讨论基础上推选执笔人撰写调查报告，调查报告包括对以上几个问题的调查方法、调查结论等，对于存在的问题，要提出解决的建议。在班级举行一次“幼儿园与小学的衔接、幼儿园与幼儿家庭及社区的合作”研讨会，出一期调查研讨专栏。

第九章 幼儿园教育评价

本章主要介绍幼儿园教育评价的性质、作用及分类，幼儿园教育评价的内容及标准，幼儿园教育评价的方法与步骤，以期帮助大家在今后的幼儿教育工作中，科学实施幼儿园教育评价，促进幼儿教育质量不断提升。

第一节 幼儿园教育评价的性质、作用及分类

作为基础知识，本节介绍幼儿园教育评价的性质、作用及幼儿园教育评价所包含的类型。

一、幼儿园教育评价的性质及作用

1. 幼儿园教育评价的性质

教育评价是指依据某种教育价值观，通过某种途径和方法，对教育的价值进行判断的过程。幼儿园教育评价是指贯彻党和国家的教育方针，执行《规程》等有关幼儿教育政策、法规，采用科学的途径和方法，对幼儿园教育的有关方面进行科学的价值判断的过程。

2. 幼儿园教育评价的作用

幼儿园教育评价对幼儿园教育工作具有鉴定作用、诊断作用、改进作用、导向作用。其中，幼儿园教育评价的鉴定作用是指在幼儿园课程实施以后，通过幼儿园教育评价，对幼儿园课程教育目标的达成程度进行检查、检验；幼儿园教育评价的诊断作用是指通过幼儿园教育评价，及时发现现行课程及其实施与预定的教育目标之间的差距和存在的问题；幼儿园教育评价的改进作用是指通过对评价信息的及时反馈，引起幼儿园注意，有针对性地及时改进工作，使现行课程及其实施向更符合教育目标要求、更适合幼儿健康发展的方向及时改进，从而提高教育质量，促进幼儿健康发展；幼儿园教育评价具有导向作用，是因为幼儿园教育评价依据的标准是按照《规程》等的指导思想确立的，具有鲜明的方向性。

由上可见，幼儿园教育评价对幼儿园教育工作具有多种作用，是调整和改进幼儿园教育工作，促进每一位幼儿全面和谐发展，提高幼儿园教育质量的必要手段。

思考与讨论

如果以幼儿获得的知识和技能的多少作为教育活动效果评价的唯一或第一标准，会对幼儿园教育产生什么消极导向作用？

二、幼儿园教育评价的分类

根据不同的分类标准，幼儿园教育评价分为多种类型。

1. 按照评价的主体分类

按照评价的主体不同，可以将幼儿园教育评价分为自我评价和他人评价。

（1）自我评价

自我评价是指评价对象根据评价指标（项目），参照一定的标准，自己对自己开展的评价。例如，幼儿园年终考核时，一般是教师先根据幼儿园的总体要求对自己的工作进行自我评价。

积极的自我评价是指评价对象静下心来，客观全面地总结自己，发现优势，找出不足，促进自我在以后的教育实践中扬长补短，更好更快地成长。但是，由于自我评价主观性比较强，也容易出现评价要素不全、评价重点不突出、结果过高或过低的现象。

（2）他人评价

这种评价是指在评价对象之外，组织或其他人对评价对象进行的评价。例如，幼儿之间开展的相互评价、教师对幼儿的评价、教师之间开展的相互评价、幼儿园管理者对教师的评价、行政和督导部门对幼儿园开展的视导评价和督导评价等，都属于他人评价。其中，行政和督导部门对幼儿园开展的评价，根据国家制定的《幼儿园保育教育质量评估指南》和各省（自治区、直辖市）幼儿园质量评估标准，将各类幼儿园纳入质量评估范畴，重点评价幼儿园科学保教、规范办园、安全卫生、队伍建设、克服小学化倾向等情况，并定期向社会公布评估结果。

相对于自我评价，他人评价要客观一些，但是也需要评价者具备负责任的态度和一定的评价水平。

2. 按照评价对象分类

按照评价对象即参评对象不同，幼儿园教育评价主要分为幼儿发展评价和教师发展评价。

（1）幼儿发展评价

幼儿发展评价是指依据《规程》等指导思想，制定科学的评价方案，全面客观地了解和评估幼儿发展的水平和特点。

具体地讲，幼儿发展评价主要包括健康与动作发展评价、认知与语言发展评价、品德与社会性发展评价、艺术感受与表现能力发展评价、习惯与自理能力发展评价。

幼儿的行为表现和发展变化具有重要的评价意义，既是检测幼儿教育课程及其实施过程效果的重要手段，也是幼儿教育工作者因人施教的前提和改进工作的重要依据。

（2）教师工作评价

幼儿园教师工作评价是指依据党的教育方针、《中华人民共和国教师法》和《规程》等要求，对幼儿园教师的各项工作质量进行的评价。

具体地讲，幼儿园教师工作评价主要包括安全、卫生保健、教育活动的设计与组织、对幼儿的管理、环境创设、与家长的合作等工作的评价。

幼儿园教师工作评价可以使教师明确自己的优势，树立信心，发现自己的不足，取长补短，不断提高教育工作质量；可以使幼儿园管理者在管理幼儿园教育工作时克服盲目性、主观性，增强科学性、规律性。

3. 按照评价结果类型分类

评价结果的类型是指对评价信息处理结果的描述或表达形式，按照这样的标准，幼儿园教育评价分为定性评价和定量评价。

（1）定性评价

定性评价是指根据评价项目的要求，观测并记录评价对象在某一环境下的状态或某一阶段变化过程的信息，在分析、研判记录内容的基础上，通过宏观的定性描述表达评价结果。例如，对幼儿的社会性发展评价一般采用定性评价。

（2）定量评价

定量评价是指针对某一评价项目，事先确定量化指标，通过调查、测验等搜集评价对象的量化信息，而后对量化数据进行统计、分析，从而得出评价结论。例如，对幼儿的身体素体（体质）评价一般采用定量评价。

4. 按照评价的参照体系分类

按照评价的参照体系不同，幼儿园教育评价分为相对评价、绝对评价和个体内比较评价。

（1）相对评价

相对评价是以某一集合的平均状况为基准，对每个对象在这个集合中所处的相对位置进行评价。例如，在幼儿发展评价中，将一个班级幼儿身高、体重的平均水平作为基准，对每名幼儿身高、体重在该班所处的位置进行的评价属于相对评价；在教师工作评价中，以整个幼儿园教师教育活动的平均水平作为基准，对该园每位教师教育活动的设计与组织水平进行的评价也属于相对评价。

应当注意，相对评价是以某一群体的平均水平为基点的，其标准来源于某一群体，也只适用于该群体。

（2）绝对评价

绝对评价是指在评价对象的集合之外确定一个标准，将被评价对象的水平与这个标准进行比较，评价其达到标准的程度。例如，对幼儿园进行的分级分类评价就属于绝对评价，在这一评价过程中，被评价幼儿园的水平必须与评价者所依据的客观标准相对照。又如，卫生保健部门对幼儿生长发育的评价，要求将每名被评价幼儿的生长发育情况与客观标准相比较，也属于绝对评价。

（3）个体内比较评价

这种评价也称个体内差异评价，是把被评价个体的过去和现在相比较，或将个体的有关侧面相互比较。例如，幼儿园将某名幼儿在语言、动作、社会性等方面的阶段性表现做前后比较，以评价该幼儿此阶段上述各方面的发展水平。

对同一个评价对象，从纵向看，个体内比较评价考虑到了个体在某一阶段前后的差异，以发展的观点看问题；从横向看，个体内比较评价考虑到了个体在有关各个侧面的差异，以整体的观点看问题。所以，这种评价方式一般不会对评价对象造成压力，但也容易使评价对象自我满足。

在对同一对象进行评价时，为了能使评价结果最大限度地客观公正，同时对评价对象产生最积极的效果，最好兼顾上述三种评价方式。

思考与讨论

教师想评估某一名幼儿的身高、体重在本班全体幼儿中的位次，可以采取上述哪种评价方式？

5. 按照评价的功能分类

按照评价的功能不同，幼儿园教育评价分为诊断性评价、形成性评价和总结性评价。

（1）诊断性评价

这里所说的诊断性评价又称预测性评价，是指在教育活动开始之前，对参加活动的幼儿在活动所需具备的水平方面进行的评价。例如，幼儿刚入园时教师对幼儿在感知、语言、动作等方面进行的摸底测试就属于诊断性评价。其目的在于通过评价了解幼儿的基本情况，制订切实可行的教育活动计划并在开展活动过程中因人施教。

（2）形成性评价

这种评价又称即时评价，是一种在活动计划实施过程中根据需要进行的动态式评价。例如，在幼儿园某课程进行过程的某一阶段，对幼儿接受该阶段课程教育后的发展情况进行的评价，就属于形成性评价。这种评价的目的在于及时了解活动开展的情况，根据需要适时调节，尽量缩小活动实际效果与目标之间的差距。

（3）总结性评价

这种评价以预先设定的教育目标为基准，是在活动完成以后，对评价对象达成目标的程度进行的评价。例如，幼儿园完成某项集体活动后进行的全面评价多属于总结性评价。总结性评价的目的在于全面了解活动开展的成果，在评价过程中往往对评价对象做出鉴定甚至划分等级等。

第二节　幼儿园教育评价的内容及标准

本节根据评价对象的不同，围绕幼儿发展评价和教师工作评价两个方面，探讨幼儿园教育评价的内容及标准。

一、幼儿发展评价

什么是幼儿发展评价？幼儿发展评价包括哪些方面？

1. 健康与动作发展评价

健康与动作发展评价包括生长发育水平（如身高、体重、视力等）、大肌肉动作（如走、跑、跳、投掷、攀登等）和小肌肉动作（如画、剪、折等）。

生长发育水平的评价主要靠评价者用精确的测量仪器进行测量或专业人员进行检查来进行，有些项目如身高、体重等还要评价者根据测量数据与相关标准做比较才能做出科学判断，牙齿、眼睛等项目的健康评价要靠专业人员实施。

这里主要介绍大、小肌肉动作发展状况评价。大、小肌肉动作的评价可以通过观察、测试等多种方式进行。幼儿大、小肌肉动作发展状况评价见表 9–1。

表 9–1　幼儿大、小肌肉动作发展状况评价参考表

类别	项目	评价标准		
		Ⅰ级	Ⅱ级	Ⅲ级
大肌肉动作	走	上体正直自然地走	上下肢协调地走	听信号步伐均匀地走
	跑	两臂在体侧自然地跑	协调、轻松地跑	听信号变方向变速跑
	跳	立定跳远 60 厘米	立定跳远 75 厘米	立定跳远 90 厘米
	平衡	能单脚站立 10 秒	能单脚站立 20 秒	能单脚站立 30 秒
	拍球	单手连续拍球 10 下	左右手交替拍球 15 下	单手运球 100 米

续表

类别	项目	评价标准		
		Ⅰ级	Ⅱ级	Ⅲ级
小肌肉动作	画	能用笔描出直线	会画圆圈并均匀涂色	能完成点线画并涂色
	剪	能沿画好直线剪下	会剪简单图形	会剪较复杂图形
	折	会对边折对角折	会折简单物品	会折较复杂物品
	穿珠	30 秒穿珠子 5 个	30 秒穿珠子 7 个	30 秒穿珠子 8 个

在日常教育活动中，教师一般通过平时的观察来评价幼儿大、小肌肉动作的发展状况，参见表 9–2。

表 9–2　幼儿大、小肌肉动作发展状况日常观察评价参考表

类别	项目	评价标准
大肌肉动作	走	上下楼梯是否稳健
	跑	跑步姿势是否自然，能否不跌倒
	跳	能否双脚同时跳，能否从高处往下跳
	平衡	能否单脚站立，能否顺利走完平衡木
	接、掷	接传球、掷沙包是否自然
小肌肉动作	写、画	用笔动作是否准确、精细
	叠	是否会叠衣服
	穿、折	是否会用线穿东西，是否会系纽扣，是否会系鞋带
	揉	能否捏、搓泥团

思考与讨论

通过测试幼儿是否能自如地骑玩具三轮车，可以测评幼儿哪方面的发展状况？

2. 认知与语言发展评价

（1）认知发展评价

认知发展能力的评价内容包括感知能力（如空间知觉、时间知觉、观察力等）、思

维能力（如分类、想象、推理、守恒、数的概念等）和知识经验（如动物、植物、季节、社会角色、音乐、美术等）。由于知识经验的范畴很宽，这里只对感知能力、思维能力的评价标准和相应内容做简单介绍，参见表 9–3。

表 9–3　幼儿感知能力和思维能力评价参考表

类别	项目	评价标准		
		Ⅰ级	Ⅱ级	Ⅲ级
感知能力	空间知觉	知道上下、里外	知道前后、高低、远近	知道以自身为中心的左右
	时间知觉	知道白天、黑夜、早晚	知道今天、昨天、明天	知道时间的某一点
	观察力	能感知事物的明显特征	能发现事物的功用	能发现相似事物的细微差别
思维能力	分类	能根据事物的明显特征分类	能根据物体的功用分类	能根据概念分类
	想象	能根据图形进行想象	能根据图形进行较丰富的想象	能根据图形创造想象
	推理	能根据图形进行推理	能根据图形间关系进行推理	能根据图形间较复杂关系进行推理
	守恒	5 以内数的守恒	10 以内数的守恒	长度和体积守恒

（2）语言发展评价

幼儿语言发展的评价包括说话的积极性、倾听、发音、词汇、语意理解、阅读、理解作品等方面，见表 9–4。表中“评价标准”是逐步提高的，代表幼儿该项能力水平逐步提升。

表 9–4　幼儿语言发展评价参考表

项目	评价标准
说话的积极性	呼叫其名字时，有反应；能主动说话；能和别人自然地说话；会提问、提要求；能主动参与谈话，表达自己的想法和感受
倾听	能安静地坐着听别人讲故事；别人在另一地方呼唤时，会循声找到呼唤者；当字词重复出现时能正确辨认
发音	其他人能听懂幼儿说的话；口齿清晰、咬字准确

续表

项目	评价标准
词汇	正确地说出他人的姓名和物品名称；会用简单的动词、形容词和代词
语意理解	能听从教师简单的指示；对于其他幼儿的问题或要求，能及时正确地做出反应
阅读	会一页一页地翻看图书，知道看文字书的方法；理解图书的主要内容；能说出图书的主要内容
理解作品	知道故事角色和发生的事情；能按照顺序说出故事情节；能概括故事的主题

思考与讨论

“会用完整的句子回答问题”可以列入“幼儿语言发展评价”哪一个项目中作为比较高的评价标准？

3. 品德与社会性发展评价

品德主要包括个性品质和道德水平，品德与社会性发展评价的内容包括自我意识（如独立性、自尊心、自制力、主动性等）、情绪情感（如个人情绪控制与调节，以及社会情感方面的关心他人、同情心、责任感等）、道德行为（如遵守社会规则、礼貌、友爱、诚实、合作等）和交往行为（如适应能力、交往能力、人际关系、解决冲突的能力等）。

幼儿的品德与社会性发展都是在日常生活和其他教育活动中表现出来的，所以，其评价也主要依靠日常观察而非测量的方法。

幼儿品德与社会性发展评价的标准参见表 9–5。

表 9–5　幼儿品德与社会性发展评价参考表

类别	项目	评价标准		
		Ⅰ级	Ⅱ级	Ⅲ级
自我意识	自我认知	知道自己姓名、年龄、性别	知道自己的爱好	知道自己的优缺点
	自信心	有信心完成简单事情或任务	有信心完成稍有难度的任务	有信心完成有较大难度或没有做过的事情
	独立性	在教师鼓励和要求下能做事	自己能做的事情不请求帮助	喜欢独立做事情和独立思考问题

续表

类别	项目	评价标准		
		Ⅰ级	Ⅱ级	Ⅲ级
自我意识	意志力	能有始有终做完一件简单的事	能坚持一段时间完成稍有难度的任务	经常在较长时间内主动克服困难实现目的
	好胜心	对感兴趣的活动努力做好	竞赛活动中努力争取好成绩	做任何事情都努力争取好结果
情绪情感	表达与控制情绪	情绪一般较稳定，经劝说能控制消极情绪	情绪状态较好，一般能自己调解与控制消极情绪	情绪状态良好，能用恰当方式对不同情境做出适宜反应
	爱周围的人	热爱、尊敬父母	亲近班里的教师和其他幼儿	关心父母、教师和幼儿，喜欢帮助他们做力所能及的事
	爱集体	习惯幼儿园，愿意参加集体活动	在教师引导下关心班级事情，为集体做好事	能主动关心班里的事，维护集体荣誉
道德行为	礼貌	在成年人提醒下能使用礼貌用语	能主动使用礼貌用语	能在不同情境下主动使用礼貌用语，举止文明
	诚实	不说谎话，不随便拿别人东西	做错事能承认，拾到物品主动交还失主或交公	做错事能承认并努力改正，不背着成年人做禁止做的事情
	合作	能与其他幼儿一起游戏	喜欢与其他幼儿合作游戏和做事	能成功地与其他幼儿合作游戏与做事
	遵守规则	经提醒能遵守规则	能自觉遵守规则	能自觉遵守并维护规则
交往行为	与教师交往	对教师的主动交往能做出积极反应	有时能主动与教师交往	常主动与教师交往
	与客人交往	见到客人不害怕、不回避	对客人的主动交往有积极反应	能主动与客人交往
	与其他幼儿交往	对其他幼儿的主动交往能做出积极反应	有时能主动与其他幼儿交往	经常主动与其他幼儿交往
	解决冲突	与其他幼儿发生冲突时经成年人帮助能和解	能用适宜的方式自己解决与其他幼儿的冲突	能帮助解决其他幼儿之间的冲突

表 9-5 所列项目中，哪些属于个性品质方面的内容？哪些属于社会情感方面的内容？

4. 艺术感受与表现能力发展评价

幼儿对艺术的感受和表现能力即幼儿感受美和表现美的能力，包括对周围大自然、对文学艺术的感受力、理解力，对音乐的感受力、理解力、表现力，对美术作品的感受力、理解力和用线条、构图、色彩、剪贴、折纸、泥土等进行创造和表现的能力等。

5. 习惯与自理能力发展评价

幼儿的习惯与自理能力发展评价的内容包括生活习惯（如穿衣、进餐、如厕、个人卫生、环境卫生等）、学习习惯（如学习兴趣、注意力、主动性等）和自我保护（如躲避危险、安全意识等）。

幼儿的习惯与自理能力是在日常生活和其他活动中表现出来的，所以，对这方面的评价需要在长期日常生活和其他活动中进行观察才能得出结论。

幼儿习惯与自理能力发展评价参考表见表 9–6。

表 9–6 幼儿习惯与自理能力发展评价参考表

类别	项目	评价标准		
		Ⅰ级	Ⅱ级	Ⅲ级
生活习惯	穿衣	能自己穿简单衣裤	能自己系扣子、拉拉链	会系鞋带，能穿各种式样的衣服
	进餐	能用勺子进餐，会清理桌面	会用筷子进餐，保持桌面整洁	进餐时能保持桌面、衣服干净
	如厕	能自己如厕	大小便自理，便后会冲水	便后能整理好衣服
	个人卫生	经提醒能做到饭前便后洗手	饭前便后主动洗手，会用手帕	经常保持手脸干净，服装整洁
	环境卫生	会收拾玩具，不随地大小便	能将果皮、纸屑放在指定地方	公共场所不乱丢废弃物，不乱涂乱画

续表

类别	项目	评价标准		
		Ⅰ级	Ⅱ级	Ⅲ级
学习习惯	学习兴趣	对新奇事物感兴趣	对较多活动感兴趣，会问“为什么”	喜欢动手摆弄，自己寻找问题答案
	注意力	学习活动中需要提醒、暗示	学习活动中能自己调整注意力	学习活动中能保持注意力集中
	主动性	经教师提醒能完成任务	能完成任务	能主动按时完成任务
自我保护	躲避危险	不玩、不触摸危险品	知道躲避危险	不独自上街，上街不乱跑
	安全意识	能意识到危险	知道避开危险	知道常见的解决安全问题的方法

思考与讨论

根据第七章、第八章内容，结合你自己的理解，除了表 9-6 中列出的项目，说出还有哪些幼儿需要养成的生活习惯和学习习惯？

二、教师工作评价

思考与讨论

什么是教师工作评价？包括哪些方面的内容？

1. 安全工作评价

保证幼儿的安全是幼儿教师在教育工作中首先必须考虑的问题。对幼儿教师的安全工作评价主要涉及以下内容。

（1）发现环境中的隐患，加强安全措施

为了防患于未然，幼儿教师必须消除幼儿生活环境（如活动室、寝室、盥洗室）中的一切不安全因素，确保幼儿安全。

表 9–7 给出了活动室、寝室、盥洗室安全标准评价，供参考。

表 9-7　活动室、寝室、盥洗室安全标准评价参考表

活动场地	安全标准
活动室	门、窗本身安全，有护窗
	室内装饰材料、家具及其油漆符合环保要求
	室内没有钉子，家具、墙边无棱角
	桌椅牢固、无棱角
	玩具等活动材料无毒、无害，易清洗
	插座、药品等放在幼儿拿不到的地方
寝室	幼儿够不着消毒灯开关
	通道方便行走
	床的高矮适当
	无小球、小刀等杂物
盥洗室	地面清洁、防滑
	用具无棱角
	热水温度符合要求
	消毒、清洁用品放在幼儿拿不到的地方

（2）安全意识

教师的安全意识淡薄会导致出现许多幼儿安全问题。表 9-8 列出了教师组织幼儿活动应有的安全意识的要求。教师应经常对照这些要求进行自我评价，帮助自己树立牢固的安全意识，形成良好的安全习惯。

表 9-8　教师组织幼儿活动有关安全意识评价参考表

活动过程	应具备的安全意识
活动准备过程	制定对于幼儿来说简单明了、切实可行的活动规则，规则中一定包括安全注意事项
	除了安排专门的活动，还应教幼儿学习如何处理意外事故，平时要在活动前教幼儿学习一些可能出现的意外事故的处理办法
	常备一些急救药品
	活动前注意检查场地是否安全

续表

活动过程	应具备的安全意识
活动进行过程	在幼儿面前须安全、正确地使用教具和工具
	注意引导幼儿学习安全的行为方式，纠正不安全的行为
	幼儿从事踢球、追逐、攀爬、剪纸等具有一定危险性的活动时，注意面对面的具体指导和必要的防护
活动总结过程	注意总结活动准备过程中的安全工作准备情况和活动进行过程中的有关安全事项问题

（3）预见危险发生的能力

可以通过以下几个方面评价并帮助教师形成预见危险发生的能力：及时发现环境中的不安全因素，并加以防范；及时发现幼儿的不安全行为，并加以阻止；幼儿不遵守活动要求或规则时及时提醒并组织好；进行运动量大的活动或开展户外活动前，交代清楚活动要求尤其是安全方面的要求。

（4）应急能力

应急能力是发生事故时必备的能力，包括掌握必备的急救知识以及面对事件沉着、冷静的心态。发生小的事故时，教师会自己处理；发生大的事故时，教师先进行急救处理，然后将伤者送往专业医院治疗。

2. 卫生保健工作评价

幼儿园卫生保健工作是幼儿全面发展教育的基础工作。幼儿园卫生保健工作评价主要包括以下几项内容。

（1）是否执行幼儿生活作息制度，幼儿一日活动安排是否合理

表 9–9 给出了执行幼儿生活作息制度和幼儿一日活动安排评价参考指标。

表 9–9　执行幼儿生活作息制度和幼儿一日活动安排有关评价参考表

评价项目	评价标准
活动	是否保证了幼儿充足的户外活动时间
	是否保证了幼儿的活动量
	是否给幼儿提供了适当的休息时间
	活动安排是否注意了动静交替
学习	时间安排是否恰当合理
	活动内容是否符合幼儿的接受水平和身心特点

续表

评价项目	评价标准
进餐	进餐环境是否安静
	进餐前是否组织幼儿进行安静活动
	进餐前是否提醒并组织幼儿洗手
	是否营造了宽松的进餐心理环境

（2）是否为幼儿提供了能确保其健康的卫生环境

表 9–10 给出了是否为幼儿提供了能确保其健康的卫生环境的评价指标。

表 9–10　为幼儿提供确保其健康的卫生环境有关评价参考表

评价项目	评价标准
室内卫生	定时开窗通风换气，保持室内空气流畅、无异味
	室内干净、整洁，物品摆放整齐无异味
	厕所清洁通风，随时打扫，定时消毒，便桶每次用后及时倾倒、刷洗干净，每日用消毒液浸泡
	玩具保持清洁，至少半个月清洗、消毒一次
	水果洗净削皮后再吃；饭桌先用消毒液擦洗，再用清水擦洗干净
	活动室内外墙体、窗台及卫生间墙面、地面、水池四周无污迹
幼儿个人卫生	个人卫生用品摆放整洁，专人专用，不相互污染
	饭前便后用肥皂和流动清水洗手，经常保持双手清洁
	饭后漱口，大、中班幼儿每天早晚刷牙
	随时喝到干净的饮用水
	各种卫生用品干净，便于取用
	定期洗头、洗澡
	每周剪手指甲一次，每两周剪脚趾甲一次
	保持幼儿服装整洁，衣服、被褥、床单勤洗勤换
	室内明亮、采光良好，看电视时与电视距离不小于电视对角线长度的六倍、电视机安放高度适中，每次看电视时间不超过半小时

3. 教育活动的设计与组织评价

教育活动的设计与组织评价包括对教育活动的目标、内容、组织、效果以及教育技能几个方面的评价。

评价教育活动的设计与组织，应当根据《规程》的要求，吸收新的教育理念和教育改革成果，结合幼儿园实际情况开展。

表 9–11 给出了教育活动设计与组织评价标准，供参考。

表 9–11　教育活动设计与组织有关评价参考表

评价项目	评价标准
活动目标	根据幼儿的年龄特点和实际水平，设立相应的知识目标、能力目标、情感教育目标
	目标的设立明确具体、操作性强，体现一定的层次和梯度，能满足不同发展水平幼儿的需要
	目标的确立体现素质教育的要求，保证幼儿德智体美劳全面发展
活动内容	根据幼儿的年龄特点和发展水平选择相应的活动内容，活动内容难易适中、容量恰当
	活动内容符合素质教育的要求，做到科学性与教育性有机结合
	活动以游戏为主线，内容丰富，形式多样，富有情趣
活动组织	根据活动的需要创设环境，场地宽敞、整洁
	根据活动需要提供适用的操作材料，材料安全、卫生，便于操作，幼儿取放容易；充分利用废弃物
	严格遵守幼儿一日常规，不随意打乱作息时间；各项活动时间安排合理，衔接自然，无拖延等待现象
	活动形式多样，根据需要选择集体活动、小组活动、个别活动等形式，做到动静交替、室内外交替
	活动面向全体，突出幼儿主体地位，尽可能为幼儿自主活动提供机会；幼儿情绪积极愉快，动手动脑
	发挥教师主导作用，具有教育机智，专业技能运用娴熟，师生互动和谐、民主
活动效果	幼儿对活动有兴趣，积极参与，正确运用感官感知事物，思维活跃、注意力集中，回答问题积极踊跃
	幼儿能熟练规范地使用常用的生活、劳动、学习工具及各种材料，动作发展协调
	活动巩固和强化了幼儿一日生活常规，对幼儿养成良好生活、学习和卫生等习惯有促进作用
	活动中，师生感情融洽，配合默契，交往活跃和谐，合作愉快
教育技能	教师普通话标准，语言表达准确、规范、恰当
	教师能恰当地运用示范、演示等教学方法引导幼儿主动学习
	教师的教育方法科学灵活，有吸引幼儿注意和提高幼儿学习情趣的个人技能
	能根据教育内容，对幼儿自然地进行品德教育

以上是针对某一项教育活动的设计与组织进行评价的参考标准，实际评价过程中，也可以一日或者半日活动为单位，对教师的教育活动设计与组织进行评价。

思考与讨论

复习本课程中幼儿园一日活动等有关内容，查找资料，搜集一份以一日或者半日活动为单位，对教师的教育活动设计与组织进行评价的参考标准，与表 9-11 进行对照，分析二者的区别。

4. 对幼儿的管理评价

教师对幼儿的管理水平体现在管理幼儿时的态度与方式上，也体现在幼儿的习惯养成和综合素质的发展上，所以，评价教师对幼儿的管理，可以从师生关系和幼儿活动常规管理等方面着手。其中，常规管理情况的评价，可以从教师如何引导幼儿制定活动规则、怎样遵守规则，以及教师处理幼儿冲突的能力等方面去考察。

评价教师与幼儿关系及教师处理幼儿之间冲突的能力，可参考表 9–12。

表 9–12　教师与幼儿关系及教师处理幼儿间冲突能力评价参考表

评价项目	评价标准
教师与幼儿关系	赏识幼儿，对幼儿的点滴进步都给予鼓励
	与幼儿交谈总是态度和蔼，语气柔和
	能蹲下来与幼儿平等对话，倾听幼儿的意见
	能开放地接受幼儿的各种情绪反应
	坚持原则但又能包容幼儿的过错
教师处理幼儿之间冲突的能力	事先调查事情的前因后果
	引导幼儿学会自我控制，学会根据活动规则或常规要求自己解决问题
	及时制止可能产生不良后果的行为
	尊重规则，但解决问题时其重点不放在追究责任上
	少质问、少说教、不惩罚

5. 环境创设工作评价

幼儿园环境创设评价包括对物质环境创设的评价和对精神环境创设的评价。其中，对幼儿园物质环境创设的评价涵盖量的评价和质的评价两个方面：量的方面主要评价幼儿园物质环境各要素是否齐全、各种物资配备是否达标；质的方面主要评价所配备物质要素的质量水平。对幼儿园精神环境的评价着重评价是否有助于幼儿心理健康并形成和发展健康、积极的社会性行为等方面。

评价教师幼儿园环境创设工作，参见表9-13。

表9-13　幼儿园环境创设工作有关评价参考表

环境类型	评价项目		评价标准
物质环境	墙饰布置		教育性强，幼儿的参与性强
			能反映近期教育主题及线索
			布局美观，有情趣
			家园联系栏内容设计适当、清晰
	活动区角		内容丰富，有教育性
			标识明确，有启发性
			布局美观，便于幼儿观察、操作
			体现班级年龄特点
			有自制物、有可供利用的废旧物
			有多个区角，相互无干扰，材料适时更换
	图书	整体	全园（班）图书拥有量、人均拥有量达标
			图书种类多样，适宜幼儿阅读
		读书区图书	书中主角容易得到幼儿认同
			幼儿熟悉书中情境或对其感兴趣
			插图和文字比例适当
			插图色彩搭配协调
			文字和插图都生动、有趣
			故事有圆满的结局
			故事有正面教育意义
			故事简短，最好一次可以读完
精神环境			幼儿园及班级气氛温暖、宽松、和谐、向上，充满爱和关心
			有利于幼儿德智体美劳全面发展
			有助于幼儿自我概念、自信心的发展
			能激发幼儿的兴趣和内在的学习动机
			有利于鼓励幼儿探索与创新
			尊重幼儿个性发展，注重培养幼儿良好品质

6. 与家长的合作工作评价

幼儿教师的家长工作评价涵盖的项目很多，主要包括与家长的沟通、家长学校工作、吸引家长参加幼儿园活动等方面的评价。表 9–14 列出了上述几个方面的评价标准，供参考。

表 9–14　教师家长工作有关评价参考表

评价项目	评价标准
与家长的沟通	准确地向家长介绍本园、本班教育教学情况
	主动与家长交流幼儿在园情况
	及时改进并反馈家长对幼儿园工作的意见和建议
	与家长交流时态度和蔼、方法得当
家长学校工作	对家长指导和引导工作的积极性与质量
	是否注意对家长进行教育常识的培训
吸引家长参加幼儿园活动	家长参加幼儿园活动的频率
	家长参加幼儿园活动过程中的参与度

第三节　幼儿园教育评价的方法与步骤

本节除了介绍幼儿园教育评价的方法与步骤，还专题介绍幼儿园教育评价中应当注意的问题，以促进幼儿园教育评价科学化、规范化、合理化。

一、幼儿园教育评价的方法

评价方法主要是指收集评价信息和处理评价信息的方法。幼儿园教育评价的方法主要包括观察法、访问谈话法、问卷调查法、档案袋评定法、测验法、统计分析法等。这些方法既可以单独选用，也可以综合运用，评价者要根据评价目的，结合自己的实际需要进行选择。

1. 观察法

观察法是评价者在自然条件下对评价对象进行有目的、有计划的直接感知、记录，通过分析感知、记录的信息而获得结论的一种评价方法，是幼儿园教育评价中最基本的方法。

（1）连续观察法

这种观察法也称日记法，既可用来评价幼儿发展，也可用来评价教师工作。例如，在评价幼儿发展时，对于幼儿自然表露的行为，只要评价者认为是能用来判断幼儿发展情况的，可以用文字、录音、照相、摄像等方式真实地记录下来，通过分析研判记录的信息对幼儿发展状况做出评价。记录时间的长短和内容多少的取舍，可以根据评价的需要确定。时间上，教师可以当幼儿一入园就开始记录，连续半年、一年不等，或者选取幼儿入园后的某一阶段；内容上，可以包括幼儿的一切言行、情绪、活动特点及背景、成年人态度及幼儿反应等，也可以只侧重于某一方面的记录。

（2）时间取样观察法

根据评价项目的要求，在规定的时间段采集评价对象的信息，这种观察方法称为时间取样观察法。这种方法既适合于单一评价项目所需采集信息的观察，如一周内每天自由活动时间专门观察记录“幼儿的友好行为或攻击行为”，也适合于对评价对象进行综合评价所需采集信息的观察，如一周内每天生活活动时观察“幼儿的生活卫生习惯、行为习惯以及幼儿性格等的表现”，或每周随机三次观察“青年教师语言、教态、引导幼儿共同进行探究活动”的情况。

运用时间取样观察法观察评价幼儿或教师时，要注意事先编制好观察记录表，便于观察时记录。

时间取样观察法可以在很短时间内有目的地获取大量有关情况的资料，但是，有些评价对象的表现可能未在确定的时间内出现，因此会有遗漏的现象，这也是时间取样观察法的缺陷。

（3）事件取样观察法

观察者事先确定观察目的，根据观察目的选择某种或某类事件作为观察目标，当事件一出现时即进行观察并记录，这种观察方法称为事件取样观察法。这种观察法针对事件的发生、发展、结束进行观察、记录，不预先规定观察时间，没有时间限制。

（4）行为核查

评价者事先将要观察的行为编制好表格，然后检查行为是否出现，或行为表现的等级如何，并在观察记录表格所选的等级上做标记，这种观察方法称为行为核查。例如，要评价幼儿的日常生活卫生习惯，教师就可以列出幼儿生活卫生习惯行为核查表，对幼儿日常生活卫生习惯进行评价。

这种方法一般用于幼儿发展和教师工作中一些非常外显的行为表现的评价。

（5）情境观察法

这种观察法又称情境测查法，是指观察者（评价者）根据评价项目的要求，创设一定的情境，将评价对象置于该情境中，观察其相应的表现并作出记录。例如，要了解幼儿的动手能力，就可以给幼儿提供一定量的材料及相应的工具，然后观察幼儿利用工具和材料的表现。

以上介绍了几种观察法，在实际运用过程中，不论采取哪种观察法，都要注意严格遵守客观性原则、采用恰当的记录方法、一人以上的观察结果应进行一致性检验。此外，对幼儿进行观察时，要将平时的观察记录和日常生活中与幼儿的谈话、交往、活动作品等结合起来；对教师工作进行评价时，要将平时在研讨、听课、交谈等活动中观察到的情况与学期末的阶段评价相结合。

思考与讨论

在同一时间段甚至是同一时间点，对同一观察对象开展同一观察项目，不同的观察者往往会得出不同的观察结论，你能说出其中的原因吗？

2. 访问谈话法

访问谈话法简称谈话法，是通过与评价对象面对面的交谈收集评价信息的方法，可分为个别谈话、团体谈话，临床谈话（即具诊断与心理治疗双重功能的谈话）、标准谈话、自由谈话等。

运用谈话法，评价者有机会依据评价要求获得广泛而且详细的资料，补充其他方法的不足，还可以使评价者有机会验证其他方法收集的评价信息是否真实可靠。此外，评价者在谈话中可以观察评价对象的反应，从而加深对评价对象的了解。当然，谈话法也有其自身不足，如时间和精力花费多、所获得信息的可靠程度容易受评价对象影响等。

运用谈话法，评价者要事先拟订谈话内容，形成谈话问题。评价者在与评价对象谈话时可采用文字、录音、视频等记录的方式将谈话资料记录保存下来。为了促成谈话取得积极效果，评价者事先要注意考虑评价对象的兴趣是什么、评价对象对谈话中的哪些问题有所考虑并愿意回答、评价对象能提供哪些与评价相关的信息、评价对象的语言理解力如何等问题。

在教师工作评价尤其是幼儿发展评价中，谈话法被广泛使用。例如：通过访问教师，可以了解幼儿发展的大致特点；通过访问家长，可以了解幼儿在家的表现；在比较轻松自然的谈话氛围中就某方面的主题与幼儿展开谈话，可以更加直观地感受幼儿发展情况。

3. 问卷调查法

问卷调查法简称问卷法，是由评价者根据评价目的，向评价对象发放问卷，要求评价对象以书面形式提供给评价者有关情况的一种广泛收集评价信息的方法。问卷法简便易行，能在较短的时间内收集到许多评价对象的材料，还便于统计分析，在幼儿园教育评价中被广泛应用于对家长和教师的调查。

要保证问卷法的质量，重要一环是设计与编制好问卷。一般地，问卷中题目的形式有选择题、排序题、填充题、问答题等，选择题和排序题是由问卷编制者提供选择性答案的封闭性调查题，问答题和填充题是评价对象可以自由作答的开放性调查题。确定了调查题目的形式后，编拟具体调查题时要考虑使用什么样的词汇比较适合评价对象，怎样陈述才有利于评价对象的理解和回答，怎样才能排除评价对象受到某种暗示的影响等因素。设计好题型、拟定好题目，按照调查要求配置问卷结构时，要注意在问卷标题之下，首先要有导语，以解释调查的目的和提供问题的原则，然后根据评价要求决定调查项目的数量、项目和题目编排顺序，作答时间一般应控制在半小时以内。

4. 档案袋评定法

档案袋评定法简称档案评定法，是将对评价对象的观察记录、测评表以及有关评价对象生活、学习、成长情况的相关资料收集起来，进行合理的分析、研判，从而了解评价对象的特点和状况，以及评价对象在发展过程中的努力、进步与成就的一种评价方法。

在幼儿发展评价中采用档案袋评定法，一般要事先准备好幼儿成长记录袋作为档案袋。成长记录袋收集的资料主要有作品样本（如幼儿的绘画、泥塑、自制玩具等实物或影像资料，幼儿自编故事和表演节目的音、视频资料）、观察记录（如文字记录、反映幼儿活动情况的摄影及音视频资料）、各种测验和调查的结果（如幼儿生长发育及体质测验数据、幼儿智能测验数据、幼儿提问记录、幼儿在家情况调查结果等）。

档案袋评定法为幼儿发展评价和教师工作评价提供了真实而又丰富的信息，提升了评价的客观性。在使用这种方法进行评价时，要加强资料收集的计划性，同时，要让评价对象参与材料的收集，使材料更加全面、翔实，从而提升评价的准确性和说服力。

5. 测验法

测验法是针对评价对象和评价项目，运用教育测量的理论和方法编制或选择科学的测评量表（简称测量表），对评价对象进行测验，以获取评价信息的一种评价方法。

在采用测验法开展幼儿教育评价时，可以采用他人编制好的相应测量表。例如，目前国内外已有一些成型的幼儿教育评价及教师工作评价的单项测验和综合评价测量表可供选择，教师也可以根据评价项目的要求和有关规范，结合本园实际情况，自行编制测量表。

无论是选用他人的测量表还是自行编制测量表，都要注意考量测量表的以下几个指标：一是测验的信度，即测验的可靠性，一个好的测量工具必须稳定可靠，即多次测量结果要保持一致，否则摇摆太多、太大，便不可信。二是测验的效度，即采用这个测量表进行测验，是否测到了它所想要测验的内容，其程度如何。三是测验的难度，即测验的难易程度。四是区分度，即同一个项目的测验对于不同水平的被测对象加以区分的程度。如果某项目的测验得高分的被测对象实际水平也高，得低分的被测对象实际水平也低，则该项目的测验区分度就高。

6. 统计分析法

统计分析法是指评价者按照一定的评价目的，建立起一定的评价指标体系，并通过观察、测验、调查等方法获取相关的数据资料，对这些数据进行分析处理，反映并揭示事物的本质属性、发现其规律的一种评价方法。

统计分析法主要包括描述统计法和推断统计法，其中描述统计法是最基本的方法，它通过计算数据的集中趋势和离散趋势、相关系数等反映数据的特征状况。

（1）集中趋势分析

代表一组数据典型水平或集中趋势的量数称为集中量数，它反映的是数据大致趋向于某一点的情况。常用的集中量数是算术平均数，此外还有中位数等。例如，比较两个大班幼儿身高、体重等生长发育水平，不必要将每名幼儿的身高、体重一一进行比较，只要将能代表两班幼儿身高、体重发育水平的平均数进行对照，就能一目了然。

（2）离散趋势分析

只用集中量数描述一组数据是不全面的，最好同时再用表示一组数据的变异程度或离散程度的量数即差异量数加以描述。差异量数有几种表达形式，其中标准差是表示一组数据差异程度时最常用的差异量数。

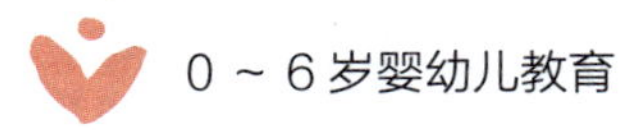

在教师指导下，通过查找资料、自学等方式，了解标准差的含义。

应当指出的是，上述幼儿教育评价的方法多数既可用来评价他人，也可用来进行自我评价，即评价者自己按照要求收集资料，对照要求进行自我剖析和评价。在幼儿园教育工作中，教师一般都能做到引导幼儿按照幼儿园教育的基本要求进行自我评价，从而引导幼儿建立自我反省意识，提升自我教育、自我发展的主动性、积极性，促进幼儿在反思中又好又快地成长。同时，教师也要经常对照幼儿园教育工作的要求，如对照一日活动组织与评价的标准，回顾、评价自己每天组织教育活动的情况，在反思中不断提高自己的工作质量。

思考与讨论

上述哪几种评价方法既可以用来对他人进行评价，又可以用来进行自我评价？

二、幼儿园教育评价的步骤

进行幼儿园教育评价，包括确定评价目标、设计评价方案、实施评价、反馈评价结果等步骤。

1. 确定评价目标

幼儿园教育评价目标的确定，决定于评价目的，即评价者需要评价什么、评价对象在需要评价的方面应达到什么水平。例如，如果评价者想了解幼儿园教育工作的全貌，就进行全面的评价；如果评价者只想了解幼儿园某项工作（如幼儿园卫生保健工作情况）或幼儿某方面发展水平（如幼儿智力发展情况），则只要进行这些个别项目的评价即可。

思考与讨论

请制定一份幼儿语言发展水平定性评价目标。

2. 设计评价方案

根据幼儿园评价目标的要求设计评价方案，是实施幼儿园教育评价之前重要的准备工作。评价方案的设计一般从如下几个角度进行。

（1）分解目标，形成指标体系

幼儿园教育是一个大系统（可称为母系统），这个系统包含着多个多侧面、多层次的小系统（可称为子系统），各个子系统又包含多项具体的教育活动。从宏观上看，幼儿园教育有相应的总体目标，从微观上看，每项具体的教育活动都有自己具体的目标，而且，每一层次的目标都可以分解，进而使幼儿园教育目标形成一个多层次的目标体系。分解后的目标体系中，处于最低层次、具有可操作性的目标具有指标性质，可以作为教育评价的指标。这样一来，幼儿园的目标体系便转化成幼儿园教育评价体系。

值得一提的是，具体的指标只能反映目标的某一方面或一部分，并不能反映总目标，只有整体指标体系才能反映幼儿园教育的整体水平。

（2）制定标准，形成标准体系

通过分解幼儿园教育目标，使其变成可以测量的指标，最终形成幼儿园教育评价的指标体系。幼儿园教育是否达到了这些指标、达成度如何，还需要做出一定的价值判断，这就必须制定一个判断标准。

幼儿园教育评价标准或标准体系，是对评价对象的各项指标达到要求的程度在数量和质量方面进行价值判断的准则和尺度。在进行幼儿园教育评价时，必须要以科学的态度认真做好制定幼儿园教育评价标准的工作，使幼儿园教育评价科学化、标准化，促进幼儿园教育评价顺利进行。

（3）形成计量体系

幼儿园教育评价的计量，是用评价标准对评价对象进行测定的过程。幼儿园教育评价的计量过程通常由以下两个基本要素构成：一是加权，即根据指标体系中各项指标的重要程度，赋以一定的权数；二是记分，即根据各项指标所评等级的标度值和权数，求得评价分值。加权和记分这两个要素相互联系、互为补充，形成一个有机的整体，这个整体就是幼儿园教育评价的计量体系。

3. 实施评价

（1）有关准备

有关准备工作主要包括两个方面：一是组织准备，即根据评价目的、评价内容等有关要求，成立与之相适应的评价小组，评价前要对小组内的人员进行培训，并对参与评价的人员进行分工，使大家在实施评价时能做到各司其职、各尽其责；二是评价工具如评价方案、评价登记表、资料汇总表以及所需标准化测量工具等的准备。

（2）宣传发动

宣传发动的主要目的是统一评价者和评价对象的思想，防止产生消极甚至抵触情绪，使大家能以正常的心态接受评价，积极配合评价工作。

（3）搜集资料

这是评价实施的中心工作，也是最为艰巨的工作，要求评价者以科学的态度、正确的方法和良好的工作状态，尽可能运用多种方法搜集真实客观的数据资料，为科学评价服务。

（4）评分和汇总

在掌握大量有关资料的基础上，评价人员对每一具体的项目进行评分，对多项目的评分进行汇总，并进行初步的统计分析。有些评分和汇总可以在计算机上完成，有些如访谈记录、作品等资料只能分门别类进行整理，以便对比分析。

4. 反馈评价结果

评价人员要对评价结果进行科学分析，撰写评价报告，提供给有关人员参考，促进幼儿园教育质量的提高。

对教师教育工作的评价结果应该通过适当的方式反馈给教师本人，以便教师更好地了解自己的工作，及时改进自己的工作；对幼儿发展情况的评价结果除了及时反馈给教师，还可以有针对性地反馈给幼儿家长，以便采取积极的应对措施，促进幼儿健康快乐成长。例如，评价人员对幼儿身体素质的各项指标进行发展评价后，撰写幼儿身体发展水平的报告，反馈给教师和家长，能使教师和家长更准确地了解幼儿的身体素质发展情况，使教师的健康教育活动和家长对幼儿的养育更具有针对性。

三、幼儿园教育评价应该注意的问题

从20世纪80年代开始，我国幼儿园教育评价工作越来越受到关注，逐渐成为幼儿园提高教育质量的重要管理手段，但是，从幼儿园教育的客观现实来看，幼儿园教育评价还存在着许多问题。

1. 树立正确的评价观

幼儿园教育评价就是一种幼儿园教育的价值判断，以什么样的评价观为指导，就会导致什么样的评价结果。因此，在幼儿园教育评价过程中，评价者在评价目的确定、评价方案制定、评价过程实施、评价结果运用等方面都要树立正确的评价观念。

2. 与日常教育工作相结合

《纲要》指出，幼儿园教育评价应在日常活动与教育教学过程中采用自然的方法进行。这是因为，幼儿园教育评价并不是超越幼儿园日常工作之外的额外工作，它本身就是教育过程的一个重要环节，只有这样做才能保证评价信息真实可靠。幼儿园或教师在评价幼儿的发展时，应随时观察幼儿的表现，及时调整教育行为；幼儿园评价教师时，要随时关注教师施教的情况，并进行评价。此外，将评价融入幼儿园日常工作，并不排斥某一阶段结束后的集中评价，两者应互为补充。

3. 充分、合理地运用评价结果

充分、合理地运用评价结果，是避免评价消极性、促进评价积极性的重要一环。对于幼儿发展水平的评价结果，教师在运用时要注意避免给幼儿发展带来消极影响。例如，要全面了解幼儿的发展状况，防止片面性，尤其要避免只重知识和技能而忽略情感、社会性和实际能力的倾向；要承认和关注幼儿的个体差异，在幼儿面前慎用横向比较，避免用划一的标准评价不同的幼儿；要以发展的眼光看待幼儿，既要了解现有水平，更要关注其发展的速度、特点和倾向等；明确评价的目的是了解幼儿的发展需要，以便提供更加适宜的帮助和指导，不可给幼儿乱贴标签，更不能将不成熟的评价结果公之于众。教师工作的评价结果不能随意公布。应注意利用评价的诊断功能，引导教师通过评价发现自己的长处和不足，促进教师的成长。

思考与讨论

查阅《纲要》，说明幼儿园教育评价中教育工作评价应重点考察哪些方面？

内容拓展

现代幼儿园教育评价的变化趋势

1. 评价功能的变化

注重评价在教育过程中的价值，评价的过程就是学习的过程；评价的标准不仅是一个目标，而且可以告诉评价对象应该怎么达到这个目标；评价的结果主要用来指导评价对象改进自己的行为；评价者和评价对象的关系从相互对立或紧张戒备的状态变为相互尊重、协同和合作的关系；评价的方式从注重他人评价向注重自我评价发展。

2. 评价目标的变化

以发展的眼光看待幼儿和教师，重视促进每一位幼儿和教师都获得最佳的发展。评价不是“选拔适合教育的儿童”，而是“创造适合儿童的教育”；评价不是“鉴别教师的优劣”，而是“促进教师不断成长”。

3. 评价内容的变化

指标和标准应该具有多样性。根据不同的心理学、教育学理论依据建构的评价，都有利于适应不同的情况；只要是有利于促进人的发展、符合教育发展规律的评价，都是可以尝试的。

评价时应该全面、客观、辩证、科学地看待幼儿发展和教师的教育工作。例如，为适应社会对幼儿综合发展与终身发展的要求，评价的功能不应只是检查幼儿知识、技能的掌握情况，更应关注幼儿掌握知识、技能的过程与方法，以及与之相伴随的情感态度和价值观的形成；要“承认和关注幼儿的个体差异，避免用统一的标准评价不同的幼儿，在幼儿面前慎用横向的比较”。同时，评价内容也拓展到幼儿园教育的各个方面，如教师与幼儿人数的比例、教师资格和受培训的情况、教育活动组织的情况、幼儿的发展状况等都纳入评价范畴，进行综合评价。

4. 评价方法的变化

注意评价方法的多样化，采取定性评价与定量评价相结合的评价模式，注重评价过程中人文因素的影响。

5. 评价类型的变化

在评价中，既要注意教育工作的客观效果，又要考察教师怎样达到这样的效果，幼儿在这一过程中又是怎样变化发展的，将对教育工作结果的评价与对教育工作过程的评价结合起来。

这里的教育工作过程包括以下几层含义：一是教师是如何遵循幼儿的身心发展特点，设计与组织适当的教育活动，达到教育效果的；二是在教育活动过程中幼儿是如何学习和发展的，教师又是怎样引导幼儿主动学习，并形成良好的个性、品德、情感的；三是教育工作过程中各要素对幼儿全面发展教育的整体影响如何。

6. 评价主体的变化

重视参与与互动，自评与他评相结合，实现评价主体多元化。新的评价观念在强调全员（管理人员、教师、幼儿和家长）参与评价的同时，注重自我评价在促进人们客观地认识自我、不断地寻找新的生长点、获得在现有基础上的自我主动发展，以及弘扬民主气氛、增强主人翁意识、密切幼儿与教师的关系和幼儿园与教师的关系的重要性。

作　业

一、简答题

1. 什么是幼儿发展评价？它包括哪些方面？
2. 什么是教师工作评价？它包括哪些方面？
3. 幼儿教师的安全工作评价包括哪些方面？
4. 幼儿园教育活动的设计与组织评价包括哪些方面？
5. 幼儿园教育评价的方法有哪些？
6. 在采用测量法进行幼儿园教育评价时，要注意测量表哪几个方面的指标？
7. 幼儿教育评价主要包括哪几个步骤？

二、实践题

事先联系一所幼儿园，然后在教师指导下，通过班级讨论，分别选定一份幼儿发展评价标准、一份教师工作评价标准，制定相应评价方法，再将本班学生分成两组，深入该园，以组为单位分别对幼儿发展、教师工作实施评价，撰写评价报告，经带队教师审查后与幼儿园领导、教师座谈，请对方对评价报告进行评价，并检验评价标准、评价过程、评价结果是否科学、合理。回校后，各组对评价标准和评价方法进行完善，举行一次“幼儿园教育评价”专题研讨会。

主要参考文献

[1] 陈鹤琴 . 家庭教育 [M] . 上海：华东师范大学出版社，2006.

[2] 陈幸军 . 幼儿教育学 [M] . 3 版 . 北京：人民教育出版社，2010.

[3] 杭梅 . 学前教育学 [M] . 北京：高等教育出版社，2014.

[4] 关永春 . 幼儿教育学基础 [M] . 北京：中国劳动社会保障出版社，2014.

[5] 王晓梅 . 0~3 岁婴幼儿养育全书 [M] . 北京：中国妇女出版社，2018.

[6] 崔爱林，赵红芳 . 学前教育学 [M] . 北京：北京师范大学出版社，2018.

[7] 夏莹 . 婴儿教育学 [M] . 上海：复旦大学出版社，2011.

[8] 杜克生 . 幼儿教育学 [M] . 青岛：中国石油大学出版社，2020.

[9] 霍力岩 . 幼儿劳动教育：内涵、原则与路径 [J] . 福建教育，2018（47）：6.